böhlau

Anton Pelinka

Der politische Aufstieg der Frauen

Am Beispiel von Eleanor Roosevelt, Indira Gandhi und Margaret Thatcher

BÖHLAU VERLAG WIEN KÖLN WEIMAR

Bibliografische Information der Deutschen Nationalbibliothek:
Die Deutsche Nationalbibliothek verzeichnet diese Publikation in der Deutschen Nationalbibliografie; detaillierte bibliografische Daten sind im Internet über https://dnb.de abrufbar.

Lektorat: Ellen Palli, Innsbruck
Umschlaggestaltung: Michael Haderer, Wien
Satz: Bettina Waringer, Wien
Druck und Bindung: Finidr, Cesky Tesin
Printed in the EU

Vandenhoeck & Ruprecht Verlage | www.vandenhoeck-ruprecht-verlage.com

ISBN 978-3-205-21138-9

Inhalt

Einstieg: Das Jahrhundert der Frauen

Das 20. Jahrhundert wurde durch einen politischen Megatrend geprägt – durch die Feminisierung der Politik. Nahezu überall, jedenfalls in allen durch politischen Pluralismus gekennzeichneten Demokratien, erhielten Frauen dieselben politischen Rechte wie Männer. Sie konnten wählen – und sie konnten in Parlamente gewählt, in Regierungen entsandt werden.

Die Auswirkungen dieser Gleichstellung waren zunächst nur bescheiden. Bis in die zweite Hälfte des 20. Jahrhunderts hinein waren Frauen im US-Kongress, im britischen Unterhaus und in anderen Parlamenten eine kleine, exotisch anmutende Minderheit. Ihr Anteil an den Sitzen in den Parlamenten und in den Kabinetten der Staats- und Regierungschefs widersprach eklatant dem Anteil der Frauen an den Wählenden. Frauen waren über Jahrzehnte auffallend unterrepräsentiert in einer Demokratie, die – unvermeidlich – auf dem Grundgedanken der Repräsentation aufbaute.

Dieses Missverhältnis änderte sich mit auffallender Geschwindigkeit in den letzten Jahren des 20. Jahrhunderts. Und am Beginn des 21. Jahrhunderts werden Regierungen oft daran gemessen, ob sie im gleichen Maße „weiblich“ wie „männlich“ sind. Eine 50-Prozent-Quote von Frauen wird oft angestrebt – etwa von Parteien, die für Parlamentswahlen sich zu einem „Reißverschlussverfahren“ verpflichtet haben, in dem auf den zur Wahl stehenden Listen eine Frau immer einem

Mann folgen muss – oder umgekehrt. Bei Regierungsbildungen wird oft eine „gendergerechte" 50 : 50-Quote angestrebt, und auch die 2019 gebildete Europäische Kommission (unter der Präsidentschaft einer Frau) versuchte, eine solche Form der Balance zwischen den Geschlechtern herzustellen.

Diese Versuche waren bisher nur selten erfolgreich – im Sinne einer buchstabengetreuen Umsetzung eines solchen Vorhabens. Aber insgesamt gibt es kaum eine Demokratie, die sich 2020 erlauben könnte, eine ausschließlich von Männern gebildete Regierung zu legitimieren; und Frauen in den Parlamenten sind schon seit Jahrzehnten keine exotischen Ausnahmeerscheinungen mehr.

Für diesen signifikanten Wandel gibt es Gründe. Der wichtigste ist, dass Frauen – jedenfalls viele – dazu neigen, Parteien an der Wahlurne zu bestrafen, die ihnen zu sehr „männerdominiert" erscheinen. Mehr und mehr Frauen nützen ihre Macht als Wählende – und stärken so die Feminisierung der Politik. Der bloße Anschein von Frauenfeindlichkeit ist zum Nachteil geworden, und Frauenfeindlichkeit wird auch daran gemessen, in welchem Ausmaß Frauen für politische Spitzenpositionen kandidieren. Parteien fördern daher – aus Eigeninteresse, aus dem Interesse am Wahlerfolg – die Rekrutierung von Frauen. Dieses Eigeninteresse wird, ja muss auch von den Männern in der Politik respektiert werden. Die Politik insgesamt ist jedenfalls im 20. Jahrhundert auf eine geradezu dramatische Weise „verweiblicht".

Diese „Verweiblichung" ist im Bereich von „politics" verankert, ist überdeutlich bei den politischen Prozessen und Institutionen: Parteien wollen Wahlen gewinnen und berücksichtigen daher die Wünsche auch und vielleicht speziell gender-sensibler Wählerinnen; Parlamente haben aufgehört, geschlossene Männerklubs zu sein; Regierungen dürfen – auch und gerade in ihrer Außenwirkung – keinesfalls als „männerbündisch" erscheinen. Aber was bedeutet das für den Bereich der „policies", für die Inhalte der nun eben nicht mehr nur (oder fast ausschließlich) von Männern zu verantwortenden Entscheidungen? Wenn Parlamente und Regierungen „verweiblichen", „verweiblichen" dann auch die politischen Inhalte, die Weichenstellungen, die für die Zukunft der Gesellschaft bestimmend sind?

Damit verbunden ist die Frage nach einer weiblichen Identitätspolitik – „female identity politics": Waren, sind die Erfolge von Frauen in der Politik ursächlich damit verbunden, dass sie speziell eine weibliche Identität, eine vor allem weibliche Loyalität ansprechen – dass Frauen vor allem Politik für Frauen machen oder machen sollen? Hat Politik, artikuliert und umgesetzt von Frauen, vor allem die Konsequenz, dass die Identität von Frauen gestärkt wird, deren Selbstbewusstsein, deren Selbstvertrauen – oder ist das ein, wenn überhaupt vorhanden, nur sekundärer Effekt weiblicher Politik? Mobilisiert weibliche Politik vor allem Frauen – und stärkt sie in erster Linie weibliches Bewusstsein in der Politik? In welchem Maße verfestigt weibliche Politik, die vor allem an die Loyalität von Frauen mit Frauen appelliert, den „gender gap" – die vorhandenen Unterschiede im politischen Verhalten der Geschlechter – und vertieft damit politische Gegensätze zwischen Frauen und Männern? Was verbindet die Interessen von Frauen – von wohlhabenden und armen, von jungen und alten Frauen? Von Frauen mit und Frauen ohne höhere Bildung? Sind die Interessen von Frauen nicht ebenso vielfältig, ebenso widersprüchlich wie die Interessen von Männern?

Diesen Fragestellungen wird am Beispiel von drei Frauen nachgegangen, die – ausgestattet mit weltweiter Prominenz, mit politischer Macht, ja mit Geschichtsmächtigkeit – auf unterschiedliche Weise die geänderte Rolle von Frauen in der Politik repräsentieren. Dass diese Frauen prägende politische Rollen spielen konnten – als Frauen, das war in jedem dieser Fälle eine politische Pionierleistung. Dass diese ihre politischen Rollen wesentliche Folgen hatten, für ihr Land und für die Welt – also einen nationalen und globalen „impact", kann für Eleanor Roosevelt, für Indira Gandhi, für Margaret Thatcher außer Streit gestellt werden. Aber was war das spezifisch „Weibliche" an den Resultaten ihrer politischen Tätigkeit, ihrer politischen Erfolge? Dass die Geschichte der USA, die Geschichte Indiens, die Geschichte des Vereinigten Königreiches signifikant von diesen drei Frauen beeinflusst wurde – das ist das Eine. Das Andere ist die Frage: Haben Eleanor Roosevelt, Indira Gandhi, Margaret Thatcher Geschichte gemacht, und zwar nicht nur als Frauen, nicht nur als Pioniere weiblicher Politik, sondern Geschichte mit einer erkennbaren spezifisch weiblichen Qualität?

1. Die Epoche des Aufstiegs weiblicher Politik

> ‚Frauen' als kohärente politische Einheit entsteht aus der Feststellung eines Unterschiedes beziehungsweise Gegensatzes zu ‚Männer'. Auf Grund dieser Entstehungsgeschichte ist der politische Begriff ‚Frauen' primär eine strategische Vorgehensweise und weniger eine theoretische Ableitung. (Rosenberger 1996, 39 f.)

Frauen machten auch vor dem Siegeszug der pluralistischen, der liberalen Demokratie Geschichte. Aber sie wurden immer nur als „Lückenbüßer" in einem feudalen System in politische Funktionen gebracht – weil absolute Herrscher keine Söhne hatten, folgten auf Heinrich VIII. in England Elisabeth I. und auf Karl VI. im Reich der Habsburger Maria Theresia auf den Thron. Diese Herrscherinnen machten Geschichte. Und sie waren in mehrfacher Weise Ausnahmeerscheinungen: Eine Frau an der Spitze eines Reiches war eigentlich nicht vorgesehen. Regeln mussten verändert oder willkürlich interpretiert werden, damit Elisabeth und Maria Theresia regieren konnten. Beide waren aber auch Ausnahmeerscheinungen, weil in der im Gefolge der Renaissance von antiken Denkmustern geprägten europäischen Zivilisation von Frauen alles Mögliche, nur nicht Geschichtsmächtigkeit erwartet wurde.

Geschichtsmächtig aber waren sie ohne Zweifel – Elisabeth und Maria Theresia und auch Katharina, die Zarina, der nicht zufällig von der Geschichtsschreibung der Zusatz „die Große" verliehen wurde. Insofern waren Elisabeth, Maria Theresia und Katharina auch „role models" für Frauen, die im 20. und 21. Jahrhundert – unter postfeudalen, unter demokratischen Vorzeichen – politisch mächtig wurden: Es brauchte eigentlich nicht mehr den Nachweis, dass Frauen politisch befähigt sind. Die Frage war freilich: Waren, sind sie befähigt wie Männer auch, oder hat ihre Befähigung eine besondere, eine weibliche Qualität, die sich von der männlichen deutlich unterscheidet?

Das 20. Jahrhundert brachte entscheidende Veränderungen für die gesellschaftliche Position und die politischen Möglichkeiten von Frauen. Hannah Arendt hat die Lebensgeschichte Rahel Varnhagens genützt, um die doppelte Entfremdung einer gebildeten, sozial abgesicherten, ökonomisch privilegierten Frau im Berlin und im Wien an der Wende vom 18. zum 19. Jahrhundert zu analysieren. Varnhagen blieb, weil Frau und Jüdin, Paria – trotz ihrer gesellschaftlichen Position als Angehörige einer reichen Familie (Arendt 1959). Es war ihr unmöglich, Politik zu gestalten, wie dies eineinhalb Jahrhunderte später Indira Gandhi und Margaret Thatcher möglich war. Und im Umfeld des Absolutismus des Hohenzollern- und des Habsburger Reiches – in einer quasi selbstverständlich antisemitischen Atmosphäre – wäre ihr die politische Rolle, wie sie im 20. Jahrhundert von Eleanor Roosevelt ausgeübt wurde, auch verwehrt gewesen: eine Rolle als meinungsbildende Intellektuelle.

Hundert Jahre später wäre Varnhagen, etwa im Deutschland der Weimarer Republik, als Frau „ermächtigt" gewesen – sich in einer Partei zu engagieren, in ein Parlament einzuziehen, also nicht nur in Salons über Politik zu parlieren, sondern selbst Politik zu „machen". Wenige Jahre später allerdings hätte sie als Jüdin um ihr Leben fürchten müssen – und als Frau hätte sie sich in der deutschen Politik zwischen 1933 und 1945 in der Ordnung des NS-Staates nur als Heil-Rufende betätigen können. Ab 1945 aber hätte sich das Fenster wieder geöffnet, das ihr zwischen 1918 und 1933 offengestanden war. Und in den folgenden Jahrzehnten hätte sie sich politisch entwickeln können, wie dies davor einer Frau (und Jüdin) nie möglich gewesen wäre. Die zweite Hälfte des 20. Jahrhunderts war so etwas wie eine goldene politische Epoche für Frauen in Europa. Diese Epoche war nicht „golden" im Sinne einer auch nur annähernd erreichten Perfektion – aber sie war die relativ beste, die Frauen generell, jenseits des aristokratischen Milieus, in Europa bis dahin je erfahren hatten.

Frau-Sein ist jedenfalls zwei Jahrhunderte nach Rahel Varnhagen nicht mehr mit einem Paria-Status gleichzusetzen – jedenfalls nicht in Europa, jedenfalls nicht in der Politik. Allen in der Politik Aktiven ist bewusst, dass die Frauen nicht nur die Hälfte der Gesellschaft stellen, sondern auch die Hälfte derer, die darüber entscheiden, was in Parlamenten beschlossen wird und welchen Kurs die einzelnen Regierungen verfolgen. Gemessen an der Ausgangslage am Beginn des 19. und der am Beginn des 20. Jahrhunderts ist die Situation von und für Frauen in der Politik am Beginn des 21. Jahrhunderts eine ganz andere. Passt diese Entwicklung nicht in eine generelle Erfolgsgeschichte des Feminismus, der Frauenbewegungen?

Für Eric Hobsbawm ist das 20. Jahrhundert die Epoche der Extreme (Hobsbawm 1996). Dafür kann Hobsbawm gute Gründe anführen: Die erste Hälfte des Jahrhunderts war durch die – vermutlich – größten Katastrophen gekennzeichnet, die Politik je verursacht hat: durch die beiden Weltkriege und den Holocaust. Aber auch wenn Hobsbawm diesbezüglich zugestimmt werden kann und muss – ist seine Sichtweise nicht eine eurozentrische? War das 20. Jahrhundert auch für den gesamten amerikanischen Kontinent durch bis dahin nicht gekannte politische Extreme charakterisiert? Wäre nicht die „Entdeckung Amerikas", die Landnahme und Besiedlung der westlichen Hemisphäre durch europäische Mächte, wäre nicht die mit den Begleiterscheinungen eines Völkermordes vorangetriebene Marginalisierung der indigenen Bewohner ein überzeugenderer Grund, nicht das 20., sondern das 16. und 17. Jahrhundert als Epoche der Extreme zu qualifizieren, jedenfalls für die gesamte westliche Hälfte der Welt? Und Süd-

und Südostasien und Afrika – ist für diese Teile der Welt das 20. Jahrhundert nicht auch und vor allem die Umkehrung, die Zerstörung des Extrems des europäischen Kolonialismus, bestimmt vom Rückzug der „weißen“ Herrenmenschen?

Doch auch wenn die eurozentrische Betrachtung in Bezug auf Europa viel für sich hat – gibt es nicht auch aus europäischer Sicht Argumente, Hobsbawms Befund zu relativieren? Am Ende des 20. Jahrhunderts stand ja, auch nach Hobsbawm, der Niedergang, jedenfalls das Verdämmern der Extreme: Nachdem der intendiert zerstörerischen, Völker und „Rassen“ mordenden Expansion des nationalsozialistischen Deutschland im Mai 1945 mit militärischer Gewalt ein Ende bereitet war, war verglichen damit die zweite Hälfte des Jahrhunderts doch eine Abkehr von Extremen. Und 1989 folgte die Aufhebung der Dichotomie zwischen der „Ersten“, durch liberale (pluralistische) Demokratie und Kapitalismus definierten Welt und einer 1917 als revolutionäre Antithese entstandenen „Zweiten Welt“. Das 20. Jahrhundert war ein Hochschaukeln der Extreme – und dann, ab 1945, in den Jahrzehnten der poststalinistischen Koexistenz, ein Abflauen. Doch unabhängig vom Begriff des Extremen, wie ihn Hobsbawm verwendet, verdient das Jahrhundert auch eine andere generelle Bezeichnung: Das Jahrhundert des Fortschritts; eines insgesamt kontinuierlichen Fortschritts in der Beantwortung einer dauerhaft existenziellen Frage: die nach dem Verhältnis von Frau-Sein und Mann-Sein. Das 20. Jahrhundert war das Jahrhundert der systematischen Besserstellung der Frauen.

Für Hobsbawm ist der Feminismus der zweiten Hälfte des Jahrhunderts eine Erscheinung, die vor allem von Frauen der Mittelklasse vorangetrieben wurde und primär diesen zugutekam (Hobsbawm 1996, 316 f.). Er konzediert auch, dass diese Entwicklung zu einer signifikanten Verschiebung des Frauenanteils in akademischen Berufen geführt hat, zur Angleichung männlicher und weiblicher Lebensperspektiven, zur Auflösung geschlechtsspezifischer Gettos. Aber Hobsbawms Sicht ist – und in diesem Sinn ist er orthodoxer Marxist – von dem alles andere überlagernden Fokus auf die „Klassenfrage" bestimmt. Dass Frauen in diesem Jahrhundert in die Machtzentralen der Politik eingezogen sind, ist für ihn nicht bedeutungslos, aber von keiner primären Wichtigkeit – weil er keine Veränderung der sozioökonomischen Ungleichheit feststellen kann. Die „Frauenfrage" ist für den Marxismus gegenüber der „Klassenfrage" nachrangig. Und damit reduziert Hobsbawm die große Errungenschaft der Frauen des 20. Jahrhunderts – die Zerstörung des politischen Machtmonopols der Männer – zu einer Nebensache. Wenn es aber nur von sekundärer Bedeutung ist, dass Frauen Regierungen führen und darüber entscheiden, welche Gesetze beschlossen werden, dann ist es auch von sekundärer Bedeutung, was Menschen überhaupt in der Politik machen – zum Beispiel, ob und wen sie wählen. Dann ist Politik insgesamt sekundär.

Hobsbawm stellt für das Ende des 20. Jahrhunderts die weiter bestehende Verteilungsungerechtigkeit fest, die – gemessen an dem Graben zwischen Arm und Reich – weiterhin zu beobachten ist, trotz des politischen Aufstiegs der Frauen. Aber gibt es nicht – neben der Verteilungsgerechtigkeit – auch eine Zugangsgerechtigkeit? War die Verdrängung des Geburtsadels durch das Bürgertum im Laufe des 19. Jahrhunderts nicht auch ein Fortschritt im Sinne einer Zunahme von Gleichheit? Und ist nicht die Zerstörung des männlichen Machtmonopols ein Mehr an Gleichheit, eben an Zugangsgleichheit?

Hobsbawm und andere, die wie er weiterhin dem Marxismus auch nach dem Ende des marxistisch-leninistischen Experiments verpflichtet blieben, müssen sich der Frage stellen: Was hat das jahrzehntelange Warten auf die Herstellung einer klassenlosen Gesellschaft dazu beigetragen, dass die „Frauenfrage" im 21. Jahrhundert anders zu stellen ist als im Jahr der Oktoberrevolution? Ist das Patriarchat im Russland des 21. Jahrhunderts weniger dominant, weil mehrere Generationen russischer Frauen und Männer nicht „bürgerlich", sondern „proletarisch" erzogen wurden? Ist das postsowjetische Russland „fortschrittlicher" als Westeuropa oder Nordamerika, bezogen auf die teilweise Überbrückung des Grabens, der die gesellschaftliche Stellung von Männern von der von Frauen trennt? Hat der Sozialismus à la W. I. Lenin den Frauen mehr gebracht als die liberale Demokratie à la Franklin Roosevelt? Wie begründet Hobsbawm seine Position, die den Feminismus der zweiten Hälfte des 20. Jahrhunderts als eine Bewegung der Mittelklasse für die Mittelklasse, also der Bourgeoisie für die Bourgeoisie abtut? Hobsbawms Relativierung der Erfolge der Frauenbewegung – die aus anderen Gründen auch von manchen Exponentinnen eines radikalen Feminismus geteilt wird, denen das Glas des weiblichen Fortschritts halb leer und nicht halb voll ist – läuft darauf hinaus, die Politik von Frauen fast abschätzig als bloß sekundär, jedenfalls als bescheiden zu sehen.

Das mag die Folge einer marxistischen Sichtweise sein, die alle Widersprüche, die es neben der „Klassenfrage" gibt, als zweitrangig abtut. Aber dies bedeutet eigentlich, dass Politik insgesamt – eine Politik, die nicht „Revolution" ist – sekundär ist; dass der Unterschied zwischen Demokratie und Diktatur zur Nebensache wird; dass Wahlerfolge, dass parlamentarisch vorgenommene Weichenstellungen ebenso sekundär sind wie der Anteil der Frauen in Parlamenten und die Einebnung der politischen Ungleichheit zwischen Frauen und Männern.

Ian Kershaw setzt bei seiner Analyse des 20. Jahrhunderts in Europa andere Akzente. Er bewertet die Erfolge des Feminismus als großen und bleibenden Fortschritt, als „major lasting achievement … one of the most important social changes of subsequent decades …" (Kershaw 2018, 212). Kershaw freilich sieht diese Errungenschaften nicht primär in der Sphäre des Politischen, sondern in einem radikal veränderten Sexualverhalten. Dass Thatcher eine der bedeutendsten Personen der britischen und damit auch der europäischen Politik in der zweiten Hälfte des Jahrhunderts war, bestreitet Kershaw nicht im Geringsten. Dass ihr Aufstieg aber etwas mit Feminismus, mit einer wesentlich veränderten Sichtweise des „Weiblichen“ zu tun haben könnte, das sieht Kershaw nicht.

Kershaw ignoriert das eigentlich Politische am Feminismus – und in diesem Sinn ist sein Zugang dem marxistischen Zugang Hobsbawms ähnlich. Wie Hobsbawm ignoriert Kershaw die Bedeutung des Kulturbruchs, den der Einzug einer Frau in Downing Street 10 anzeigte – als Premierministerin. Und er ignoriert auch, dass Parteien überall in Europa im 21. Jahrhundert gezwungen sind, mit all ihrer Energie, unter Einsatz all ihrer Instrumente der Information und der Techniken der Beeinflussung, der Manipulation, sich um die Zustimmung von Frauen bemühen, bemühen müssen; und er ignoriert, dass in diesem demokratischen Wettbewerb die Frauen nicht nur Objekte, sondern auch Subjekte des politischen Konkurrenzkampfes sind. Die Befreiung von rigiden Normen des Sexualverhaltens, eine vor allem Frauen betreffende Befreiung, ist sicherlich signifikant – aber ist nicht die politische Machtverschiebung zugunsten von Frauen, gegen den Widerstand von Männern, ebenfalls bedeutsam?

Tony Judt behandelt das Phänomen des Feminismus der zweiten Hälfte des Jahrhunderts ähnlich wie Kershaw. Er sieht darin eine Mischung einander überkreuzender Entwicklungen: eine Liberalisierung der Sexualmoral, die Entkriminalisierung der Abtreibung und einen rasant steigenden Anteil der Frauen am (vor allem westeuropäischen) Arbeitsmarkt (Judt 2005, 487–499). Zur Politik im engeren Sinn – zum ebenso rasant steigenden Anteil der Frauen in Parlamenten und Regierungen – zieht er keine Verbindung. Margaret Thatcher etwa betrachtet er vor allem als Exponentin einer „konservativen Revolution“ – und nicht als einer durchaus auch revolutionär zu nennenden Rolle der Frauen in der Politik (Judt 2005, 539–545).

Feminismus für Kershaw und Judt war (und ist) ein kulturell-gesellschaftliches Phänomen, dessen auch politisch prägende Kraft überhaupt nicht zu leugnen ist. Aber Feminismus und der Aufstieg von Frauen in Regierungen und Parlamenten – ein Aufstieg, der natürlich immer auf Kosten von Männern ging: Zwischen dem einem und dem anderen Feminismus wurde und wird keine kausale Verbindung hergestellt.

Hobsbawm, Kershaw, Judt – alle nehmen die Frauenbewegungen wahr, alle konzedieren dem Feminismus erkennbare Erfolge. Doch gerade der Blick auf die Politik im engeren Sinn wird kaum als Teil der Erfolgsbilanz gesehen. Hängt dies mit der Einsicht zusammen, dass der politische Aufstieg der Frauen einen graduellen, aber keinen prinzipiellen Unterschied gebracht hat – bei der Verteilung von Lebenschancen in einer Gesellschaft? Dass der Graben zwischen Arm und Reich – auch zwischen armen und reichen Regionen der Welt – nicht zu existieren aufgehört hat? Dass die politischen Erfolge der Frauen die Welt oder auch Europa nicht in ein Paradies verwandelt haben?

Die extremen Veränderungsschübe, die Europa im 20. Jahrhundert charakterisiert haben, sie haben auch eine extreme Veränderung des Frau-Seins und damit des Mann-Seins mit sich gebracht. Doch die Bilanz, die etwa Hobsbawm, Kershaw oder Judt ziehen, schließt die politische Dimension dieser extremen Veränderung nicht oder nur am Rande in ihre Gesamtbefunde ein.

Das 20. Jahrhundert war voll von Extremen. In diesem Jahrhundert wurde die Welt eine andere – aber nicht nur wegen der Mächte, die 1917 in Russland und 1933 in Deutschland zur Eroberung der Welt ansetzten: in Russland als eine sich wissenschaftlich tarnende Vorhersage, eine quasi religiöse Prophezeiung einer Weltrevolution; in Deutschland durch den Versuch einer „rassisch" gerechtfertigten militärischen Expansion im Sinne von „Heute gehört uns Europa und morgen die ganze Welt". Das 20. Jahrhundert war schrecklich – in seiner ersten Hälfte, und es war schrecklich vor allem in und für Europa. Aber aus der Sicht Indiens und Afrikas muss doch die Bilanz eine andere sein: Aus der Sicht Indiens und Afrikas war das 20. Jahrhundert ein Jahrhundert der Befreiung.

Allerdings ist auch für Europa die Bilanz eine andere, sobald die zweite Hälfte des Jahrhunderts der ersten gegenübergestellt wird; wenn die viel weniger schreckliche Zeit nach 1945, nach 1953 mit der entsetzlichen Epoche zwischen 1914 und 1945 verglichen wird; mit den Jahren, die mit den Namen Stalin und Hitler identifiziert werden, mit den extremen Negativa der europäischen Geschichte. Dieses Jahrhundert insgesamt war doch auch eine Epoche der partiellen Aufhebung einer besonders extremen Dichotomie: Die politischen und gesellschaftlichen Grenzen zwischen den bis dahin voneinander konsequent und scharf getrennten Bereichen des „Männlichen“ und des „Weiblichen“ wurden durchlässig wie noch nie zuvor. Das, was als natürlich vorgegebene Trennung der einen Hälfte von der anderen Hälfte der Menschheit galt, gilt – jenseits der biologischen Differenz – so nicht mehr. Der Graben zwischen dem scheinbar so eindeutig „Männlichen“ und dem scheinbar so eindeutig „Weiblichen“ hat sich – teilweise – als überbrückbar erwiesen. Im Sinne der Dichotomie der Geschlechter war das 20. Jahrhundert nicht eine Epoche der Extreme – es war die Epoche einer Konvergenz, ja der Aufhebung der Extreme. Was um 1900 unumstritten das „Reich der Frauen“ war, abgeschirmt vom „Reich der Männer“ – auch und gerade von der Politik, die zum „Reich der Männer“ zählte, hat sich geöffnet. Der Harem ist nicht mehr, seine Mauern sind durchlässig geworden – jedenfalls in den meisten Teilen der Welt.

Die Ursachen dieser radikal neuen Durchlässigkeit waren vielfältig: Die Ökonomie war hungrig nach weiblicher Arbeitskraft; der Analphabetismus war generell im Rückzug – und damit stieg die Möglichkeit der Frauen, das Gleiche zu lernen wie die Männer. Das ermächtigte die eine Hälfte der

Menschheit im gleichen Maße die Welt verstehen zu lernen wie die andere Hälfte. Begleitet, gerechtfertigt, ideologisch überhöht wurde diese neue Durchlässigkeit mit einem neuen Verständnis der Gleichheit der Menschen.

Diese das Jahrhundert charakterisierende allmähliche Aufhebung einer die gesamte Menschheitsgeschichte bestimmenden Dichotomie war in keinem anderen Bereich der Gesellschaft so sichtbar und in keinem anderen auch so umkämpft wie in der Politik. Am Beginn des Jahrhunderts bestimmten Männer die Politik. Am Beginn des 21. Jahrhunderts bestimmten Frauen und Männer die vormals ausschließlich männliche Sphäre des Politischen. Wie passt diese Entwicklung in eine Epoche der Extreme? Macht diese Veränderung das 20. Jahrhundert nicht doch zu einer Epoche der – teilweisen – Aufhebung der Extreme?

Im Zuge des 20. Jahrhundert setzte sich die Interpretation der Grundrechtsdeklarationen des späten 18. Jahrhunderts durch, dass die für „alle Menschen" verkündeten Freiheiten, dass die Gleichheit vor dem Gesetz auch für Frauen gelten müssten. Die Konsequenz war das allgemeine und gleiche Wahlrecht nicht nur für Männer, sondern für Frauen und Männer gleichermaßen. Frauen wählten. Und Frauen wurden gewählt – zunächst als oft bestaunte, manchmal auch belächelte Ausnahmeerscheinungen in Parlamenten. Winston Churchill, der 1918 als (damals) Liberaler im britischen Unterhaus für die Einführung des Frauenwahlrechtes gestimmt hatte, verwendete in einer persönlichen Konfrontation mit der ersten konservativen Abgeordneten – Lady Nancy Astor – eine „witzige" Wortwahl, die zwar in ihrer Sprachqualität über der Donald Trumps stand, die aber dennoch eindeutig als „antiweiblich", als frauenfeindlich zu verstehen war (Roberts 2018, 167). Und Frances Perkins, Mitglied des Kabinetts Franklin D. Roosevelts, wurde von ihren männlichen Regierungskollegen zwar keinesfalls als politisches Leichtgewicht betrachtet – sie war aber doch irgendwie (nicht für den Präsidenten, und schon gar nicht für dessen Frau, aber in der öffentlichen Wahrnehmung) eine „Quotenfrau"; eine Ausnahme von der Regel einer männlich bestimmten Politik.

Das Einsickern von Frauen in die Zentren politischer Macht erfolgte in vorsichtigen, kleinen Schüben. Frauen, am Beginn des Jahrhunderts an der Spitze der Politik ganz einfach nicht vorhanden, wurden danach in den Sälen der hohen Politik zunächst zur exotischen Ausnahme, bis sie zur Selbstverständlichkeit wurden. Diese Entwicklung ist Teil eines generellen Zusammenbrechens von gesellschaftlichen Gettomauern. Das Verständnis von „Volk", das im Laufe des 20. Jahrhunderts zum kaum bestrittenen – fiktiven – Souverän der Politik geworden war, ließ einen Ausschluss von Frauen (und auch von Minderheiten) ganz einfach nicht mehr zu.

Ab der Präsidentschaft Lyndon B. Johnsons wurden AfroamerikanerInnen Teil des Gruppenbildes jedes US-Kabinetts, bis, mit einer gewissen Logik, ein Afroamerikaner Präsident wurde. Dessen Nachfolger hütete sich, ein rein „weißes" Kabinett zu bilden – und er berief auch Frauen in sein Regierungsteam. Die Ermächtigung von Frauen musste auch Donald Trump zur Kenntnis nehmen. Wetten dürfen abgeschlossen werden, wann mit derselben inneren Logik, die Barack Obama zum Präsidenten machte, eine Frau ins „Weiße Haus" einziehen wird – und zwar nicht als „First Lady".

1.1 Vom Ausnahme- zum Normalfall

Was im Fall von Nancy Astor und von Frances Perkins im britischen Unterhaus und im US-Kabinett eine viel beachtete Besonderheit war, ist – Jahrzehnte später – zu einem Normalfall geworden. In den demokratischen Parlamenten stieg in der zweiten Hälfte des 20. Jahrhunderts der Anteil weiblicher Abgeordneter kontinuierlich an. So waren Ende 2019 – dies nur als Beispiel für die generelle Entwicklung – 24 von 100 Mitgliedern des US-Senats weiblich, ein historischer Höchststand. 17 der Senatorinnen waren Angehörige der Demokratischen Partei (von insgesamt 47 demokratischen Senatsmitgliedern), 9 (von 53) der Republikanischen Partei. 1967, 52 Jahre zuvor, war eine einzige Frau Mitglied des Senats. Dieser Anstieg entsprach einer generellen Entwicklung – im US-Repräsentantenhaus, im britischen Unterhaus, im Parlament der EU. Und dies ist Teil eines weltweiten Trends, der noch nicht an einem Endpunkt angelangt ist.

„Die Frauen im Westen haben viel zu feiern, das sollten wir nicht vergessen". Mary Beards Satz richtet sich an eine Art von Pflichtpessimismus, der in progressiven Milieus Europas und Nordamerikas weit verbreitet ist. Beard kritisiert damit eine Sicht auf den Fortschritt, die immer nur festhält, dass das Glas nicht voll ist. Dass es im Laufe der Jahrzehnte vor und nach 2000 aber immer voller wurde, das wird nur zu oft als unwesentlich abgetan. Und Beard weist auf einen anderen Umstand hin, der den politischen Machtzuwachs von Frauen zu überschatten scheint. Beard schreibt über ihre Mutter, die geboren wurde, bevor Frauen bei britischen Parlamentswahlen ihre Stimme abgeben durften: Was immer ihre Mutter „von Margaret Thatcher gehalten haben mag, sie freute sich, dass es eine Frau bis in die Downing Street Number 10 geschafft hatte, und sie war stolz darauf …" (Beard 2018, 9).

Was immer man (frau) von den Erfolgen der Frauen inhaltlich hält, die auf demokratische Weise in Positionen politischer Macht gewählt worden sind, ist eigentlich sekundär: Dass die Ergebnisse dieses Aufstiegs von Frauen nicht alle Erwartungen erfüllen, auch nicht erfüllen können; dass das, was mächtige Frauen in der Politik erreichen, auch nicht annährend die politischen Verteilungskämpfe und die damit ursächlich verbundenen Ungerechtigkeiten durch generelle politische Befriedigung aller Bedürfnisse ersetzt hat; dass Frauen in der Politik diese nicht prinzipiell sanfter, liebenswerter, „besser" gemacht haben – das ist doch die konsequente Umsetzung und Bestätigung des Grundgedankens, der die Frauenbewegungen des 19. und des 20. Jahrhundert angetrieben hat: des Grundsatzes der Gleichheit von Frauen und Männern.

Der offenbar unaufhaltsame politische Aufstieg von Frauen generell ändert nichts an der Besonderheit der politischen Rolle von Eleanor Roosevelt, von Indira Gandhi, von Margaret Thatcher. Diese drei Frauen waren Pionierinnen weiblicher Politik – freilich jede auf eine andere, höchst spezifische Art. Sie alle hatten maßgeblich Einfluss auf die Politik ihrer Länder und damit auf die Welt: Eleanor mehr durch die Begründung und Befestigung eines Narrativs des Fortschritts, bezogen insbesondere auf Frauen- und Minderheitenrechte. Indira und Margaret vor allem dadurch, dass sie durch eine zum jeweiligen Zeitpunkt eher unorthodoxe Art die politischen Systeme ihrer Staaten stabilisierten: Indira erreichte, ja erzwang Stabilität – und für einen beschränkten Zeitraum dies auch unter Verletzung demokratischer Freiheiten. Und Margaret begann eine zumindest für Europa signifikante Trendwende des politischen Zeitgeistes: von einer Hegemonie sozial- und wohlfahrtsstaatlicher Orientierung zu einer Hegemonie einer von Deregulierung gekennzeichneten, neoliberalen Marktwirtschaft. Alle drei sind aus der Geschichte nicht wegzudenken. Alle drei haben, auch und gerade durch ihre Gegenläufigkeit und Widersprüchlichkeit, prominente Plätze in der Geschichte.

Aber haben sie diese Bedeutung erreicht, weil sie Frauen waren – oder obwohl sie Frauen waren? Oder haben sie Geschichte gemacht, unabhängig von ihrer Weiblichkeit? Kann der Feminismus die drei Frauen für sich reklamieren, oder zumindest eine davon? Infrage käme für diese Rolle – aus der Sicht eines theoretisch konsistenten Feminismus – wohl zuallererst Eleanor. Mit Indira und Margaret tut sich der – jeder – Feminismus schwer.

Alle drei – Eleanor, Indira, Margaret – polarisieren. Sie wurden und werden in der Öffentlichkeit höchst gegensätzlich wahrgenommen: Sehr viele waren entschieden für sie, sehr viele waren ebenso entschieden gegen sie; und zwar Frauen wie auch Männer. Und diese Polarisierung hält bis heute an. Diese Polarisierung war nicht unbedingt die Intention der drei – jedenfalls nicht bei Indira, deren Politik darauf gerichtet war, der Polarisierung zwischen Religionen und Kasten Einhalt zu gebieten. Auch nicht die Absicht Eleanors, die historisches Unrecht gutmachen wollte – im Sinne dessen, was später „reversed discrimination" genannt wurde. Aber Indira und Eleanor mussten zur Kenntnis nehmen, mussten akzeptieren, dass sie FreundInnen bestärkten – und die GegnerInnen ebenso.

Bei Margaret war dies wohl ganz anders. Sie war, anders als Eleanor und Indira, nicht an einer Politik der Inklusion oder auch des inhaltlichen Kompromisses interessiert. Sie lebte geradezu auf, wenn sie sich Gegner machte – in der eigenen Partei, und ebenso in der Konfrontation mit der parlamentarischen Opposition und den Gewerkschaften. Und wenn die Militärdiktatoren Argentiniens erwartet hätten, dass die britische Regierungschefin – weil Frau – einzuschüchtern wäre, dann hätten sie sich besonders getäuscht. Eleanor, Indira, Margaret sind darin vereint, dass sie den Erwartungen, an ihnen wäre etwas Gemeinsames zu entdecken (etwa das spezifisch Weibliche?), gerade nicht entsprachen.

Die erste der drei Frauen, die als Beispiele für die „Verweiblichung" von „politics" im 20. Jahrhundert herangezogen wird, lebte 12 Jahre im „Weißen Haus" – als Frau des längstdienenden Präsidenten der Geschichte der USA. Sie hatte sich, anders als die beiden anderen Frauen, nicht in einem Wettbewerb im Rahmen eines Wahlkampfes zu bewähren. Sie war aber in ihrer politischen Funktion, in ihrer politischen Wirksamkeit teilweise davon abhängig, dass ihr Ehemann Wahlen gewinnen konnte. Das begründete ein besonderes Spannungsverhältnis – Eleanor konnte sprechen und vor allem auch schreiben, ohne unmittelbar Rücksicht auf das nehmen zu müssen, was „öffentliche Meinung" heißt. Sie konnte

Politik kommentieren und einfordern, auch gegen Mehrheitspositionen – im Interesse von Minderheiten. Aber sie musste akzeptieren, dass Franklin sehr wohl eine solche Rücksicht zu nehmen hatte; und dass ihre öffentlichen Wortmeldungen – mit denen sie die „öffentliche Meinung" nicht zu berücksichtigen hatte, sehr wohl aber zu prägen vermochte –, dass das Gewicht ihrer Stimme auch davon beeinflusst wurde, ob Franklin Präsident werden und bleiben konnte.

Indira und Margaret waren – anders als Eleanor – nicht nur indirekt, sie waren auch direkt von den schwankenden Meinungsbildern in der Gesellschaft abhängig. Sie konnten nicht einfach ihre eigenen Grundsätze und ihre eigene Meinung zur einzigen Richtschnur ihres politischen Verhaltens erheben. Sie mussten, um Politik „machen" und Gesellschaft wie auch Geschichte gestalten zu können, flexibel sein. Sie mussten sich dem Vorwurf des Opportunismus aussetzen. Sie waren immer wieder vor die Frage gestellt, welches „kleinere Übel" sie in Kauf nehmen würden, um ein (in ihrer Sicht) „größeres Übel" zu vermeiden. In diese Ambivalenz waren Indira und Margaret hineingestellt – nicht als Frauen, sondern als um Stimmen und damit um demokratische Legitimation Kämpfende; wie dies Männer in ihrem politischen Umfeld auch waren. Dieses Dilemma war kein spezifisch weibliches – es war und ist unter den Rahmenbedingungen eines demokratischen Mehrparteiensystems ein allgemein politisches (Pelinka 1999, 161–169).

Jawaharlal Nehru, Indiras Vater, war als Führer einer Partei (des INC, des Indian National Congress) und als Premierminister mit eben diesem Dilemma konfrontiert – wie auch John Major, Margarets Nachfolger als konservativer Parteiführer und Premierminister; und wie Franklin D. Roosevelt ebenso.

Eleanor unterschied sich von Indira und Margaret dadurch, dass sie selbst kein politisches Amt anstrebte – jedenfalls nicht das eines „chief executive officers", eines Staats-

oder Regierungschefs. Sie war auch nicht eine um Wahlerfolge bemühte Parlamentarierin. Ihre einzige formelle politische Spitzenfunktion war die einer Vertreterin der USA bei der Generalversammlung der Vereinten Nationen – nominiert von Präsident Harry Truman, der durch die Bestellung Eleanors seinen Anspruch demonstrieren und stärken wollte, politischer Erbe des verstorbenen Franklin Roosevelt zu sein. Truman teilte dieses Erbe mit Franklins Witwe.

Eleanor war das Musterbeispiel einer „public intellectual"; einer Person, die in Wort und Schrift sich am öffentlichen politischen Diskurs beteiligte; sich an diesem rieb; und – auch – durch ihre Positionen als Frau des Präsidenten diesen Diskurs direkt und damit auch indirekt die Politik in besonderer Weise beeinflusste. Sie konnte dem politischen Prozess einen informellen Input geben. Von diesem Prozess selbst, der vor allem im Kabinett des Präsidenten und im Kongress stattfand, blieb sie ausgeschlossen. Freilich: Die Prominenz und das Gewicht ihrer Wortmeldungen und das Ausmaß an Zustimmung, die ihr ebenso entgegenkam wie heftige Kritik, standen immer auch in Verbindung mit der Position ihres Ehemannes.

Wie Indira unterschied sich Eleanor von Margaret durch ihre Herkunft: Eleanor stammte aus einer der Familien, die zur „Dutch aristocracy" des US-Nordosten, speziell New Yorks und des Hudson-Tales gezählt wurden: Nachfahren der ersten, zu Reichtum gekommenen europäischen Siedler in dieser Region, die niederländischer Herkunft waren. Dass ihr Onkel Theodore Roosevelt Präsident der USA von 1901 bis 1909 war, dass ein entfernter Cousin (ihr Ehemann) 1932 erstmals und dann (als Bruch der von George Washington eingeführten Tradition, die zu diesem Zeitpunkt noch nicht verfassungsrechtlich verankert war) 1936, 1940 und 1944 wieder gewählt wurde, signalisierte ihre Zugehörigkeit zur traditionellen Geburts-, freilich auch Leistungselite des republikanischen Amerika.

Diese elitäre Herkunft war bei Indira noch viel deutlicher. Aus einer Brahmanenfamilie Kaschmirs stammend, hatte sie an der Seite ihres Vaters dessen Aufstieg zum engsten Mitarbeiter Mahatma Gandhis miterlebt und in Grenzen auch mitgestaltet. Als Jawaharlal Nehru zum ersten Regierungschef des unabhängigen Indien wurde, war Indira bald eine seiner engsten MitarbeiterInnen. Ihr familiärer Hintergrund hatte sie in den engsten politischen Führungskreis Indiens gebracht. Anders freilich als Eleanor konnte (musste) sie sich schließlich als Partei- und Regierungschefin bewähren – bewähren vor allem in ihrer Fähigkeit, Wahlen zu gewinnen.

Der gesellschaftliche Hintergrund Margarets war da ein ganz anderer: Sie kam aus dem bürgerlichen Mittelstand, erwarb Qualifikationen durch ein universitäres Studium, und bei ihrem Eintritt in die Politik – als konservatives Mitglied des Unterhauses – konnte sie auf keine familiäre Tradition verweisen, die ihr beim Aufstieg an die Spitze von Partei und Regierung nützlich gewesen wäre. Margaret Thatcher verkörperte ein Prinzip pur: das der individuellen Meritokratie. Margaret stand auch für die weitgehend abgeschlossene Abkehr der Parteiführung von der Aristokratie: Winston Churchill stammte aus der Adelsfamilie der Marlborough, sein innerparteilicher Gegenspieler in den 1930er Jahren – Lord Halifax – hatte einen Sitz im House of Lords geerbt. Und als die Konservative Partei 1963 über die Nachfolge Harold Macmillans zu entscheiden hatte, entschied sie sich für Sir Alec Douglas-Home, den früheren Earl of Home. Douglas-Home musste erfahren, dass seine aristokratische Herkunft geradezu von Nachteil war: Er musste erst seinen (ererbten) Sitz im Oberhaus durch den Verzicht auf seinen Adelstitel loswerden, um – wie im 20. Jahrhundert de facto notwendig geworden – Partei- und Regierungschef im Unterhaus werden zu können (Rose 1965, 142 f.).

Das Ende der aristokratischen Verwurzelung der Partei hatte sich schon beim Aufstieg Edward Heaths abgezeichnet, der 1970 Premier wurde: Auch das war ein Signal für die „Verbürgerlichung" der Konservativen Partei. Aber dass mit Margaret Thatcher eine bürgerliche, aus dem Mittelstand kommende Frau Edward Heath zunächst als Partei- und dann – nach zwei Labour-Kabinetten – auch als Regierungschefin nachfolgen sollte, das zeigte das Ineinandergreifen zweier Anpassungs- und Modernisierungsprozesse: Die Verbürgerlichung und ebenso die Verweiblichung einer ursprünglich aristokratischen Männerpartei. Leistung war an die Stelle von Herkunft getreten. Leistung steht aber Frauen und Männern gleichermaßen offen.

1.2 Feminisierung als Modernisierung

Die Übernahme politischer Führungspositionen durch Frauen war ein wesentlicher Teil eines allgemeinen Modernisierungsprozesses. Dass Frauen sich prominent am politischen Diskurs und am politischen Wettbewerb beteiligten, war Ausdruck eines umfassenden gesellschaftlichen Wandels, der sich auch in der Politik niederschlug. Im 20. Jahrhundert wurde fast überall (jedenfalls im „Westen") nicht nur die politische, sondern auch die familien- und vermögensrechtliche Gleichstellung von Frauen erkämpft. Fast überall eroberten Frauen den Zugang zu höherer Bildung, zeichneten sich Frauen in Wissenschaft und Forschung aus, drängten auf den Arbeitsmarkt in bis dahin für Männer reservierte Positionen – und sorgten dafür, dass die weiterhin bestehenden großen Einkommens- und Vermögensunterschiede zwischen Frauen und Männern als Defizit, ja als Skandal empfunden wurden. Fast überall wurden geschlechtsspezifische Trennungen allmählich aufgelöst: Frauen wurden Managerinnen und Lokführerinnen, Polizistinnen und Berufssoldatinnen, Leiterinnen von Universitätskliniken und Bischöfinnen protestantischer Kirchen – und eben auch Staats- oder Regierungschefinnen. Der insgesamt doch schnell erfolgte

Aufstieg von Frauen in die Führungsetagen der Politik war Teil einer generellen Veränderung: In der Gesellschaft wurden (fast) alle geschlechtsspezifischen Grenzen aufgehoben – und die Politik war Teil des Gesamtbildes.

Eleanor, Indira, Margaret – alle drei hatten gemeinsam, dass sie im Zuge ihrer politischen Karriere Rollenmodelle wurden; Heroinen freilich mit höchst unterschiedlicher Ausstrahlung und Ausprägung. Eleanor wurde zur Identifikationsfigur der (links)liberalen Progressiven, denen in den 1920er, 1930er und 1940er Jahren die faktische Rassendiskriminierung gerade auch durch die Demokratische Partei ein besonderes Ärgernis war. Des Weiteren sahen sie in der Krise des US-Kapitalismus, die 1929 eingesetzt hatte, ein entscheidendes Motiv für grundlegende Reformen des sozialen und ökonomischen Systems. Eleanor war eine der prominenten Stimmen dieses Progressismus. Und eben deshalb wurde sie auch für Konservative zu einer Provokation.

Ähnlich auch Indira: Sie verstörte diejenigen, die einer anti-modernistischen Tradition anhingen, wie sie auch in der Kongresspartei vertreten war; sie konfrontierte die faktisch vorhandene Kastendiskriminierung durch Programme, die der sozialen Durchlässigkeit dienen sollten; und sie propagierte eine systematische Geburtenkontrolle, um die Bevölkerungsexplosion unter Kontrolle zu halten und damit – indirekt – die Lebenschancen der indischen Frauen zu verbessern. Damit motivierte sie, freilich so von ihr nicht beabsichtigt, eine gegen sie gerichtete Allianz aus Hindu-Traditionalisten und denen, die in der Hegemonie des INC, der Kongresspartei, ein Defizit der indischen Demokratie sahen. Es war auch diese Allianz, die – zusätzlich von Indira durch die Ausrufung des Ausnahmezustandes 1975 provoziert – 1977 Indiras Wahlniederlage herbeiführte, die erste Niederlage der Kongresspartei auf der Ebene der Union überhaupt.

Eleanor und Indira hatten sich mit einer Gegnerschaft auseinanderzusetzen, die primär als „rechts“ einzustufen war:

status-quo-orientierte Traditionalisten, die sich dem von Eleanor und Indira verkörperten Fortschritt entgegenstemmten. Da war die Opposition, auf die Margaret traf, eine ganz andere: Margarets Gegner wandten sich zwar auch gegen Innovationen, aber die Positionen dieser Anti-Thatcher-Opposition wurden und werden aus nachvollziehbaren Gründen nicht als „rechts", sondern als „links" eingestuft. Im Zuge ihrer Orientierung an einer Wirtschaftsordnung, die mit dem Namen Friedrich Hayek verbunden war, setzte Margaret Maßnahmen, die einige der Grundpfeiler des britischen Wohlfahrtsstaates gefährdeten, ja zum Einsturz brachten.

Margaret machte die nach 1945 von der Labour-Regierung Clement Attlees durchgeführten und von den nachfolgenden konservativen Regierungen weitgehend akzeptierten Verstaatlichungen rückgängig. Deshalb kam die massive Opposition gegen den „Thatcherismus" von „links"; von den Gewerkschaften, von der Labour Party, von einem als linear vermuteten Fortschritt, der sich bald aber als einer von gestern herausstellen sollte. „Thatcherismus" stand (und steht) für die Zerstörung eines sozial- und wohlfahrtsstaatlichen Konsenses, wie er in Westeuropa nach 1945 dominant war. Thatcher wurde zum Symbol eines Fortschritts, der nicht mehr – im traditionellen Verständnis – nach „links" führte, zu staatlicher Gleichheitspolitik, sondern nach „rechts", zu einem teilweisen Rückzug des Staates aus Wirtschaft und Gesellschaft; „rechts" im Sinne einer konsequent marktwirtschaftlichen, einer kapitalistischen Ordnung. „Thatcherismus" wurde zum Synonym einer prinzipiellen Trendwende des politischen Zeitgeistes. In Abwandlung eines Slogans, den ihr politisch enger Freund Ronald Reagan geprägt hatte: Der Staat war für Margaret nicht die Lösung, er war das Problem.

Eleanor wurde zur progressiven Heroin, obwohl (weil?) sie nie in die Versuchung kam, sich die Hände „schmutzig" zu machen. Ihr blieb die Notwendigkeit erspart, zwischen Übeln, zwischen dem einen und dem anderen, direkt abwägen zu müssen – wie dies Franklin Roosevelt tun musste, wenn er etwa Rücksicht auf den Rassismus der Südstaaten-Demokraten nahm, um Präsident bleiben und eine Politik internationaler Solidarität fortsetzen zu können. Eleanor hatte deshalb etwas Heroisches, weil sie trotz ihres pragmatischen Verständnisses für die Sachzwänge der Wahlkampfstrategien ihres Mannes die Vertreterin einer „reinen Lehre" des Fortschritts sein konnte und so die vom flexiblen Pragmatismus ihres Mannes enttäuschten Wählerinnen und Wähler anzusprechen vermochte. Als sie sich nach einigem Zögern auf die Seite Harry Trumans stellte, dessen Außenpolitik auf einen von Franklin Roosevelt (unter den Rahmenbedingungen der Anti-Hitler-Allianz) nicht vertretenen Konfrontationskurs mit der Sowjetunion einschwenkte, wurde sie ab 1945 zu einer wichtigen Figur, die wesentliche Teile des linken Flügels der Demokratischen Partei für eine loyale Haltung Truman gegenüber gewinnen konnte: Wenn Eleanor für Truman ist – so das Argument –, dann kann der Vorwurf, Truman würde das Roosevelt-Erbe verraten, doch nicht oder nicht so ganz richtig sein.

Indira war eine progressive Heroin, die sich für mehr Gerechtigkeit gegenüber religiösen und ethnischen Minderheiten ebenso einsetzte wie für die Besserstellung der im Kastensystem Benachteiligten; und sie stärkte dieses ihr progressives Erscheinungsbild, indem sie sich als Erbe der antikolonialen Tradition der Kongresspartei profilierte – durch die Betonung des indischen „Non-Alignments", des Abstandes gegenüber der militärischen Blockbildung in West und Ost. Dennoch konnte sie nicht umhin, im Zuge der Logik des „kleineren Übels" Übles zu tun – etwa durch die Ausrufung des Ausnahmezustandes („Emergency Rule", 1975–1977); etwa auch durch die Einleitung eines Kurses der militärischen Auf- und Hochrüstung, der Indien – nach Indiras Tod – zur sechsten Atommacht der Welt machen sollte. Eine Erbin Mahatma Gandhis und dessen Pazifismus war sie nicht – aber sie verkörperte das Erbe Jawaharlal Nehrus, dessen besondere Qualität sich nicht in einer Politik der Gewaltfreiheit äußerte, sondern in der Fähigkeit, Indien zusammenzuhalten; und zwar mit den Mitteln der Demokratie.

Margaret war eine Heroin für die andere Seite des politischen Spektrums – nicht für die „Linke", zu deren Feindbild sie werden sollte. Sie begann, mit dem Hinweis auf die Defizite des britischen Wohlfahrtsstaates – die (in Margarets Argumentation) Ursache für das Nachhinken des Vereinigten Königreiches im globalen Wettbewerb waren –, einige der Grundlagen dieses „Versorgungsstaates" zu eliminieren. Sie setzte die Privatisierung von vielem durch, was nach 1945 verstaatlicht worden war; sie konfrontierte und reduzierte die Macht der Gewerkschaften; und sie betonte die spezielle Allianz mit den USA, gerade zu einem Zeitpunkt, als der bei allen (nicht nur den europäischen) Linken höchst unbeliebte Ronald Reagan Präsident war. Margaret war eine – im Sinne der Klischees, der Stereotypien – antiprogressive Heroin, die betont „männlicher" als die Männer ihres Milieus und ihrer Zeit auftrat. Der ihr angeheftete Begriff einer „Iron Lady" unterstreicht dies.

Eleanor, Indira, Margaret: Sie stehen für die Entwicklung, die im 20. Jahrhundert Frauen, ausgestattet mit institutionalisierter politischer Macht, allmählich zu einem Normalfall machte. Sie stehen ebenso für die einsetzende Verselbstständigung von weiblicher Macht; für deren Emanzipation von der Ableitung von männlicher Macht, von der fast zwanghaften Beurteilung weiblicher Macht in Referenz zu männlicher Macht, von der Notwendigkeit, ständig „weiblich" sein zu müssen – in demonstrativer Differenz von „männlich".

Eleanor hätte, ohne die Präsidentschaft ihres Mannes, wohl eine beachtete, politisch einflussreiche Journalistin sein können, vielleicht auch eine Kongressabgeordnete. Sie hätte aber wohl nicht diese meinungsbildende Bedeutung erlangt, sie wäre wohl nicht in dem Maße beachtet worden, wäre sie nicht die Frau des Präsidenten gewesen. Indira wurde zu einer zentralen Persönlichkeit indischer Politik als Tochter ihres Vaters: Nehrus männliche politische Erben konnten sich 1966, nach dem unerwarteten Tod von Nehrus unmittelbarem Nachfolger Lal Bahadur Shastri, auf niemanden anderen als Partei- und Regierungschef einigen als auf Nehrus Tochter. Sie war punziert als Tochter und wurde deshalb von einer informellen (männlichen) Führungsgruppe der Partei, dem „Syndikat", zur Partei- und Regierungschefin gemacht (Menon 2013, 83). Aber bald schon konnte Indira demonstrieren, dass sie sich von dieser Koterie, von diesem informellen Machtkartell zu lösen vermochte: Sie blieb zwar immer die Tochter des Vaters, war aber alles andere als eine Marionette männlicher Drahtzieher. Und Margaret? Die hatte sich erst gar nicht von männlichen Puppenspielern zu emanzipieren. Sie wurde selbst zur Puppenspielerin, die – gestützt auf ihre Wahlerfolge – männliche Puppen tanzen ließ.

In diesem Jahrhundert Eleanors, Indiras, Margarets befreiten sich Frauen von der Einengung ihrer politischen Kompetenz auf „typisch weibliche" Politikfelder. Frances Perkins war als einziges weibliches Kabinettsmitglied Präsident Roosevelts in ihrem Ressort für Arbeits- und Sozialfragen zuständig, und „Soziales" war das, was – neben „Erziehung" – lange Zeit hindurch als eine den Frauen besonders entsprechende Kompetenz galt. Eleanor hingegen kümmerte sich um alles – vor allem auch um Internationales. Sie kommentierte internationale Politik und versuchte, in der US-Öffentlichkeit die Bereitschaft für ein Mehr an internationaler Verantwortlichkeit zu verankern. Indira und Margaret machten direkt Weltpolitik – und anders als dies einer traditionellen Zuschreibung entsprochen hätte, zögerten sie nicht, militärische Gewalt einzusetzen, wenn sie es im Interesse ihres Landes für notwendig hielten.

Es war das Jahrhundert, das in der ersten Hälfte mit der bis dahin extremsten Form der politisch gewollten, systematisch betriebenen Ungleichheit konfrontiert war – mit dem Holocaust. Aber in der zweiten Hälfte des Jahrhunderts setzte eine

Ära der Egalisierung, der „Gleichmacherei" ein. Die Entkolonialisierung beendete die Vorstellung einer gott- oder naturgegebenen Vorherrschaft des „weißen Mannes" über die ganze Welt. Die schon im Zuge der Amerikanischen und der Französischen Revolution verkündeten universellen Menschenrechte wurden neu interpretiert und mit einer zuvor nicht gekannten Konsequenz umgesetzt. War „Rasse" 1900 ein Begriff, der in den Salons von Paris und London, Berlin und New York mit der größten Selbstverständlichkeit verwendet wurde – als Beschreibung einer Naturgegebenheit, deren Ungleichheit nach sich ziehende Folgen einfach anzuerkennen waren –, war um 2000 „Rasse" in den meinungsbildenden Schichten Europas zu einem Negativwort geworden, das nur unter Anführungszeichen (oder mit dem Hinweis „sogenannte" Rasse) verwendet werden konnte. 2000 war „Rassismus" generell zu einem Wort geworden, das einen schweren, ethisch-moralischen Vorwurf ausdrückte – einen Vorwurf, der die davon Betroffenen aus dem Milieu gebildeter und aufgeklärter Menschen auszuschließen drohte.

Eleanor, Indira, Margaret charakterisierten durch ihre politische Laufbahn und durch ihre politischen Erfolge diese Ära der Gleichmacherei, den signifikanten Abbau von Ungleichheit zwischen Frauen und Männern – nicht nur, aber vor allem auch in der Politik. Eleanors und Indiras Politik war auch dadurch gekennzeichnet, dass ihre politische Agenda durchzogen war von dem Bemühen um Egalisierung generell, durch den Versuch, die Schranken von „Rasse" und Geschlecht und Kaste und Ethnizität aufzuheben oder zumindest durchlässiger zu machen – für die von Diskriminierung Betroffenen, und in der Gesellschaft insgesamt.

Margaret war da die Ausnahme. Sie war nicht, wie Eleanor und insbesondere Indira, durch eine privilegierte Herkunft in die Lage versetzt, in einer Politik der „Aufklärung von oben" sich als Gleichmacherin betätigen zu können. Sie war in einer Gesellschaft relativ fortgeschrittener Egalität – der britischen Gesellschaft nach 1945 – Nutznießerin einer Gleichheit, die

Eleanor um 1900 nicht vorgefunden und die im Indien Indiras erst recht nicht existiert hatte. In diesem Sinn war Margaret die „modernste“ der drei Frauen: Sie machte ihre Karriere in einer Gesellschaft relativ weit entwickelter Gleichheit. Und ihre Politik kann auch nicht als systematischer Einsatz für mehr Gleichheit eingestuft werden – wie das für die Politik Eleanors und Indiras zentral war. Was immer man Margaret vorhalten konnte – „Gleichmacherei“ war es nicht.

Bestand zwischen Eleanor, Indira, Margaret eine persönliche Verbindung? Eleanor war zu früh gestorben, um den Aufstieg Indiras zu erleben. Jawaharlal Nehrus Politik verfolgte sie mit großer Sympathie – und man kann wohl annehmen, dass sich diese Sympathie auch auf Indiras Weg (zumindest bis 1975) übertragen hätte. Indira und Margaret waren hingegen zur selben Zeit politisch aktiv. Erstaunlich, dass die im europäischen Sinn „neoliberale“, im US-amerikanischen Sinn „neokonservative“ Margaret und die demokratische Sozialistin Indira ein von persönlicher Sympathie gekennzeichnetes Verhältnis entwickeln konnten. Margaret und Indira signalisierten bei ihrem ersten Zusammentreffen 1976 einander Respekt – Indira war zu diesem Zeitpunkt, zur Zeit des Ausnahmezustandes, fast eine Diktatorin. Margaret war (noch) auf den Oppositionsbänken des britischen Unterhauses. War diese wechselseitige Wertschätzung so etwas wie eine persönliche Sympathie füreinander – trotz ihrer „ideologischen“ Differenzen –, entwickelte sich so etwas wie freundschaftliche Anerkennung, weil jede in der anderen so etwas wie eiserne Entschlossenheit erkannte? Traf da eine „Eiserne Lady“ auf eine andere? Sah die bürgerliche, die konservative Repräsentantin der früheren Kolonialmacht in der aristokratischen, in der sozialistischen Wortführerin einer „Dritten Welt“ etwas, was sie schätzte und bewunderte – die Fähigkeit, sich gegen alle Arten des Widerstandes durchzusetzen? Hatte die Regierungschefin Indiens, die mit Ronald Reagan vielfach im heftigen Konflikt stand und mit der UdSSR des Leonid Breschnew eng kooperierte, in Margaret die Energie geschätzt, die sie – Indira – immer zu nutzen verstand, um sich in einer von Männern dominierten Welt zu bewähren (Frank 2002, 384)?

Eleanor, Indira, Margaret sprengten das den Frauen zugewiesene Getto sektoral beschränkter Macht. Sie waren nicht nur Frauen, die das männliche Politikmonopol insgesamt gestört und zerstört hatten. Sie zerstörten auch die Vorstellung einer besonderen Fähigkeit von Frauen in bestimmten Politikfeldern – und damit von ihrer geringeren Fähigkeit in anderen. Freilich: Damit zerstörten sie auch den Mythos von einer besonderen, einer neuen Qualität, die Frauen in die Politik bringen konnten. Sie „normalisierten" weibliche Politik. Der von ihnen (mit)bewirkte Qualitätssprung war die Öffnung der gesamten Politik für Frauen – und nicht das Anheben politischer Inhalte auf eine neue Stufe. Weibliche Politik war am Ende des 20. Jahrhunderts fast überall mehr oder weniger zur Selbstverständlichkeit geworden. Damit entlarvten sie aber auch die bei manchen, wohl vor allem bei Frauen verbundene Hoffnung als Illusion, dass sich die Inhalte der Politik eben deshalb prinzipiell ändern könnten, sich wesentlich im Sinn einer neuen Qualität „verbessern" würden – wenn Frauen es sind, die Politik „machen".

In ihrem „privaten" Bereich hatte sich das Leben von Eleanor, Indira, Margaret höchst unterschiedlich entwickelt. 1920, nach Franklins Affäre mit Lucy Mercer, mussten Eleanor und Franklin (vor allem auf Druck von Franklins Mutter) dazu überredet werden, nicht auf einer Scheidung zu beharren. Dies und Franklins Kinderlähmung, die ihn in seiner unteren Körperhälfte bewegungsunfähig machte, führten dazu, dass Eleanor und Franklin privat getrennte Wege gingen. Die Ehe wurde zusammengehalten – durch die Kinder und durch die politischen Ambitionen, die beide erfüllten. Franklin verbrachte Urlaub und Freizeit in der Gesellschaft vor allem seiner männlichen Freunde, beim Pokerspiel und dem Schlürfen von Cocktails und männlichem Klatsch und Tratsch. Franklin legte zum

Beispiel großen Wert darauf, dass er selbst seine Martinis mixte. Außerhalb der Öffentlichkeit verhielt sich FDR eher so, wie es einem gewissen Klischee vom „typisch Weiblichen“ entspricht. Als Präsident nutzte er Shangri-La, das spätere Camp David in Maryland, als Ort des persönlichen Rückzugs, aber auch für politische Gespräche. In Warm Springs, Georgia, verbrachte er viel Zeit für Therapien in dem warmen Wasser der Quellen. In Warm Springs starb er auch, im April 1945 – in Abwesenheit seiner Frau, außerhalb des „Weißen Hauses“.

Eleanor erfüllte sehr wohl die von einer „First Lady“ erwartete Pflicht zu öffentlichen Auftritten. Aber bei ihren Vortragsreisen und auch im Urlaub bevorzugte sie die Gesellschaft von persönlich und politisch vertrauten Frauen. Im engen Zirkel der Freundinnen wurde über Politik gesprochen und überlegt, wie der von ihnen gemeinsam vertretene Fortschritt – die Gleichheit der Geschlechter, die Gleichheit von „schwarz“ und „weiß“, und die Konfrontation mit den Diktatoren Europas und Japans – vorangetrieben werden könnte; welche Register der Beeinflussung der öffentlichen Meinung sie, die „First Lady“, noch zusätzlich nutzen sollte; wohl auch mit welchen Argumenten der Präsident überzeugt werden könnte, rascher und energischer den Fortschritt voranzutreiben. Eleanors Freizeitverhalten entsprach eher dem, was als „typisch männlich“ empfunden wird: nicht loslassen können von der politischen Mission, der man (frau) sich verschrieben hat.

Indira war früh Witwe geworden, aber Tochter geblieben – auch nach dem Tod ihres Vaters. Sie berief sich auf sein politisches Erbe, als Partei- und als Regierungschefin. Sie war von männlichen Beratern umgeben, die sie aber auf Distanz zu halten hatte, weil manche unter ihnen (wie Jagjivan Ram und Morarji Desai) sich selbst nur allzu oft als Nehrus Erben zu stilisieren versuchten und 1977 – nach der Spaltung der Kongresspartei – wesentlich zu ihrer ersten (und einzigen) Niederlage beitrugen (Frank 2002, 411–419).

Auch weil sie sich der Loyalität der älteren Männer, die sich ebenso wie sie auf die Zugehörigkeit zum engsten Zirkel von Jawaharlal Nehru berufen konnten, nicht sicher sein konnte, hatte sie sich – schon vor 1975, aber erst recht unter Nutzung des Ausnahmezustandes – von diesen alten Männern zu befreien versucht. Diese ihre Situation war die Motivation dafür, dass sie ihre beiden Söhne in ihren engsten politischen Kreis zog. Der jüngere, Sanjay Gandhi, agierte zwischen 1975 und 1977 und dann wieder ab 1980 als Indiras „rechte Hand". Er galt allgemein als der Nachfolger, den sie selbst erwählt hatte. Nach Sanjays Unfalltod „musste" der zweite Sohn, Rajiv Gandhi, der zunächst viel weniger Neigung für eine politische Rolle gezeigt hatte als Sanjay, die Rolle seines Bruders übernehmen und wurde nach der Ermordung Indiras 1984 Premierminister. 1991 wurde er ebenfalls Opfer eines politisch motivierten Mordanschlages. Rajivs Witwe, die in Italien als Katholikin geborene Sonia Gandhi, führte nach Rajivs Tod die Kongresspartei, scheute aber – weil von ihren Gegnern als „Fremde" gebrandmarkt – davor zurück, Regierungschefin zu werden. Die Versuche, die nächste Generation – Indiras Enkel – an die Spitze Indiens zu bringen, scheiterten: Die Nehru-Gandhi-Dynastie reichte nicht ins 21. Jahrhundert.

Gemessen an der Tragik, die Indiras Leben begleitete; und gemessen auch an den spezifischen Umständen, die Eleanors privates Leben umgaben, war Margarets Familienleben durchaus der von ihr selbst vertretenen Bürgerlichkeit entsprechend. In den 1980er Jahren war sie, bei den G-7-Treffen der Staats- oder Regierungschefs der größten „westlichen" Industriestaaten, die Dame, die im Gruppenbild der mächtigen Männer für die Ausnahme sorgte. Ihr Ehemann Denis hatte offenbar keine Schwierigkeiten, sich in die Rolle eines „First Husband" zu fügen. Er war über mehr als fünf Jahrzehnte ihr bester und vielleicht auch der einzige Freund, den sie je hatte (Cannadine 2017, 117). Margarets Familienleben war insgesamt von einem auffallenden Mangel an Dramatik gekennzeichnet – so ganz anders als ihr durchaus dramatisches Leben in der Politik.

Freilich: Auch Margarets politisches Leben war von Gewalt umgeben. In ihrer Regierungszeit erreichte der Terror, der von der IRA (Irish Republican Army) ausging, einen neuen Höhepunkt. Sie selbst entging nur knapp einem Bombenanschlag. 1979 – dem Jahr ihres ersten Wahlerfolges und des Beginns der „Ära Thatcher" – wurde der Earl of Mountbatten ermordet, der letzte Vizekönig von Britisch-Indien und ein enger Verwandter der Royal Family. Aber ihr Privat- und Familienleben war von einer bürgerlichen Durchschnittlichkeit.

War es Zufall, dass es die Regierung von „New Labour" war, die für einen neuen politischen Rahmen, für ein neues politisches System sorgte, der dem irischen Terrorismus ein Ende bereitete? Tony Blair, der als Premier in manchem – aber eben nicht in allem – in der Tradition Margarets regierte, konnte in Kooperation mit der Regierung der Republik Irland und den VertreterInnen der beiden nordirischen Subgesellschaften – den (katholischen) „Republicans" und den (protestantischen) „Unionists" – und mit Unterstützung des US-Präsidenten Bill Clinton, der nicht den Stil Ronald Reagans verkörperte, das „Good Friday-Agreement" zustande bringen. Und ist es Zufall, dass ein konservativer Premier, der Margarets Abkehr vom Europa der Union konsequent bis zum Brexit fortsetzte, deshalb neuerlich mit der explosiven Frage der Grenze zwischen Nordirland als Teil des Königreiches und der Republik Irland konfrontiert ist – mit einer Komplexität, die auf das Wiederaufleben der irischen Gewalt hinauslaufen kann?

Waren Eleanor, Indira, Margaret Teamplayer – Frauen, die ihre Politik mit anderen Frauen und mit Männern absprachen, Inhalte und Strategie wie auch konkrete Taktik im Zusammenspiel mit anderen festlegten? Eleanor war das in besonderem Maße: Sie war – vor allem während der Präsidentschaft ihres Mannes – von einem engen Kreis von Vertrauten, vor allem von Frauen umgeben, einem Kreis, in dem Politik besprochen und in dem Eleanor ihre Wortmeldungen reflektieren konnte, bevor sie einen Text veröffentlichte, bevor sie in der Öffentlichkeit sprach. Aber das wohl wichtigste Team, das Eleanors politische Arbeit bestimmte, war das Tandem, das sie mit FDR bildete. Es war ein Team, dessen – zwei – Mitglieder auf der Grundlage einer vorgegebenen Arbeitsteilung sich über die großen Ziele ihrer Politik abstimmten, die aber auch die Unterschiede ihrer Positionen zu nutzen verstanden: Eleanor war die, die öffentlich vorauseilte; Franklin war der, der – gezwungen durch den engen Rahmen seiner formellen Position – oft bremste, der oft Eleanors Vorgaben nur zögernd folgte: in der Frage der Überwindung der Rassentrennung etwa, aber auch in der Frage der Parteinahme in internationalen Konflikten.

Indira war in einer teilweise ähnlich dichten familiären Situation, die sich freilich immer wieder änderte. Sie begann ihre politische Karriere als Vertraute und enge Mitarbeiterin eines Vaters, der die Politik der indischen Unabhängigkeitsbewegung wie auch die des unabhängigen Indiens ab 1947 entscheidend bestimmte. Nach Nehrus Tod war sie – zunächst – vor allem eine Einzelkämpferin, die sich mit den „alten Männern" des innersten Kreises der Kongresspartei auseinanderzusetzen hatte. Als deren Uneinigkeit dazu führte, dass sie 1966 Partei- und Regierungschefin wurde, drängte sie diese Männer immer mehr zurück. Sie nützte schließlich auch die besonderen autoritären Instrumente, die ihr das Notstandsregime zwischen 1975 und 1977 bot, um diese ihre vor allem innerparteilichen Gegner politisch kaltzustellen.

Doch 1977 kamen diese Männer wieder zurück – und Indira, in Opposition, musste sich nun nach Verbündeten umsehen: in der Familie. Ihr Sohn Sanjay hatte schon während der autoritären Periode, vor 1977, sie in den besonders umstrittenen Maßnahmen unterstützt – vor allem in der Politik der forcierten Sterilisierung. Deshalb war Sanjay (wie auch seine Mutter) Objekt heftiger Anfeindungen, deshalb stützte sich Indira bei ihrer Rückkehr in die Regierung 1980 umso mehr auf ihn; und nach Sanjays Tod auf ihren anderen Sohn, Rajiv. Indiras Familie hatte in ihrer politischen Laufbahn eine wichtige Rolle gespielt. Ihre Familie umfasste mehrere Generationen innerhalb der Kernfamilie: zuerst sie als Tochter des Vaters, dann sie als Mutter ihrer Söhne Sanjay und Rajiv.

Margaret war auch hier die nüchterne Ausnahme. Sie verstand das politische Spiel im Sinne des Aufbaues von Netzwerken – vor allem innerhalb ihrer Partei und innerhalb ihrer Regierung. Sie betrieb internationale Politik in einer Art von Tandem mit dem US-Präsidenten. Aber ein stabiler Kreis von Vertrauten, den hatte sie nicht aufgebaut; und sie schien einen solchen Kreis auch gar nicht zu vermissen. Andere führende konservative Politiker ihrer Zeit waren für sie oft „wets", Weicheier. Ihr Ehemann war ein bewährter und verlässlicher Begleiter – aber ganz offensichtlich kein politischer Faktor. Und ihre Kinder hielten sich politisch fern – und wurden von ihr von der Politik ferngehalten. Die „Eiserne Lady" war keine Teamspielerin. Und zu keinem Zeitpunkt ihrer politischen Laufbahn wäre sie als eine Person zu verstehen gewesen, die von anderen vorgeschoben, die von anderen instrumentalisiert würde – weder von Frauen noch von Männern. Sie war niemandes Werkzeug. Aber sie war in der Lage, andere – auch und gerade Männer – als politische Werkzeuge einzusetzen.

Eleanor, Indira, Margaret: In einem erfüllten sie alle drei, trotz all dieser großen Unterschiede, ihre traditionelle Frauenrolle. Sie waren auch Mütter. Sie hatten eine Familie gegründet – aber eben nicht anstelle einer Karriere, sondern neben dieser. Freilich: Nur bei Indira hatte dieser Familienaspekt direkt erkennbare politische Konsequenzen, die als Versuch der Etablierung einer „Dynastie" gedeutet wurden. Dass diese Dynastie aber vergleichsweise nur von kurzer Dauer war, unterstreicht, dass die Feminisierung der Politik Teil einer umfassenden Modernisierung war und ist. Der politische Aufstieg der Frauen ging Hand in Hand mit dem Abstieg eines auf familiärer Herkunft und Vererbung beruhenden Systems der Rotation politischer Macht.

Was hat das alles mit Modernisierung zu tun? Der politische Aufstieg der Frauen war die Sprengung eines Gettos. Das Erreichen, das Erkämpfen von politischen Spitzenpositionen war das Durchstoßen eines gläsernen Plafonds, der lange Zeit – trotz rechtlicher Gleichstellung – das eigentliche Geschäft der Politik weiterhin fast ausschließlich Männern vorbehielt. Der politische Aufstieg der Frauen war die Überwindung von Fremdbestimmung, und deren Abbau muss allgemein als Fortschritt bezeichnet werden. Frauen oder Menschen mit dunkler Hautfarbe, Personen des falschen Glaubensbekenntnisses oder einer Herkunft, die nicht der herrschenden Vorurteilsstruktur entspricht – alle waren (und sind noch immer) Opfer einer Ausgrenzung. Eine solche wird immer weniger akzeptiert. Das Ende der Ausgrenzungen ist zwar nicht erreicht – aber es ist näher gerückt.

Deshalb können Frauen die Erfolge von Margaret Thatcher als Fortschritt sehen – ebenso wie für AfroamerikanerInnen die Wahl Barack Obamas zum Präsidenten der USA ein Fortschritt war. Nicht, weil Thatchers Wahlsiege den Frauen Vorteile gebracht hätten – aber eine Frau an der Spitze der britischen Regierung war ein Zeichen des Rückganges der Diskriminierung von Frauen. Und nicht, weil die Wahl Obamas für AfroamerikanerInnen unmittelbar von Nutzen gewesen wäre – aber ein „schwarzer" US-Präsident signalisierte, dass der Rassismus zwar nicht am Ende war, dass er aber weniger Definitionsmacht besaß als je zuvor.

Dass Menschen weniger aufgrund ihrer „Rasse" oder ihres Geschlechts ein- oder ausgeschlossen werden – das ist Fortschritt, das ist auch Modernisierung. Für diese Bewertung kann der Marxismus bemüht werden – und ebenso die Betonung individueller Leistungsorientierung im Kapitalismus: Jede und jeder soll nach ihren, nach seinen Fähigkeiten einen Platz in der Gesellschaft finden können – jenseits einer immer auch konstruierten kollektiven Identität.

2. Eleanor Roosevelt: Indirekte Politik

> There is no middle ground with regard to Eleanor Roosevelt … She is undeniably both an asset and a liability … It is possible that no woman before her will have swung so many votes for and against … (Kathleen McLaughlin, im New York Times Magazine, 5. Juli 1936, zit. Cook 2000, vol. 2, 373.)

Eleanor Roosevelts politisches Engagement ließ niemanden kalt. Die einen verstörte und verärgerte sie – und hielt viele davon ab, ihre Partei (die auch die ihres Mannes war) zu wählen. Sie war zu „radikal"; selbst jenen, die von einer „moderaten" Eleanor vielleicht überzeugt worden wären, trotz alledem FDR und die Demokraten zu wählen: trotz des „Verdachtes", Roosevelt und eine demokratische Kongressmehrheit würden sich anschicken, die traditionelle Ordnung der Rassentrennung in den Südstaaten aufzuheben; trotz der „Alarmzeichen", die darauf deuteten, dass FDR Schritt für Schritt den Isolationismus der USA und deren Neutralität zugunsten einer Politik internationaler Solidarität und damit möglicher militärischer Interventionen à la Woodrow Wilson aufgeben werde. Viele der schwankenden Wählerinnen und Wähler der politischen Mitte wurden letztlich von Eleanors „Radikalität" davon abgehalten, für den Präsidenten und dessen Partei zu stimmen.

Andere aber überzeugte, bestärkte, motivierte Eleanor, für die Demokraten und für FDR zu stimmen: trotz vieler Enttäuschungen durch die Regierung Roosevelt; trotz des für viele so ärgerlichen Zögerns der Roosevelt-Administration, den Rassismus zu konfrontieren, der vor allem (aber nicht nur) im Süden existierte; trotz der Flucht des Präsidenten in unverbindliche Formeln, wenn es um den Einsatz für die Demokratie in aller Welt ging – in Spanien etwa, zwischen 1936 und 1939; trotz seines Zauderns, seinen Botschaften, die nach Wilsons Vision von einer globalen Mission im Interesse der Demokratie klangen, auch entsprechende Taten folgen zu lassen.

Eine repräsentative öffentliche Umfrage vom Dezember 1942 unterstrich, wie Eleanor in der US-Gesellschaft wahrgenommen wurde: Die einen lobten ihre eigenständigen Aktivitäten, ihr soziales Bewusstsein und ihre Bemühungen im Interesse der sozial Schwachen; und sahen es auch als positiv, dass sie praktisch zu jeder aktuellen Streitfrage einen eigenen Standpunkt vertrat. Die anderen störten gerade diese Merkmale: Eleanor sollte gefälligst zuhause bleiben, dort, wo Ehefrauen hingehörten, und nicht ihre Nase in Angelegenheiten der Regierung stecken. Überdies wurde ihr vorgeworfen – in einer typischen Umkehr von Ursache und Wirkung –, ihr Einsatz gegen die Rassendiskriminierung würde „rassische Vorurteile" beleben (Goodwin 1995, 397).

Eleanor polarisierte – wohl mehr noch als ihr Mann, der im Interesse der notwendigen Wahlerfolge Polarisierungen möglichst zu vermeiden versuchte; der eben deshalb Konzessionen machte, machen musste. Eleanor polarisierte, obwohl sie (oder weil sie sich?) selbst nie einer Wahl zu stellen hatte. Aber niemand zweifelte an ihrer politischen Bedeutung. Und diese bestand nicht nur in ihrer öffentlichen Tätigkeit, als Rednerin und Autorin von Büchern und Artikeln in Zeitungen und Magazinen. Sie galt auch als die Person, die das Ohr ihres Mannes hatte – des Präsidenten, der 1932 im Gefolge der Wirtschaftskrise einen Erdrutschsieg erzielen konnte, 1936 wiedergewählt und 1940 – erstmals in der Geschichte – durch einen erneuten Wahlerfolg eine dritte Regierungsperiode antreten konnte. Wie viele von Eleanor Roosevelts Politik steckte in Franklin Roosevelts Politik?

Eleanors politische Bedeutung darf nicht als die einer „grauen Eminenz“ missverstanden werden; als Ratgeberin des Präsidenten, die hinter den Kulissen – jenseits der öffentlichen Kontrolle – die Politik des Präsidenten erfolgreich zu beeinflussen vermochte. Ratgeberin war sie zwar auch – aber sie agierte nicht nur im Privaten, in einem der Öffentlichkeit verschlossenen Bereich. Sie übte – auch – öffentlich Druck auf den Präsidenten aus. Sie war eine Lobbyisten des Fortschritts, wie er in den 1930er, 1940er Jahren verstanden wurde: Ausbau des Sozialstaates, wie ihn FDR mit dem „New Deal“ begonnen hatte; Kampf gegen die skandalöse Rassendiskriminierung, vor allem in den Staaten des Südens, aber auch in Form der Rassentrennung in den US-Streitkräften; Aufbau einer internationalen Allianz gegen Faschismus, Nationalsozialismus, japanischen Militarismus. Für diesen Fortschritt trat Eleanor ein und beeinflusste die „öffentliche Meinung“, um so den Präsidenten (und den Kongress) unter Zugzwang zu setzen.

Als Eleanor im Oktober 1942 in halboffizieller, quasistaatlicher Mission London besuchte, schrieb Franklin – in einer Art Einführung – an Churchill: „I confide my Missus to the care of you and Mrs. Churchill“ (Goodwin 1995, 379). „My Missus“, so bezeichnete, informell, der Präsident der USA seine Frau, die er für die Zeit, die Eleanor in England verbrachte, der Obsorge der Familie Churchill anvertraute. Das klingt zunächst nach einem konventionellen Familienbild. Doch ist schwer vorstellbar, dass Clementine Churchill eine ähnliche Reise mitten im Krieg im Auftrag des britischen Regierungschefs angetreten hätte, um politische Gespräche in Washington zu führen. Eleanor kam zwar als Ehefrau, aber sie kam auch als Vertreterin der USA, die eigenständig Gespräche führte und die auch in der britischen Presse nicht als unpolitische „First Lady“ wahrgenommen wurde, sondern als politisches Schwergewicht. „My Missus“ – da klingt auch Vertrauen mit. Und dahinter stand auch die grundlegende Übereinstimmung zwischen einem Präsidenten, der aus innenpolitischen Gründen lange (aus der Sicht Churchills allzu lange) gezögert hatte, in den Krieg auf der Seite der Briten einzutreten, und seiner Frau. Diese hatte ihn auch öffentlich erkennbar immer wieder gedrängt, sich schon früher und deutlicher auf der Seite der Briten (besser: gegen Hitler-Deutschland) zu exponieren.

Die „Missus“ bereitete Franklin manchmal Kopfzerbrechen, weil sie ihn in eine Richtung drängte, die seine Chancen auf eine Wiederwahl verringern und seine Basis im Kongress verstören könnte. Eleanor bedrängte Franklin immer wieder, aktiver zu sein – im Kampf gegen den US-amerikanischen Rassismus und in der Auseinandersetzung mit „America First“, der Bewegung, die in der Frage der amerikanischen Neutralität das Gegenteil von Eleanor wollte. Die beiden – Eleanor und Franklin – rieben sich aneinander. Aber trotz persönlicher Entfremdung hörten sie nicht auf, ein politisches Team zu sein, in dem die Rollen einvernehmlich verteilt waren: Eleanor musste ihn bedrängen, und Franklin musste zögern.

Für Franklin war seine Frau seine erste Stütze – seine „first reliance“. Das bezog sich auch auf sie als politischer Partner. Ohne mit Eleanor immer übereinzustimmen, nützte er sie als eine Autorität, auf die er sich berufen konnte. In Kabinettssitzungen kam es manchmal vor, dass der Präsident seine Frau als erste Quelle wichtiger Information und – zumindest indirekt – als Grund für seine politische Entscheidungen als Präsident anführte: „My Missus says“ – „dieses oder jenes“, und Roosevelt ging davon aus, dass die Mitglieder seines Kabinetts Eleanors Empfehlungen ebenso ernst nehmen würden wie er selbst (Schlesinger 1958, 525 f.).

Eleanor war keineswegs immer an der Seite des Präsidenten – weder im Alltag noch in allen ihren politischen Aussagen. Sie setzte durchaus auch eigenständig Akzente und propagierte eine Politik, die manchmal auch nach außen erkennbar nicht deckungsgleich mit der des Präsidenten waren. Aber FDR schätzte immer demonstrativ seine Frau und deren Meinung. Der politische Meisterregisseur, der in vielem (gerade in der Außenpolitik) der herrschenden öffentlichen Meinung vorauseilte, verstand es, Eleanor in seinem komplexen Puzzlespiel als einen Faktor einzusetzen. Und Eleanor wusste, dass sie FDR brauchte – um ihren progressiven Inhalten politisches Gewicht zu geben. Dabei war sie in der Öffentlichkeit ihrem Mann gegenüber immer loyal – trotz der persönlichen Entfremdung zwischen den beiden. Der politische Meisterspieler fand in seiner Frau eine kongeniale Mitspielerin.

FDR ließ sich – geplant, bewusst – von Eleanor in eine bestimmte Richtung drängen, wie er generell seine Führungsrolle auch als Resultat vorhandener Sachzwänge darzustellen versuchte: Er wartete darauf, in eine bestimmte Situation „hineingestoßen zu werden“ (Goodwin 1995, 236). Und oft war es Eleanor, die ihn stieß – und auf die er sich dann auch berief, oder besser, mit der er sich herauszureden versuchte. Eleanor stand – etwa gerade in Fragen der BürgerInnenrechte, der „Rassenfrage“ – für das, was getan werden sollte; FDR für das, was getan werden konnte (Goodwin 1995, 163). In diesem Sinn spielten sich die beiden im politischen Drama die Bälle zu: Eleanor gab die „Idealistin“, FDR den „Realisten“. Doch Eleanor war auch Realistin, und FDR war auch Idealist. Eleanor, in einem hoch politisierten Milieu sozialisiert, war natürlich nicht Idealistin in einem naiven Sinn, die glauben hätte können, dass das, was sie für wünschenswert, für richtig erkannt hatte, auch sofort umgesetzt werden könnte. Sie verstand, dass Politik aus kleinen Schritten besteht, die immer auch Kompromisse zu beinhalten hatten. Sie bestand aber darauf, dass bei jedem dieser mühsamen Schritte der Fortschritt insgesamt die Richtung vorgab und dessen ProponentInnen dieses große Ziel nicht aus den Augen verlieren dürfen.

Und Franklin? Er hatte natürlich von Anfang an begriffen (spätestens als er, Mitglied der Regierung Woodrow Wilsons, das Scheitern von Wilsons Völkerbund-Architektur im US-Senat miterleben musste), dass Ziele nicht nur angedacht, und schon gar nicht nur gepredigt werden durften; dass es darum ging, Zugeständnisse auf der einen gegen Zugeständnisse auf der anderen Seite einzutauschen; dass Politik als ständiger Abtausch von Interessen zu betreiben ist. Und in diesem Spiel gestand er seiner Frau eine Rolle zu: Sie musste seine Glaubwürdigkeit gegenüber dem linken Flügel seiner WählerInnen-Koalition absichern helfen; sie konnte verhindern helfen, dass er „links" zu viele Stimmen verlor, weil er „rechts" zu viele Konzessionen gemacht hatte. Es war ein Spiel voll komplexer Dialektik, in der Eleanor politisch tätig war, ein Spiel, das sie verstanden und akzeptiert hatte – und in dem sie Erfolge zu erzielen vermochte; ein Spiel, in dem sie wohl auch Selbstbestätigung finden konnte. Sie agierte keineswegs in jeder ihrer Wortmeldungen abgestimmt mit dem Präsidenten, aber sie verstand sich als Akteurin in einem von FDR wie auch von ihr selbst entworfenen und respektierten strategischen Design.

Als Multiplikatorin sorgte sie für die Verstärkung bestimmter, das heißt ihrer politischen Positionen. Sie verstand es, im politischen Diskurs die verschiedenen Standpunkte klar herauszuarbeiten – in der Frage der Grundrechte, in der Frage einer aktiven Sozialpolitik der Regierung, in der Frage der Solidarität mit Flüchtlingen, aber auch der Hilfe für die Länder, die – in Europa und Asien – Opfer von Aggressionen waren. Sie war ein deutlich vernehmbares Sprachrohr, das aber von ihr selbst bedient wurde. Dass dieses Sprachrohr nicht von Medienkonzernen betrieben wurde, die primär an der Maximierung der Auflagen oder der Werbeeinnahmen interessiert waren, sondern nur von ihr, das war auch eine Ursache ihrer polarisierenden Wirkung: Ihre Meinung konnte nicht damit abgetan werden, dass sie von Profitinteressen abhängig wäre. Sie war und blieb konsistent – freilich mit der Besonderheit, dass sie als Frau des Präsidenten immer in Verbindung mit dem „Weißen Haus" gesehen werden musste. Aber dass sie nicht für das „Weiße Haus", für den Präsidenten sprach und schrieb, sondern für sich selbst, das machte die Erst- und Einmaligkeit ihrer politischen Funktion aus.

Eleanor war die meinungsstarke Kolumnistin (immer am „linken" Rand des Mainstreams, immer etwas „links" von FDR). Sie „machte" Politik im Umweg über den öffentlichen Diskurs, sie war Teil der „chattering classes" – des geschwätzigen, hoch sensiblen, politisch hoch motivierten Milieus. Sie „spielte" Politik über die Bande der öffentlichen Meinung, damit FDR die ihm von ihr zugespielten Bälle aufnehmen konnte. Sie verlor dabei die Interessen und den damit verbundenen, relativ engen Spielraum ihres Mannes nicht aus dem Auge. Aber in diesem politischen Spiel, das von Franklin akzeptiert, respektiert und wohl auch gewollt war, demonstrierte sie – in vorsichtigen Schattierungen – Unabhängigkeit von FDR. Wäre sie als bloße Sprecherin des Präsidenten aufgetreten, wäre sie nicht als interessante, als meinungsbildende Stimme wahrgenommen worden; und dann hätte sie auch für FDR kaum politisch nutzbares Gewicht gehabt. Ihre Stimme musste kontrovers sein, Kontroversen provozieren – nur dann war sie von öffentlichem Interesse, von Interesse gerade auch für den Präsidenten; nur dann war sie für die Agenda des Präsidenten von Bedeutung.

2.1 Die politische Sozialisation einer politischen Frau neuen Typs

Die 1884 geborene Eleanor Roosevelt war das Kind einer wohlhabenden New Yorker Familie, deren Herkunft sowohl auf schottische als auch niederländische Vorfahren zurückging. Ihre Mutter und ihr Vater waren offenkundig starke Persönlichkeiten, deren Beziehungsgeflecht – für ein Kind wohl bald erkennbar – nicht den Klischees christlicher Bürgerlichkeit entsprach: voll von Widersprüchen, nach außen hin zugedeckt durch die nicht ernsthaft infrage gestellten sozialen Zwänge. Für Eleanor waren die Zustände in den ersten Jahren ihres Lebens jedenfalls alles andere als eine Idylle – es war eine Kindheit voll von „Tränen und Verlusten", überschattet vom frühen Tod beider Eltern. Aber sie war sozial und materiell gesichert vom Wohlstand der Großfamilie, die nicht zufällig in dieser Ära der amerikanischen Republik oft mit dem Begriff „aristokratisch" charakterisiert wurde (Cook 1993, 56–78).

Im Alter von 15 Jahren besuchte sie die Allenswood Academy in London, in der die intellektuelle und politische Aufbruchstimmung der Suffragetten-Bewegung zu spüren war. Der Besuch dieser elitären Internatsschule für Mädchen aus „gutem", das hieß wohlhabendem Hause von der anderen Seite des Atlantischen Ozeans unterstrich ihre familiäre Herkunft aus der Oberschicht des US-amerikanischen Nordostens. Der Besuch der Allenswood Academy öffnete Eleanors Horizont für eine Sicht über den Tellerrand New Yorks hinaus und machte sie mit dem Fortschrittsoptimismus liberaler Prägung vertraut. Dass Eleanor ihre Ausbildung an einer britischen Bildungsstätte erhalten hatte, das war eine Parallele zu Indira Gandhi, die – mehr als eine Generation später – in England studierte. In England zu studieren, das war für aufstiegsorientierte Kinder der obersten gesellschaftlichen Schichten Britisch-Indiens ebenso wenig außergewöhnlich wie dies der Besuch einer britischen Internatsschule für „höhere Töchter" aus den USA war. Britannien war vielleicht nicht mehr unbedingt in der Lage, uneingeschränkt die Meere zu beherrschen – im Sinne des Liedes „Britannia rules the waves". Aber Britanniens Erziehungssystem hatte Einfluss auf Eleanor, auf Indira, und natürlich erst recht auf Margaret.

Nach ihrer Rückkehr in die USA engagierte sich Eleanor – durchaus im Stil aufgeklärter und gebildeter, politisch interessierter und sozial sensibler Frauen ihrer Zeit – in verschiedenen gesellschaftlichen Milieus für verschiedene soziale Programme. Das entsprach nur ansatzweise ihrer späteren Orientierung. Ihr frühes Engagement war, zunächst, mehr Caritas als Politik. Aber es drückte ein für Eleanor bleibendes Motiv aus: Empathie für Schwächere. Eine Antriebskraft ihres politischen Einsatzes war immer der Kampf für die Verbesserung der Lebenschancen der besonders Bedürftigen – der von der Massenarbeitslosigkeit der Jahre ab 1929 Betroffenen, der von der Tyrannei in Europa Flüchtenden, der vom amerikanischen Rassismus Diskriminierten.

1905 heiratete Eleanor ihren entfernten Cousin Franklin D. Roosevelt, dessen (verwitwete) Mutter Sara auf ihrem Landsitz „Hyde Park" im Tal des Hudson einen wesentlichen sozialen (wenn auch nicht unmittelbar politischen) Einfluss auf Sohn und Schwiegertochter ausüben sollte. Für viele ihres Freundes- und Bekanntenkreises kamen Eleanors Verlobung und Ehe überraschend: Sie galt als ernsthaft, als eher spröde und zurückhaltend. Franklin hingegen war schon in jungen Jahren für seinen Charme bekannt. Und Franklin verstand es, diese seine Qualität über Jahrzehnte hindurch auch politisch einzusetzen. Er versuchte, oft erfolgreich, gerade auch als Präsident vor allem die Menschen für sich zu gewinnen, ja fast zu verzaubern, die er für seine Erfolge brauchte: Kontrahenten aus der Republikanischen Partei und Widersacher aus der eigenen Partei; ihm nicht von vornherein freundlich gesinnte VertreterInnen der Medienwelt; in der Weltpolitik Akteure wie Churchill und Stalin, aber auch und vor allem – durch die systematische Nutzung des (damals neuen) Kommunikationsmittels Radio – eine breite amerikanische Öffentlichkeit.

Doch das sollte sich erst später entwickeln. 1905 schienen der dynamische Franklin, der auf jeder Party zu glänzen verstand, und die zunächst reserviert wirkende Eleanor kein besonders kompatibles Paar zu sein – jedenfalls nicht auf den ersten Blick. Sie waren nicht unbedingt zwei zueinander passende Menschen. Franklin, extravertiert, glänzte – und Eleanor, eher introvertiert, glänzte nicht, jedenfalls nicht gesellschaftlich (Cook 1993, 125–161). Doch Eleanor verstand es, freilich erst nach den krisenhaften Entwicklungen ihrer Ehe am Ende des Ersten Weltkrieges und unmittelbar danach, sich aus dem gesellschaftlichen Schatten ihres Mannes zu lösen – allerdings nicht von seiner politischen Orientierung, die auch ihre eigene war. Bis zu Franklins Tod 1945 waren ihre unterschiedlichen Begabungen klar erkennbar. Er war von einer ungewöhnlichen sozialen Kompetenz, die er politisch zu nutzen verstand; sie war die stärker intellektuell Geprägte, die Franklins politischer Begabung oft den Inhalt gab. Er war die „Sphinx", er konnte seine wahren Intentionen hinter einem Wall von unverbindlicher Freundlichkeit verbergen. Sie kämpfte eher mit offenem Visier – gerade auch im Vorfeld der Präsidentschaftswahl 1940, als sich FDR gegenüber den Isolationisten (vor allem gegenüber Joseph Kennedy) höchst unverbindlich und flexibel zeigte, sie aber den Isolationisten offen (oder zumindest offener als Franklin) entgegentrat (Wapshott 2015, 231–238).

Die Roosevelts insgesamt waren Teil einer sozialen und damit auch der politischen Elite. Theodore Roosevelt, der Bruder von Eleanors Vater, hatte eine erfolgreiche politische Karriere gestartet. Durch seine Funktion als Gouverneur von New York und die politische Vermarktung seiner Rolle als eines populären, sich populistisch selbst darstellenden Kriegshelden (im Spanisch-Amerikanischen Krieg von 1898) sowie durch die 1900 erfolgte Wahl zum Vizepräsidenten der USA (auf dem Ticket William McKinleys) hatte er nationale Prominenz erreicht. 1901 – nach der Ermordung von Präsident McKinley – wurde er quasi ungeplant selbst Präsident. 1904 eroberte er dieses Amt durch einen grandiosen Wahlerfolg abermals, diesmal in direkter Form. Theodore war ein „political animal", das nicht von der Politik lassen konnte und es allen seinen Nachfolgern im „Weißen Haus" sehr schwer machen sollte. Aber Franklin und Eleanor waren auch von der Droge Politik erfasst: Politik war das Elixier, das sie bewegte und das ihr Leben bestimmte. Freilich: Franklin und Eleanor fanden zu einer Arbeitsteilung, die sich für beide als ideal herausstellen sollte.

Theodore Roosevelt war Republikaner, aber er vertrat deren „progressiven" Flügel. Er war Promotor eines Fortschrittsgedankens, der Teile seiner eigenen mit Teilen der anderen Partei verband, mit dem „progressiven" Flügel der Demokraten. Theodore Roosevelt war Proponent einer als fortschrittlich eingestuften Politik, die ökonomische Machtkartelle („Trusts") zerschlagen wollte – einer Politik, die teilweise vom Demokraten Woodrow Wilson fortgesetzt werden sollte; einer Politik, deren Richtung auch von Franklin und Eleanor Roosevelt vertreten wurde; einer Politik, die einen ungebändigten Kapitalismus nicht abschaffen, ihm aber Zügel anlegen wollte. In mancher Hinsicht kann Franklin Roosevelts „New Deal" als Weiterführung der Politik seines Onkels und auch Woodrow Wilsons aufgefasst werden. In dieser Entwicklung, in diesem politischen Zusammenhang verkörperte Eleanor die Ungeduld und das Unverständnis darüber, dass die Inhalte dieser „progressiven" Politik nicht rascher und entschiedener vorangetrieben wurden; dass sie aus Rücksicht auf wahltaktische Überlegungen immer wieder zurückgestellt wurden.

Eleanor war in einem hochpolitischen Milieu aufgewachsen – aber in einer Zeit, in der Frauen von Politik im engeren Sinn noch ausgeschlossen waren. In einigen der US-Staaten (vor allem im Westen) durften Frauen zwar schon vor 1918 wählen, aber insgesamt wurde den Frauen das Wahlrecht in den USA – wie in den meisten Staaten Europas – erst nach dem Ersten Weltkrieg „zugestanden". Politik, im engeren Sinn definiert als Aufstieg in politische Funktionen eines einzelnen Staates oder auch der Union, war Eleanor daher in den ersten Jahren ihres Lebens verschlossen. Jedoch fand um sie herum Politik im engsten Sinn statt: Ihr Onkel grollte im Hintergrund, aber öffentlich vernehmbar, gegen seinen unmittelbaren Nachfolger, den Republikaner William H. Taft, und gegen den Demokraten Woodrow Wilson.

Franklin Roosevelt stieg in der Partei Woodrow Wilsons rasch auf: 1913 bestellte Wilson ihn zum „Assistant Secretary of the Navy", zum stellvertretenden Marineminister. Eleanor zog mit ihrem Mann nach Washington, einer – damals – noch relativ kleinen Stadt, in der Regierungstätigkeit der Stoff war, der die ganze Stadt erfüllte. Politik lag in Washington in der Luft, und Politik war das einzige Produkt, das Washington bekannt machte. Für FDR war diese Regierungsfunktion in der Administration Wilsons ein erster, wesentlicher Schritt auf der Karriereleiter, die ihn – zwanzig Jahre später – zum ersten demokratischen Präsidenten nach Wilson machen sollte. Franklin war nun Teil des engsten Führungskreises der Demokraten. Er galt als eine der großen Hoffnungen der Partei – und er sollte diese Erwartung schließlich erfüllen.

Eleanor wurde in Washington mit der konsequenten Politik der Rassentrennung konfrontiert, die von Wilson noch verstärkt worden war. Die Rassentrennung in der Hauptstadt, die in ihrer Atmosphäre eine Stadt des Südens war, wurde zunehmend als Widerspruch empfunden: zwischen dem Anspruch Woodrow Wilsons, eine Politik des Fortschritts verwirklichen zu wollen, und seinen Konzessionen an den Rassismus, der sich in der Segregation zwischen „weiß" und „schwarz" überall in der Hauptstadt zeigte – von den Speisesälen und den Toilettenanlagen in den Ministerien bis zum öffentlichen Schulwesen. Eleanors Empörung über die soziale Ungerechtigkeit dieses von der Regierung in der Hauptstadt geförderten Rassismus sollte sich erst später manifestieren, als sie 1933 – als „First Lady" – nach Washington zurückkehrte (Cook 1993, 204 f.).

In den ersten Jahren an der Seite ihres karrierebewussten Mannes war sie – anders als später – bereit, sich den Ambitionen ihres Mannes ohne öffentlich wahrgenommene politische

Eigenständigkeit unterzuordnen. Sie erfüllte die von ihr erwartete Rolle als Ehefrau und Mutter von sechs Kindern, die zwischen 1906 und 1916 geboren wurden. Eines ihrer Kinder – der Sohn Franklin – war 1909 kurz nach der Geburt verstorben. Dass sie letztlich doch nicht in der traditionellen Rolle der Frau und Mutter aufgehen konnte, mag dadurch befördert worden sein, dass es 1918 zu einer Ehekrise kam, ausgelöst durch die Affäre von FDR mit Eleanors Sekretärin Lucy Mercer. Die Ehe bestand weiter – wohl auch, weil 1918 eine Scheidung für Franklins politische Zukunft von wesentlichem Nachteil gewesen wäre. Aber von 1918 an entwickelte Eleanor ein eigenes politisches Leben – nicht in Konkurrenz zu dem ihres Mannes, aber in Ergänzung dazu. Eleanor gewann zunehmend an auch öffentlich wahrgenommener Selbstsicherheit. Aus der schüchternen, betrogenen Ehefrau des Jahres 1918 wurde eine Persönlichkeit mit politischem Eigengewicht (Goodwin 1995, 19 f.).

1921 erkrankte FDR, der 1920 als demokratischer Kandidat für das Amt des Vizepräsidenten dem republikanischen Ticket Harding-Coolidge unterlegen war, an Kinderlähmung. Für die verbleibenden 24 Jahre seines Lebens – davon mehr als 16 Jahre als Präsident der USA – lebte Franklin mit einer Behinderung, die ihm Gehen und Stehen ohne Hilfe schwerer Metallschienen unmöglich machte. Er war weitgehend an einen Rollstuhl gebunden – und damit von fremder Hilfe abhängig. Franklin war nun in besonderer Form auf die Unterstützung seiner Frau angewiesen. Sie vertrat ihn oft bei öffentlichen Anlässen und half so mit, dass ihr Mann – seiner Erkrankung zum Trotz – seinen politischen Aufstieg fortsetzen konnte. 1929 wurde FDR Gouverneur des Staates New York und hatte damit – wie sein (entfernter) Onkel Theodore – das politische Sprungbrett erreicht, von dem aus er 1932 zum Präsidenten der USA gewählt wurde.

Eleanor stützte bei diesen Karrierestufen ihren Mann in der Öffentlichkeit. Sie entwickelte aber auch, unabhängig von

Franklins Aufstieg, eigenständige Aktivitäten, die zumindest indirekt als politisch einzustufen waren: 1927 übernahm sie, gemeinsam mit zwei Freundinnen, die Leitung der Todhunter School for Girls in New York City, einer Schule, die explizit die soziale und intellektuelle Eigenständigkeit von Mädchen fördern sollte; einer Institution, die damit spezifisch der Emanzipation von Frauen verpflichtet war. Im selben Jahr gründete sie, wieder in einem kleinen Team mit anderen Frauen, einen Betrieb, eine Fabrik, die Bauern des Hudson-Tales dazu verhelfen sollte, ein industrielles Zusatzeinkommen zu erzielen – ein ebenfalls auf dem Reformoptimismus und der entsprechenden Energie von „progressiven", privilegierten Frauen der Oberschicht gegründetes Experiment (Cook 1993, 323–328, 395–406).

Durch diese und andere Aktivitäten erwarb sich Eleanor ein eigenes politisches Profil, das sich teilweise unabhängig von dem Franklins entwickelte. Als FDR 1933 ins „Weiße Haus" einzog, als während der Massenarbeitslosigkeit und der Wirtschaftskrise die amerikanische Gesellschaft nach Zeichen des Optimismus Ausschau hielt, waren es nicht nur der neue Präsident und sein umfassendes Programm einer sozialpolitisch aktiven Regierung („New Deal"), sondern auch das sich verfestigende Erscheinungsbild Eleanors, die Hoffnung vermittelten. Soziale Not, so die Botschaft von Eleanors Aktivitäten, sollte nicht einfach hingenommen oder mit bloß individuell karitativer Tätigkeit beantwortet werden. Eleanor warb für experimentelle Schritte in politisches Neuland. Sie half mit, der demokratischen Administration ein fortschrittliches Image zu verschaffen. Dass sie diese Schritte vor allem in Absprache und enger Zusammenarbeit mit anderen Frauen setzte, das wurde auch als Politik von Frauen für Frauen verstanden.

In den Jahren der Präsidentschaft ihres Mannes hatte Eleanor sich ein eigenständiges, die Politik ihres Mannes kritisch begleitendes intellektuelles Erscheinungsbild erarbeitet; eines, das provozierte – und mobilisierte. An ihr rieben sich Teile der Öffentlichkeit, für sie begeisterten sich andere. Sie war Heroin und Feindbild zugleich. Gegen sie polemisierten alle, die fürchteten, der Präsident könnte unter Eleanors Einfluss zu weit nach links rücken. Ihre Gegner waren nicht nur – in aller Öffentlichkeit – Politiker der republikanischen Opposition und Verteidiger der (nicht nur, aber besonders im „tiefen Süden" etablierten) Rassendiskriminierung. Eleanor war auch auf dem Radarschirm des FBI, dessen Direktor J. Edgar Hoover damit beschäftigt war, subversive politische Kräfte (oder alle, die er für solche hielt) zu observieren. Eleanor war dem FBI-Chef wegen ihrer Kontakte zu Intellektuellen verdächtig, die als kommunistische Sympathisanten galten. Das FBI, eine Behörde der Bundesregierung, sah in der Frau des Präsidenten der USA eine mögliche Gefahr für die Stabilität des Landes (Cook 2000, 455; Cook 2017, 157–159, 466 f.).

1934 schaffte es Eleanor, in ein Handbuch aufgenommen zu werden, das die Mitglieder einer gefährlichen kommunistischen Verschwörung aufführte (Schlesinger 1960, 87). Dass sie ihre Rolle als kommunistische Agentin mit viel Prominenz teilte – darunter auch Mahatma Gandhi –, das unterstreicht zwar die Lachhaftigkeit einer solchen Liste angeblicher Verschwörer. Aber dadurch war auch klar, dass Eleanor – mehr noch als Franklin – einen zentralen Platz in der Scheinwelt bestimmter Verschwörungstheoretiker einnahm.

Eleanor war nicht nur das Feindbild konservativ-reaktionärer Kräfte in den USA, sie wurde auch zum Feindbild der Gegner der USA. Joseph Goebbels bedachte sie in seinem Tagebuch am 21. Februar 1941 – zu einer Zeit, als die USA im Weltkrieg noch neutral waren – mit einer spöttisch-aggressiven Eintragung: „Frau Roosevelt quatscht in der Gegend herum. Das müsste meine Frau sein." (Reuth 1999, 1531). Goebbels sah Eleanor nicht nur als politische Gegnerin, die schon vor Pearl Harbor und der darauf folgenden deutschen Kriegserklärung den indirekt die Interessen Hitler-Deutschlands vertretenden ProponentInnen der „America First"-Bewegung publizistisch entgegentrat – womit sie auch die US-Neutralitätspolitik infrage stellte, an die FDR sich noch gebunden fühlen musste. Eleanor verstieß auch gegen Goebbels' Frauenbild: Sie war für die Rolle, die Nationalsozialisten deutschen Frauen (und Frauen generell) zuzuweisen geneigt waren, ganz einfach zu selbstständig, zu selbstbewusst: „Seiner" Frau hätte Goebbels diese politische Eigenständigkeit nicht „erlaubt".

Als „First Lady" entwickelte Eleanor einen politischen Aktivismus, der weit über die Rolle der bisherigen Ehefrauen der US-Präsidenten hinausging. Dafür musste sie zuerst ihre anfängliche Skepsis gegenüber dieser ihrer neuen Aufgabe überwinden. Eleanor hatte 1933 noch gefürchtet, sie wäre im „Weißen Haus" in ein zu starres Protokoll gesperrt. Lorena A. Hickok, ihre persönliche Freundin in dieser Zeit, untertitle auch die von ihr verfasste und in erster Auflage 1962 erschienene Biographie „Reluctant First Lady" (Hickok 1980). Doch bald schon sollte Eleanor die traditionellen Grenzen, in die eine „First Lady" gesperrt schien, systematisch überwinden. Bald schon war nichts mehr vom anfänglichen Zögern und der Zurückhaltung zu merken, die Eleanor beim Einzug ins „Weiße Haus" noch verspürte hatte. Sie hielt weiterhin politische Vorträge und lud auch regelmäßig zu Pressekonferenzen ein – etwas völlig Neues für die Frau eines Präsidenten. Regelmäßig schrieb sie Kolumnen in Zeitschriften und war auch Gastgeberin einer wöchentlichen Radioshow.

Zwischen 1933 und 1938 veröffentliche Eleanor sechs Bücher. Wie in ihren Kolumnen wurde ihre publizistische Tätigkeit keineswegs einfach als Unterstützung der Politik des Präsidenten wahrgenommen. Die Differenzen zwischen der „First Lady" und den Handlungen (oder Versäumnissen) ihres Mannes betrafen auch die Frage der Förderung der Berufstätigkeit von Frauen im Rahmen der Programme des „New Deal". Eleanor hatte schon in ihrem 1933 erschienenen Buch „It's Up to the Women" eine feministische Note angeschlagen und gefordert, es zur Aufgabe der Regierung zu machen, aktiv gerade auch die Interessen der Frauen zu berücksichtigen. Indirekt wie auch direkt kritisierte sie, dass die Administration, die der Verantwortung ihres Mannes unterstellt war, Eleanors Vorstellungen nicht voll entsprach (Cook 2000, 7).

Das war Neuland in einer Zeit, in der Ehefrauen der Mittel- und Oberschicht grundsätzlich nicht berufstätig waren und die Frauen prominenter Politiker sich auf die Aufgaben einer Gastgeberin konzentrierten. Dennoch wurde sie – auch – ihren Aufgaben als Frau des Präsidenten gerecht. Sie traf, an der Seite ihres Mannes, die internationale politische Prominenz. Und obwohl sie nicht alle Staatsgäste gleichermaßen schätzte, wahrte sie die Form – auch und erst recht gegenüber dem britischen Königspaar und später den Royals der von den deutschen Truppen vertriebenen Fürstenhäuser Europas. Winston Churchill freilich stand sie, anders als ihr Mann, skeptisch gegenüber – sie sah in ihm einen Imperialisten des alten Schlages, dem es weniger um die Befreiung Europas und mehr um die Sicherung des britischen Weltreiches ging. Auch Charles de Gaulle war für sie ein Vertreter des Europas von gestern – und nicht eines von morgen. De Gaulle gegenüber unterschieden sich die Meinungen Franklins und Eleanors aber überhaupt nicht. Beide vermuteten hinter dem selbstbewussten, arrogant wirkenden Auftreten des Chefs der französischen Exilregierung autoritäre Tendenzen. Und selbst nach 1945 hielt Eleanor zu Churchill kritische Distanz – etwa als sie Churchills kämpferisch antisowjetische Rede 1946 in Fulton, Missouri, auch öffentlich als eine Attacke gegen das (von FDR entworfene und von ihr repräsentierte) Friedensprogramm der Vereinten Nationen brandmarkte (Cook 2017, 443, 459 f., 491 f., 556 f.).

Schon vor ihrem Einzug ins „Weiße Haus“ im März 1935 hatte Eleanor einen engen Kreis von Vertrauten um sich. Dazu gehörten vor allem und zuallererst Frauen, mit denen sie sich die Leitung der Todhunter School for Girls geteilt hatte. Über viele Jahre war ihre engste Vertraute die Journalistin Lorena Hickok, genannt „Hick". Mit dieser verband Eleanor eine Freundschaft, die sich über ihre gesamte Zeit als „First Lady" erstreckte. „Hick" galt als „First Friend" der „First Lady". Eleanor und „Hick" verbrachten einige Urlaube zusammen (Cook 2000, 13, 115–118, 154–156, 202–212). Eine besondere Freundschaft verband Eleanor zudem mit der Fliegerin Amelia Earhart, die Eleanor dazu bewegte, Flugstunden zu nehmen (Cook 2000, 458–460).

Aber Eleanor schloss keineswegs Männer aus dem Kreis ihrer Vertrauten aus, Männer, die auch mit FDR eng verbunden waren: Henry Morgenthau etwa, Franklins Finanzminister; Harry Hopkins, der engste Berater und Vertraute des Präsidenten; Louis Howe, der viele Reden des Präsidenten entwarf. Persönlich eng befreundet war sie auch mit Earl Miller, der als ihr „Bodyguard" fungierte, zuständig für die Sicherheit der „First Lady" (Cook 2000, 215–219). Eleanor gelang es, eine erkennbare Priorität für Frauenfreundschaften und einen freundschaftlichen, professionellen Umgang mit Männern zu balancieren. Eleanors Netzwerke waren die Grundlagen der Informationen, die sie für ihre Öffentlichkeitsarbeit brauchte.

Diese freilich wurde von den einen überaus geschätzt, von anderen aber heftig bekämpft. Eleanor wurde zu einer Vorkämpferin des Fortschritts – mit Bezug auf die BürgerInnenrechte in den USA und die universellen Menschenrechte. Bald wurde sie auch zu einer der Speerspitzen, die (nicht gegen den Widerstand des Präsidenten, aber auch nicht mit dessen expliziter Unterstützung) Amerikas Neutralitätspolitik infrage stellten, die bis Dezember 1941 offiziell vertretene Politik der amerikanischen Nicht-Intervention in den in Asien und in Europa bereits begonnenen Weltkrieg. Dabei arbeitete Eleanor auch öffentlich mit politisch Prominenten außerhalb des „Weißen Hauses" zusammen – etwa mit dem Bürgermeister von New York, Fiorello LaGuardia, oder auch dem republikanischen Präsidentschaftskandidaten von 1940, Wendell Willkie, der in seiner außenpolitischen Profilierung mehr mit den Demokraten als mit den Isolationisten in den Reihen der Republikaner gemeinsam hatte.

Eleanor und Willkie hatten 1940 gemeinsam den „Selective Service Act“ unterstützt, ein Gesetz, das als ein entscheidender Schritt in Richtung der Einführung der allgemeinen Wehrpflicht galt. Dieses Gesetz, das gegen den heftigen Widerstand eines Teils der Republikanischen Partei und der „America First“-Bewegung im Kongress verabschiedet wurde, war – zu Recht – als eine Vorbereitung für ein militärisches Engagement gegen das Deutsche Reich, Italien und Japan verstanden worden; ein Signal, gesetzt gegen die Aggressoren im bereits begonnenen europäischen und asiatischen Krieg (Katznelson 2014, 311). Durch diese und andere öffentlich wahrgenommene Aktivitäten stärkte Eleanor ihr politisches, in diesem Fall speziell ihr außenpolitisches Profil und übte im Sinne des Präsidenten Druck auf den Kongress aus.

Eleanors politische Bedeutung ging nicht mit dem Tod Franklins im April 1945 zu Ende. Harry S. Truman, der als Vizepräsident FDR in das Präsidentenamt folgte, wusste, dass er Eleanor brauchte. Er brauchte sie, um zu signalisieren, dass er die Tradition der Roosevelt-Präsidentschaft fortzusetzen gedachte. Truman nutzte Eleanor, um sich gegen die Kritik von links zur Wehr zu setzen, die ihm vorhielt, durch eine sich verfestigende Politik gegenüber Stalin das Roosevelt-Erbe zu verraten. Am linken Flügel hatte sich Henry Wallace, Vizepräsident von 1941 bis 1945, von der Partei abgespalten und strebte selbst das Präsidentenamt an. Er warf Truman die Verantwortung für den sich abzeichnenden Kalten Krieg vor. Gleichzeitig bedrohte eine Abspaltung des rechten Flügels, der sich ebenfalls in einer eigenen Partei formiert hatte und für die Strom Thurmond als Präsidentschaftskandidat antrat, Trumans Aussichten auf einen Wahlerfolg. Thurmond kritisierte Truman für sein Engagement in Fragen der Grundrechte der „schwarzen“ US-BürgerInnen: Truman würde die traditionelle, auf Rassentrennung bauende Ordnung des Südens zerstören, die auch unter FDR für stabile Mehrheiten der Demokraten in den Südstaaten gesorgt hatte. Truman war in Gefahr, durch Verluste rechts und gleichzeitig links die Präsidentschaft an den republikanischen Herausforderer Richard Dewey zu verlieren.

Truman hatte Eleanor wohl auch deshalb zur US-Vertreterin bei den Vereinten Nationen ernannt, wo sie Einfluss auf die UN-Deklaration über die Menschenrechte nahm, um sich so als loyaler Erbe Franklin Roosevelts zu positionieren. 1948 versuchte er, Eleanors formelle Unterstützung für seine Wahl zu gewinnen – denn sie hatte offenkundig Sympathien für Henry Wallace. Erst im letzten Augenblick, knapp vor dem Wahltag, erklärte sie öffentlich, sie unterstütze Trumans Wahl. Vermutlich hatte eine Rolle gespielt, dass Truman in der Schlussphase der Kampagne deutliche Signale gegen die Rassentrennung gesetzt hatte – deutlicher als dies Franklin Roosevelt je getan hatte. Trumans Einsatz für die Rechte der AfroamerikanerInnen wog in den Augen Eleanors offenkundig doch schwerer als die von ihr in dieser Form und zu diesem Zeitpunkt nicht goutierte antisowjetische Orientierung Trumans (McCullough 1992, 702). Trumans äußerst knapper Sieg, mit dem vor allem die Medien nicht gerechnet hatten, war wohl auch Eleanor zu verdanken, die durch ihre öffentliche Unterstützung für Truman die Abwanderung von Stimmen zu Wallace in Grenzen gehalten hatte.

Auch nach Trumans Präsidentschaft blieb Eleanor eine moralische Autorität in der Demokratischen Partei. Ihr Einsatz für die (erfolglosen) Präsidentschaftskandidaturen Adlai Stevensons 1952 und 1956 wurde innerparteilich ebenso wahrgenommen und geschätzt wie der freilich von ihr erst nach einem gewissen Zögern erteilte „Segen“ für die Kandidatur John F. Kennedys 1960, den Sohn des von ihr verabscheuten Joseph Kennedy (Roosevelt 2014, 422 f.). Bis zu ihrem Tod

1962 war sie die politisch artikulierte, in ihren Inhalten weiterhin kontroverse „grand old lady“ ihrer Partei; eine Frau, die für die erfolgreichste Periode der Demokraten stand – aber auch für die Weltmachtrolle der USA, an deren Aufbau sie mitgewirkt hatte (Cook 2017, 510 f., 546–549, 566–657).

Eleanor wurde – mehr als Indira und anders als Margaret – zur Inspiration für alle, die sich als Frauen nicht mit dem Fortbestehen der patriarchalischen Traditionen abfinden wollten. Es war für feministisch motivierte Frauen des späteren 20. Jahrhunderts auch deshalb leicht, sich mit Eleanor zu identifizieren, weil sie nicht direkt die Verantwortung für das „kleinere Übel“ zu übernehmen hatte, für das FDR und auch Harry Truman standen: Franklin für sein strategisch-taktisch motiviertes Zögern bei der Umsetzung der Grundrechte für alle Bürgerinnen und Bürger; Truman für seinen Entschluss zum Abwurf der Atombomben über Hiroshima und Nagasaki. Eleanor blieb mit den grundlegenden Neuerungen der Ära Roosevelt identifiziert – mit der Konzeption eines Sozialstaates, errichtet durch die Institutionen des „New Deal“; mit der Etablierung der Vereinten Nationen als eines den Weltfrieden garantierenden Systems; und mit der von ihr gemeinsam mit anderen erreichten Kodifizierung der Menschenrechte durch die UN-Generalversammlung. Vor allem aber blieb sie auch die Frau, die weibliche Politik nicht primär durch ihre eigenen, im engeren politischen Sinn selbst erreichten Erfolge vorlebte, sondern durch die von ihr geförderten Inhalte, die so viele dazu bewegten, den Zustand von heute in einen besseren für morgen zu verwandeln. Eleanor bewegte, in dem sie andere bewegte.

Ihr Sohn Elliott beobachtete, wie Eleanor in den verbleibenden Jahren ihres Lebens vor allem die freundschaftliche Kooperation und die inhaltliche Übereinstimmung mit Franklin immer wieder in Erinnerung rief – und nicht die Bitterkeit des Jahres 1920 und auch nicht die Enttäuschungen, die sie als „First Lady“ im „Weißen Haus“ in Kauf nehmen musste (Goodwin 1995, 633). Franklin hatte ja dieselben Ziele wie sie vertreten. Aber weil er unmittelbar im „politischen Geschäft" stand, sah er sich zu Kompromissen gezwungen, die Eleanor zwar verstehen, inhaltlich aber nicht immer billigen konnte: etwa, dass erst Franklins Nachfolger im „Weißen Haus" riskierte, die Rassentrennung in den Streitkräften der USA aufzuheben. Durch die Betonung der positiven Seiten ihrer politischen Partnerschaft mit FDR begründete sie auch das Narrativ einer gemeinsam vorgetragenen und auch umgesetzten Fortschrittsagenda.

Um Eleanor hat sich ein Mythos erhalten, geprägt von der Polarisierung, die schon ihre Aktivitäten zu ihren Lebzeiten ausgelöst hatten. Sie ist weiterhin eine Heroin des linksliberalen Fortschrittsoptimismus, der mehr oder weniger deckungsgleich ist mit dem linken Flügel der Demokratischen Partei; eine Heroin für einen Internationalismus, der sich auf die von FDR wesentlich bestimmte Architektur der Vereinten Nationen bezog; auch für eine Kritik an einem amerikanischen „Jingoismus", dessen Bogen von den „American Firsters" der Jahre um 1940 bis zur Präsidentschaft Donald Trumps reicht – während die Vertreter des Antiinternationalismus Eleanor weiterhin als Feindbild instrumentalisieren. Eleanor Roosevelt lässt auch fast sechs Jahrzehnte nach ihrem Tod niemanden kalt, der oder die sich mit der Geschichte der USA und der Welt im 20. Jahrhundert beschäftigt.

Eleanors politisches Erbe wird auch weiterhin umstritten bleiben. Im Wesentlichen konzentriert sich die Kritik an ihr auf die Punkte, die auch Franklin Roosevelts Erbe entgegengehalten werden: auf ein angeblich naives Vertrauen in Stalin und in die Sowjetunion oder auch auf die angeblich aktive Förderung des Zerfalls des britischen Weltreiches. Diese Kritik läuft entlang der traditionellen Differenz zwischen links und rechts. Doch in einem bestimmten intellektuellen Milieu ist Eleanors Erbe uneingeschränkt positiv besetzt – unabhängig von Franklins Erbe: Für die Frauenbewegungen aller

Schattierungen war und ist Eleanor ein Beispiel, was eine Frau politisch tun kann, was eine Frau politisch tun soll – und wie sie es tun soll; und für welche Inhalte sich „frau" einsetzen muss.

Im Ensemble des Franklin D. Roosevelt Memorials in Washington, D.C., steht eine Bronzestatue von Eleanor. Diese Statue erinnert daran, dass ihr politisches Wirken im Zusammenhang mit der FDR-Präsidentschaft gesehen werden muss; aber auch daran, dass Eleanor nicht auf eine „First Lady" reduziert werden darf: Sie steht eigenständig, als eigenständige Frau neben Franklin.

2.2 Das Unverwechselbare an Eleanor Roosevelt

2.2.1 Der „Eleanor-Faktor 1": Gleiche Rechte für alle

Eleanor Roosevelt war geprägt vom Milieu ihrer Herkunft und ihrer Zeit. Dieses Milieu war das der „White Anglo-Saxon Protestants", der WASPs, der sich die Protestanten niederländischer Herkunft ohne Probleme zuordnen konnten. Dieses Milieu war auch durch seine Vorurteile charakterisiert. Zu diesen gehörte die Praxis der Ausschließung; und zwar der Ausschließung aller als „fremd" empfundener Menschen – Personen dunkler Hautfarbe, Personen jüdischer Herkunft oder auch Personen katholischer Konfession. „Fremde" hatten de facto keine Möglichkeit, durch Eheschließung in die Clanähnlichen Familienverbände aufgenommen zu werden, die noch um 1900 die Gesellschaft beherrschten, zu der Eleanor durch ihre Geburt gehörte. In die elitären Bildungsstätten etwa auch und gerade des Nordostens der USA (wie die „Ivy League"-Universitäten Harvard, Yale, Columbia, Princeton) wurden bis gegen Ende des 19. Jahrhunderts keine Katholiken, bis in die Anfänge des 20. Jahrhunderts keine Juden und oft bis tief in dieses Jahrhundert hinein keine „colored people" aufgenommen – also Menschen dunkler Hautfarbe. Und – ebenfalls ins 20. Jahrhundert hinein – keine Frauen.

Die Töchter der etablierten protestantischen Familien studierten an elitären Schulen für protestantische Mädchen, die Söhne aus diesen Familien an den protestantischen Männern vorbehaltenen Elite-Universitäten. Katholiken hatten ihre von Katholiken für Katholiken eingerichteten Universitäten (wie die nach Ignatius von Loyola benannten Universitäten der Jesuiten in verschiedenen Städten der USA, die Fordham University in New York und die Georgetown University in Washington). Auch für AfroamerikanerInnen gab es spezielle Bildungseinrichtungen – etwa die Howard University in Washington. Die gesellschaftliche Grundregel war Segregation – die gesellschaftliche Abgrenzung der Milieus voneinander. Unter Segregation wurde aber vor allem – und von den Betroffenen besonders schmerzlich spürbar – die Abgrenzung zwischen „schwarz“ und „weiß“ verstanden. Die Trennung der „Rassen“ entsprach dem Grundsatz, der auch nach der Aufhebung der Sklaverei und nach den Verfassungsänderungen, die allen (auch den „schwarzen“) AmerikanerInnen die gleichen Rechte und schließlich auch den Frauen das Stimmrecht garantierte, vom „Supreme Court“ aufrechterhalten wurde: „Equal, but Separate“. Trennung der „Rassen“ war nach dieser Doktrin mit dem Gleichheitsgrundsatz der Verfassung vereinbar – so die bis 1954 herrschende Verfassungsinterpretation. In diesem Jahr verwarf in einer bahnbrechenden Entscheidung der „Supreme Court“ (in „Brown v. Board of Education“) seine bisherige Judikatur und verwandelte sie in deren Gegenteil: Die Trennung der „Rassen“ würde, so die seit 1954 alles entscheidende Verfassungsinterpretation des Höchstgerichtes, gegen die von der Verfassung garantierte Gleichheit verstoßen.

Die Gleichheit aller Menschen, wie sie um 1900 verstanden wurde, hatte etwas von den illusionären Bildern eines Märchens. Gleichheit war ein rechtliches Konstrukt, um den

Widerspruch zwischen der Unabhängigkeitserklärung von 1776 und der Verfassung von 1787 auf der einen und gesellschaftlich-politischer Wirklichkeit auf der anderen Seite zuzudecken. Der Aufstieg in die führenden Positionen von Wirtschaft und Politik war lange Zeit den WASPs männlichen Geschlechts vorbehalten. Frauen und „Farbige" fanden sich gemeinsam in der Situation des Ausgeschlossenseins. Freilich, nur wenigen „weißen" Frauen war das so bewusst wie Eleanor.

In den ersten, den prägenden Jahren Eleanors begann die Selbstverständlichkeit, mit der „Weiße" die Trennung von den „Schwarzen" als natur- oder gottgegeben hinnahmen, sich allmählich und vorsichtig zu verändern. Aber auch Eleanor war – noch – beeinflusst von den für ihr Milieu und ihre Zeit signifikanten Vorurteilen. Die junge Eleanor war das Kind einer Umgebung, in der manche Voreingenommenheit selbstverständlich war. Diese bestand aus tradierten Meinungen über eine soziale Ordnung, in der Menschen nach „Rasse", Religion, Geschlecht als grundsätzlich „anders", voneinander substanziell verschieden bewertet wurden. Eleanor, die später eng mit Menschen jüdischer Herkunft zusammenarbeitete, die öffentlich von Anfang an gegen den staatlich verordneten Judenhass des NS-Staates auftrat und sich für die Aufnahme jüdischer Flüchtlinge in die USA einsetzte – auch gegen den Widerstand von Personen aus der Regierung ihres Mannes (insbesondere aus den Reihen des State Departments), war anfangs nicht frei von einem naiven und gleichzeitig primitiven Antisemitismus (Cooke 1993, 7). Und auch ihr so prominenter Einsatz für die Grundrechte „schwarzer" AmerikanerInnen entwickelte sich erst im Laufe ihrer Erfahrungen etwa mit der Rassensegregation während ihrer ersten Jahre in Washington, zwischen 1913 und 1921.

Als sie die traditionelle Rolle einer „First Lady" sprengte, indem sie auf ihre eigene politische Persönlichkeit nicht zu verzichten bereit war, provozierte sie mit keiner anderen ihrer konsequent vertretenen Positionen so viele Konflikte wie mit ihrem Einsatz für die grundlegenden Rechte der AfroamerikanerInnen. Und wohl mit keinem anderen Engagement bereitete sie FDR so viel politisches Kopfzerbrechen wie mit Reden und Veröffentlichungen, die gerade für die Vertreter der Demokratischen Partei aus dem Süden als gefährlich wahrgenommen werden mussten. Eleanors öffentlich vorgetragene Meinungen waren auch tatsächlich gefährlich – für die politische Existenz „weißer" Politiker, deren primäre Aufgabe ja die Sicherung der Privilegien der „weißen" Bevölkerung war. Ohne die Diskriminierung der „schwarzen" Bevölkerung hatten diese „weißen" Politiker kaum Chancen, ihre regionale politische Hegemonie zu verteidigen.

Franklin brauchte aber die Stimmen aus dem Süden – für seine Wahlkampfstrategien, für die Gewinnung von Mehrheiten in beiden Häusern des Kongresses. Zu einer Zeit, in der in den Südstaaten „schwarze" BürgerInnen vom Wahlrecht de facto weitgehend ausgeschlossen waren, hatte dies eine einfache Konsequenz: Er brauchte die Stimmen weißer Rassisten. Ohne diese wären seine persönlichen Wahlerfolge nur schwer vorstellbar gewesen, und ohne die Stimmen weißer Rassisten wäre eine demokratische Kongressmehrheit außer Reichweite geblieben. Doch FDR selbst war kein Rassist. Anders als Woodrow Wilson, der ein Produkt der Atmosphäre südstaatlicher Ressentiments war, geprägt von der durch ihre Niederlage im Bürgerkrieg traumatisierten „Weißen" aus dem Süden, verabscheute Franklin Roosevelt Rassismus und Rassentrennung. Er vermied es aber, diese Abscheu öffentlich zu zeigen. Und deshalb gab es zwischen Eleanor und Franklin auch keinen prinzipiellen, sehr wohl aber einen taktisch-strategischen Dissens in der „Rassenfrage".

Die radikalen Vertreter des Phantomschmerzes über den verlorenen Bürgerkrieg, der in den 1930er Jahren noch immer die „Weißen" in den Südstaaten bestimmte, hatten Eleanor als besonderes Ziel ihrer Aggressivität ausgewählt. 1936 wurde in Georgia bei einer Veranstaltung derer, die man später „White

Supremacists" nennen sollte – also „weißer" Rassisten –, ein Magazin mit einem Foto verteilt, unterlegt mit dem Text: „Mrs. Roosevelt going to some nigger meeting, with two escorts, niggers, on each arm." „Nigger" – das war das Schimpfwort, mit dem „Weiße" ihre „schwarzen" MitbürgerInnen bedachten. Und um die Empörung über Eleanor noch weiter zu steigern, wurde im Ton tiefsten Entsetzens berichtet, jetzt seien „Neger" schon zu Empfängen ins „Weiße Haus" geladen – und würden in Betten des Amts- und Wohnsitzes des Präsidenten übernachten (Schlesinger 1960, 522).

Eleanors politisches Engagement zugunsten der US-BürgerInnen dunkler Hautfarbe zog sich durch ihr ganzes politisches Leben – von den 1920er Jahren bis zu ihrem Tod. Ihr Einsatz für die BürgerInnenrechte rührte an die gegenläufigen, mit Sklaverei und Bürgerkrieg verbundenen Opfernarrative – das der „Weißen" in den Südstaaten und das der Nachfahren der Sklavinnen und Sklaven. Eleanor engagierte sich auf zwei Ebenen: Sie kooperierte eng und systematisch mit den von AfroamerikanerInnen geführten Bürgerrechtsverbänden, insbesondere mit der NAACP, der „National Association for the Advancement of Colored People"; und sie setzte sich öffentlichkeitswirksam (und konfliktfreudig) für einzelne „Farbige" ein, die Opfer von Diskriminierung waren.

Ihre Kooperation mit der NAACP als „First Lady" begann mit ihrem Einsatz gegen die Lynchjustiz, deren Opfer – zumeist „schwarze" Männer – ohne Verfahren und ohne Gerichtsurteil von einem „weißen" Mob ermordet wurden. Franklin schreckte davor zurück, demokratische Senatoren und Kongressabgeordnete aus dem Süden wirksam unter Druck zu setzen, die er für seine Mehrheit brauchte – Parlamentarier, die dafür sorgten, dass gegen die Lynchjustiz gerichtete Gesetzesinitiativen im Kongress stecken blieben. Aber er ließ 1935 Eleanor eine inhaltlich ebenso eindeutige wie politisch unverbindliche Botschaft in Form eines Briefes senden: Lynchen sei in den Augen des Präsidenten ein Verbrechen;

und er werde mit Vertretern des Kongresses deshalb Gespräche führen. (Cook 2000, 243). In diesem Fall ist das arbeitsteilige Zusammenspiel zwischen FDR und seiner Frau besonders deutlich: Der Präsident wollte, einerseits, sich nicht öffentlich in verbindlicher Form positionieren – aber er wollte, andererseits, die Bürgerrechtsbewegung nicht verärgern. Und dafür schickte er eine Botschaft vager Sympathie an diejenigen, die ein aktives Vorgehen gegen die Praxis der Lynchjustiz forderten; und seine Frau war die Überbringerin der Botschaft.

Eleanor war in dieser und in analogen Situationen in einer schwierigen Lage. Da der Präsident sich nicht dazu entschließen konnte, mehr als allgemeine Absichtserklärungen zu geben, aber vor jeder konkreten Initiative zurückschreckte, drohte auch Eleanor gegenüber der Bürgerrechtsbewegung an Glaubwürdigkeit zu verlieren. Der Block der Senatoren aus dem Süden konnte durch Dauerreden („filibuster") im Senat jede Gesetzesinitiative blockieren, die FDR unbedingt durchsetzen wollte, weil er sie für den „New Deal" dringend brauchte. Es wäre zwar für die vorhandene Mehrheit aus den Demokraten des Nordens und dem liberalen (progressiven) Flügel der Republikaner im Repräsentantenhaus möglich gewesen, ein Gesetz („Costigan-Wagner Bill") zu beschließen, das sich speziell gegen die Praxis des Lynchens richtete. Aber durch das angedrohte Dauerreden hätten im Senat die Demokraten aus dem Süden einen Beschluss ständig aufschieben können. Und überdies hätte der Präsident die Südstaaten-Senatoren verärgert, deren Stimmen er für andere Gesetze brauchte – und die Stimmen vieler „Weißer" im Süden dazu, die er für seine Wiederwahl 1936 und dann wieder 1940 einkalkuliert hatte. FDR blieb stumm, und Eleanors Interventionen hinter den Kulissen des „Weißen Hauses" und des Kongresses waren vergeblich. Das speziell gegen die Lynchjustiz gerichtete Gesetz blieb im Kongress liegen. Eleanor musste erkennen, dass die wahltaktischen Interessen ihres Mannes ihren Möglichkeiten Grenzen setzten.

Eleanor versuchte, das Zögern des Präsidenten gegenüber der NAACP zu erklären: Franklin sehe die einzige Möglichkeit, die kriminelle Praxis einer gegen „Schwarze" gerichteten Lynchjustiz zu unterbinden, in einer Beeinflussung der öffentlichen Meinung in den Südstaaten. Alles laufe auf Erziehung und Aufklärung hinaus. Aber wenn sich Personen aus dem Norden an die Spitze dieser Aufklärung stellten, hätte das einen gegenteiligen Effekt (Katznelson 2014, 167). Das war die Rechtfertigung des Präsidenten, warum er sich nicht gegenüber den Senatoren der Südstaaten offen für die Verabschiedung der „Costigan-Wagner Bill" öffentlich engagierte. Eleanor tat aber gerade das – und wurde deshalb für die konservativen Kräfte des Südens, gerade auch in der Demokratischen Partei, zum Feindbild.

1939 sprach Eleanor öffentlich – dabei betonend, dass sie nur für sich spreche – von der Notwendigkeit, gegen den Rassismus des Nationalsozialismus und des Faschismus Signale zu setzen, und zwar auch gegen den US-amerikanischen Rassismus. Wie sollten denn die USA, deren Streitkräfte zwischen „schwarz" und „weiß" getrennt marschierten, sonst glaubwürdig auf der Weltbühne für Freiheit und Demokratie auftreten (Cook 2017, 32)? Doch Eleanor musste zur Kenntnis nehmen, dass sie keinen – jedenfalls keinen direkten, kaum einen indirekten – Einfluss auf die strukturell verankerte Rassentrennung hatte.

Wohl auch deshalb suchte sie nach Möglichkeiten, in spektakulären Einzelfällen ihrem Einsatz für die Rechte aller BürgerInnen Nachdruck zu verleihen. Die afroamerikanische Sängerin Marian Anderson war 1936 von Eleanor eingeladen worden, im „Weißen Haus" zu singen. Das war ein von Eleanor bewusst herbeigeführter, ein von FDR bewusst tolerierter Tabubruch im nach wie vor von Rassentrennung bestimmten Washington. Als aber Marian Anderson 1939 in der Constitution Hall in Washington ein Konzert geben sollte, wurde dies untersagt – aus Gründen der Segregation der „Rassen". Da die traditionelle Frauenvereinigung „Daughters of the American Revo-

Abb. 1: Verbunden durch Jahre der Freundschaft – Eleanor Roosevelt und Marian Anderson, 1953. © Getty Images – Smith Collection/Gado.

lution“ für diese Zurückweisung Andersons verantwortlich war, legte Eleanor ihre Mitgliedschaft in dieser Organisation demonstrativ zurück.

Dies erregte öffentliches Aufsehen und wurde von der NAACP als wichtige Geste der Solidarität gewertet. Eleanor half mit, dass in ausreichendem Maße Spenden gesammelt wurden, damit am 9. April 1939 das Anderson-Konzert als Open Air Event vor dem Lincoln Memorial stattfinden konnte – vor 75.000 Menschen. Im Radio wurde das Konzert im ganzen Lande übertragen. Es war ein Akt des Protestes gegen den Rassismus, ähnlich dem, der am selben Ort und unter ähnlich großer Aufmerksamkeit fast ein Vierteljahrhundert später stattfinden sollte: Martin Luther Kings Rede „I Have a Dream“.

Hinter den Kulissen hatte auch FDR Andersons Konzert unterstützt, als er sich auf Nachfragen von Regierungsverantwortlichen klar äußerte, ob er als Präsident etwas gegen die Nutzung des öffentlichen Raumes im Zentrum Washingtons durch eine Veranstaltung einzuwenden hätte, die auch als Protest gegen Rassentrennung und gegen Rassismus generell verstanden werden musste. Am Telefon rief der Präsident ärgerlich aus, Marian Anderson könne singen, wo sie wolle – und wenn es die Spitze des Washington Monuments wäre. Das Zusammenspiel zwischen dem taktierenden Präsidenten und der die Grundrechte einer „schwarzen" US-Bürgerin in aller Offenheit unterstützenden Eleanor hatte funktioniert. Sie hatte mitgeholfen, dass FDR sich den auch von seiner Frau geschaffenen Fakten beugte, beugen musste; und dass er zudem zuließ, dies öffentlich bekannt zu machen (Cook 2017, 32–35).

Eleanor hatte den Boden für die Bürgerrechtsgesetze der 1960er Jahre vorbereitet. Dieser – endlich – erzielte Durchbruch, der den Ausschluss der AfroamerikanerInnen vom Wahlrecht in den Südstaaten beendete, war von einem Paradoxon begleitet. Die Bürgerrechtsgesetze waren vor allem dem politischen Geschick eines Präsidenten aus den Reihen der Südstaaten-Demokraten zu verdanken – dem Texaner Lyndon B. Johnson. Johnson hatte seine politische Karriere auf nationaler Ebene im Kongress begonnen. Als Roosevelt-Demokrat unterstützte er den „New Deal" und die Außenpolitik des Präsidenten. Als Südstaaten-Demokrat zeigte er jedoch zunächst keine Neigung, im Kongress den institutionalisierten Rassismus in den Südstaaten zu kritisieren (Kearns 1976). Aber als US-Präsident forcierte er eine Politik, zu der FDR noch nicht bereit gewesen war – eine Politik der verfassungsrechtlichen Ermächtigung der Union, auch gegen den Widerstand der einzelnen Staaten die Grundrechte aller BürgerInnen durchzusetzen.

Die Ursache für diesen Wandel Johnsons liegt im Wandel der öffentlichen Meinung vor allem, aber nicht nur der „Weißen" im Norden der USA. Und dieser Meinungswandel war das Ergebnis des beharrlichen Einsatzes der Bürgerrechtsbewegung, die Frauen und Männer, „Schwarze" und „Weiße" vereinte. An diesem letztlich erfolgreichen Zusammenschluss hatte auch Eleanor Roosevelt Anteil – als prominente Vertreterin dieser Bewegung. In den USA war es dank der unermüdlichen Aktivität dieser Bewegung letztlich nicht mehr möglich, die Standarte der „Freien Welt" zu hissen – und im eigenen Land die sich verharmlosend als Rassentrennung tarnende Rassendiskriminierung zu verteidigen. Diesen Widerspruch immer wieder öffentlich in Erinnerung zu rufen, das hatte Eleanor als ihre Aufgabe gesehen. Und darin war sie erfolgreich.

2.2.2 Der „Eleanor-Faktor 2": Sozialstaat

Franklin Roosevelt wurde im November 1932 mit großer Mehrheit zum Präsidenten der USA gewählt, weil der sich zur Wiederwahl stellende Amtsinhaber – der Republikaner Herbert Hoover – mit der 1929 einsetzenden Wirtschaftskrise und der damit verbundenen Massenarbeitslosigkeit identifiziert wurde. Hoovers Regierung erweckte den Anschein sozialer Kälte, mehr noch, den Anschein politischer Hilflosigkeit. Franklin Roosevelt, als Gouverneur von New York bereits erfolgreich als Vertreter einer aktiven Sozial- und Wirtschaftspolitik positioniert, verbreitete den politischen Optimismus, der in seiner Inaugurationsrede im März 1933 in dem einen Satz zum Ausdruck kam: „The Only Thing We Have to Fear is Fear itself."

Hoover hatte seinen Ruf auch dadurch beschädigt, dass unter seiner Präsidentschaft das Militär eingesetzt wurde, um zentrale Plätze der Hauptstadt freizumachen, auf der Arbeitslose und Veteranen des (Ersten) Weltkriegs kampierten. Dass Soldaten eingesetzt wurden, um (ehemalige) Soldaten an einer friedlichen Demonstration gegen das soziale Elend zu hindern, sollte Hoovers Kampagne zur Wiederwahl 1932 belasten. Dass der neue Präsident die von der Wirtschaftskrise Getroffenen anders behandelte, äußerte sich in dem verbreiteten Slogan: „Hoover sent the Army, Roosevelt sent his wife."

(Schlesinger 1958, 15). Eleanor war die „Frontfrau" für die ab 1933 beginnende neue Politik, für den „New Deal".

Franklin hatte schon davor – mit Unterstützung Eleanors – deutlich gemacht, dass er die Wirtschaftskrise mit einer Politik staatlicher Interventionen bekämpfen werde, die auch die Sprengung des US-amerikanischen Zweiparteiensystems nicht ausschloss. Er hatte überlegt, eine „American Labor Party" zu gründen, weil er so erreichen wollte, dass sozialistische Wählerinnen und Wähler – die vor allem in New York eine Gruppe von durchaus relevanter Größe waren – eine gemeinsame Kandidatur von fortschrittlichen DemokratInnen und demokratischen SozialistInnen unterstützten. Zu den Personen, auf deren Unterstützung Franklin für den Fall der Gründung einer solchen neuen Partei rechnete, zählte – neben Fiorello LaGuardia – auch Eleanor (Lipset, Marks 2002, 212). Diese hatte sich also bereits vor 1932 als Aktivistin positioniert, die den Laissez-faire-Kapitalismus grundlegend sozialstaatlich reformieren wollte.

Die Aufbruchsstimmung am Beginn der Präsidentschaft Franklin Roosevelts baute auf einer aktiveren Rolle der Regierung in Angelegenheiten der Wirtschaft und des sozialen Zusammenhaltes. Der „New Deal" wurde entwickelt – ein Programm der Arbeitsplatzbeschaffung und der Stärkung gewerkschaftlicher Rechte. Die Roosevelt-Präsidentschaft war ein „radikaler Moment" in der Geschichte der USA (Katznelson 2014, 227–275). Das durch die progressive Reformagenda Theodore Roosevelts und Woodrow Wilsons bereits ansatzweise eingeschränkte System eines ungebändigten Kapitalismus, einer unkontrollierten Marktwirtschaft, sollte – weil aus nachvollziehbaren Gründen für das 1929 beginnende Desaster verantwortlich gemacht – einem System Platz machen, das später, im Europa der Jahrzehnte nach 1945, „soziale Marktwirtschaft" genannt wurde: ein Kapitalismus mit menschlichem Antlitz.

Das ökonomische Theoriegebäude dieses „dritten Weges“ lieferte der britische Ökonom John Maynard Keynes, der staatliche Investitionen zur Ankurbelung der Wirtschaft befürwortete, nötigenfalls auch auf Kosten eines ausgeglichenen Budgethaushaltes. Das institutionelle Zentrum von Roosevelts „New Deal“ war die National Recovery Administration (NRA), deren Etablierung Roosevelt deshalb gelang, weil die wirtschaftliche und soziale Krise ab 1933 eine demokratische Kongressmehrheit ermöglicht hatte, die in Übereinstimmung mit einem demokratischen Präsidenten an eine umfassende Reform des Wirtschafts- und Gesellschaftssystems ging.

Dieses Reformvorhaben stieß natürlich auf heftigen Widerstand derer, die in dieser Politik der Regierung den Anfang des Weges in Richtung Sozialismus und Kommunismus sahen. Der Präsident konnte daher jede öffentliche Unterstützung brauchen. Und für eine solche sorgte – auch – Eleanor. Sie hatte ja schon in den Jahren davor durch politische Initiativen, die ihre persönliche Handschrift trugen, diese Reformagenda vertreten, etwa durch das 1927 gestartete Reformprojekt der landwirtschaftlich-industriellen Genossenschaft Val-Kill im Tal des Hudson.

Eleanors Unterstützung für den „New Deal“ wurde von Anfang an in der Öffentlichkeit wahrgenommen. Am 13. September 1933 wurde mit einer Parade auf New Yorks 5th Avenue der offizielle Startschuss des Sozialprogramms des Präsidenten gefeiert: Der „National Industrial Recovery Act“ (NIRA), das Gesetz, das den rechtlichen Rahmen für umfassende soziale Reformprogramme der Regierung herstellte, war vom Kongress beschlossen und umgehend vom Präsidenten unterzeichnet worden. Zwei Millionen Menschen marschierten zur Feier dieses Anfangs einer neuen politischen Ära an einer riesigen Tribüne vorbei – und neben dem Gouverneur von New York, der Sozialministerin Frances Perkins und anderer politischer Prominenz stand Eleanor Roosevelt. Sie stand hier als „First Lady“; aber sie vertrat, so die Botschaft, auch die politische Agenda des abwesenden Präsidenten (Katznelson 2014, 228 f.).

Eleanors Präsenz machte klar, dass sie sich nicht auf die traditionelle Rolle der „First Lady" beschränken würde; dass sie – unabhängig vom Präsidenten, nicht in jedem Fall mit ihm abgestimmt, aber nie offen gegen ihn – eigenständig die Politik der USA zu beeinflussen gedachte. Und sie demonstrierte am 13. September bei dieser Parade auch, dass das Reformprogramm, das nun mit großem Enthusiasmus gestartet wurde, zu ihren besonderen persönlichen Anliegen zählte: das Programm, das die US-Regierung (und nicht nur die einzelnen Staaten der USA) direkt mit der Verantwortung für den wirtschaftlichen Aufbruch und vor allem für das soziale Wohlergehen aller Bürgerinnen und Bürger ausstattete.

Als „First Lady" setzte sich Eleanor öffentlich besonders für die Programme der Regierung ein, die vor allem Frauen und Minderheiten fördern konnten. Im gesetzlich verankerten „Civilian Conservation" Corps (CCC) wurden Arbeitsplätze für insgesamt hunderttausende Jugendliche, aber speziell auch für Veteranen des Weltkrieges geschaffen – in Bereichen der Landschaftspflege und öffentlicher Verkehrsvorhaben. Eleanor setzte sich publizistisch, in Abstimmung mit der Regierung (insbesondere mit der Arbeits- und Sozialministerin Frances Perkins), für Beschäftigungsprogramme ein, die vor allem die Beschäftigung von Frauen fördern sollten. Im Sommer 1933 besuchte sie das eben erst eröffnete „Camp Tera" am Tiorati-See im Staat New York und kritisierte, dass die Beschäftigung von Frauen bürokratisch verzögert werde. Ihr Besuch sorgte für Schlagzeilen in der Presse und veranlasste die Verwaltung, eine Beschleunigung der Aufnahme von arbeitswilligen Frauen zu versprechen (Cook 2000, 88 f.). Eleanor nutzte ihre mediale Prominenz, um politisch Druck zu machen – im Sinne des „New Deal".

1935 wurde durch eine Verordnung des Präsidenten die „National Youth Administration" (NYA) eingerichtet. Ihr Ziel war es, die Ausbildung junger Menschen zu fördern. Gefördert wurde der Besuch von Schulen, Colleges und Universitäten. Im Laufe der nächsten Jahre wurde über 300.000 AmerikanerInnen durch die finanzielle Unterstützung der Bundesregierung ein Studium ermöglicht. Die Programme der NYA waren inklusiv, sie standen allen offen – unabhängig von Geschlecht oder „Rasse". Diese Inklusion war in den 1930er Jahren alles andere als selbstverständlich. Eleanor sah in der NYA ein wichtiges Instrument zum Ausbau sozialer Sicherheit, aber auch zur Integration der Geschlechter und der „Rassen". Der NYA war sie enger verbunden als den meisten anderen Innovationen, die von der Regierung im Rahmen des „New Deal" gestartet worden waren. Eleanor propagierte die NYA in zahlreichen Kolumnen. Eleanor galt als „chief adviser, chief publicist, chief investigator" der NYA. Für die Öffentlichkeit war sie die Vollstreckerin der Politik des Präsidenten – aber gleichzeitig auch die Person, die den Präsidenten politisch in der von ihm eingeschlagenen Richtung bestärkte (Cook 2000, 270–272).

Sie machte nicht nur Druck – durchaus im Interesse der Politik des Präsidenten. Sie geriet auch unter Druck. Die US-Öffentlichkeit war nicht daran gewöhnt, dass eine „First Lady" sich in politisch kontroversen Fragen engagiert. Diejenigen, die im Aktivismus der Roosevelt-Administration einen Schritt in Richtung einer sozialistischen Planwirtschaft sahen, fanden in Eleanor eine leicht auszumachende Gegnerin: Eine Kämpferin für die Rechte der „Negroes" und der Frauen – das musste eine gefährliche Agentin des Sozialismus sein, eine Vertreterin „unamerikanischer" Werte. Eleanor wurde so aber auch zu einem Hitzeschild für ihren Mann. Sie zog viele der Pfeile auf sich, die eigentlich auf den Präsidenten gerichtet waren. Eleanor trat immer ein Stück radikaler auf als der um Mehrheiten (und deshalb um einen breiten Konsens) bemühte Präsident.

Dass Eleanor Sozialistin im marxistischen Sinn gewesen wäre, gar Kommunistin, war natürlich Unsinn. Als sie im Präsidentschaftswahlkampf 1948 zunächst zögerte, sich zwischen dem als „kalter Krieger“ punzierten Truman und dem als sowjetfreundlich geltenden Wallace durch die Abgabe einer Wahlempfehlung zu entscheiden, beschloss sie sich letztlich doch, mit aller Eindeutigkeit eine Unterstützungserklärung für Truman abzugeben. Und als etwa zur selben Zeit der „schwarze“ Sänger Paul Robeson, der ein Sympathisant der Kommunistischen Partei war, bei einem Konzert aus politischen Gründen attackiert wurde, verteidigte sie sein Recht, als Künstler frei auftreten zu können, grenzte sich aber gleichzeitig deutlich von seiner kommunistischen Gesinnung ab (Cook 2017, 565).

Eleanor wurde auch noch viele Jahre nach ihrem Tod mit einer Politik identifiziert, die sozial Schwachen zugutekam. Das hatte Auswirkungen, die Gloria Steinem so beschreibt: „Seit meine Mutter mir vom Leid während der Großen Depression erzählte und wie Franklin und Eleanor Roosevelt uns heraushalfen, weiß ich, dass Politik zu unserem Alltag gehört.“ (Steinem 2019, 195.) Eleanor hat politisches Bewusstsein geschaffen – und die Überzeugung gestärkt, dass politisches Engagement Wirkung zeigt.

Eleanor war im Sinne der in den USA herrschenden politischen Typologie eine Linksliberale. In Europa hätte sie wohl als Sozialdemokratin gegolten: engagiert für soziale Reformen im Interesse der Schwachen, bemüht um die Kontrolle und Regulierung einer primär am Profit orientierten Marktwirtschaft, voller Sympathien für einen wirtschafts- und sozialpolitisch aktiven Staat – aber immer für einen Staat, der die individuellen Grundrechte hochhielt und dem politischen Pluralismus verpflichtet blieb. Eleanor stärkte diese politische Ausrichtung, die auch die ihres Mannes war und die Grundlage der Politik der Präsidenten bleiben sollte, die aus den Reihen der Demokratischen Partei kamen und FDR im „Weißen

Haus" folgten: Harry Truman, John Kennedy, Lyndon Johnson, Jimmy Carter, Bill Clinton, Barack Obama.

2.2.3 Der „Eleanor-Faktor 3": Internationalismus

Im Dezember 1945 schlug Harry Truman in einem Telefongespräch Eleanor vor, als Vertreterin der USA an der ersten Generalversammlung der Vereinten Nationen teilzunehmen, die im Jänner 1946 in London stattfinden sollte. Eleanors erste Reaktion war, sie könne dies doch nicht machen – sie hätte ja keine Erfahrung in Angelegenheiten der internationalen Politik (Goodwin 1995, 633). Diese erste, offenbar spontane Ablehnung, die Truman in seiner Hartnäckigkeit letztlich doch in eine Zustimmung verwandeln konnte, spricht für eine erstaunlich bescheidene Selbstwahrnehmung Eleanors: 1945 war sie bereits eine prominente Akteurin auf der internationalen politischen Bühne. Sie stand für die Überwindung des amerikanischen Isolationismus, für eine Politik der internationalen Solidarität, und besonders für die Bereitschaft der USA, eine globale Verantwortung zu übernehmen. Sie hatte sehr wohl auch in aller Öffentlichkeit die USA international vertreten: in Abstimmung mit FDR, in seiner Vertretung – etwa 1942, bei ihrem offiziellen Besuch in London. Und sie hatte, im Hintergrund, im eingespielten Tandem mit FDR den Pragmatiker Franklin in seiner ja vorhandenen, aber taktisch oft versteckten Bereitschaft zu internationalem Engagement bestärkt.

Eleanors anfängliches Zögern, Ende 1945 Trumans Angebot anzunehmen, widersprach ihrer gesamten politischen Persönlichkeitsstruktur, wie sich diese schon Jahre vor ihrer Zeit an der Seite des US-Präsidenten entwickelt hatte. Als Tochter aus der niederländisch-britisch geprägten Oberschicht New Yorks war sie es gewohnt, die Welt nicht nur von der Enge des Hudson-Tales aus zu betrachten. Dass amerikanische „höhere Töchter" britische Eliteschulen besuchten, war nichts Ungewöhnliches. Die drei Jahre an der Allenswood-Academy in London prägten wohl ihre Sicht auf die Welt. In ihrer Studienzeit in England besuchte Eleanor Deutschland, die Schweiz, Österreich. Eine ihrer Lehrerinnen, die Gründerin der Akademie – Marie Souvestre – lenkte Eleanors Blick auf die weltweite Literatur und die Philosophie des „Fin de Siècle" (Cook 1993, 102–124). Noch bevor sie den politischen Aufsteiger Franklin Delano Roosevelt kennenlernte, war Eleanor Internationalistin in dem Sinn, dass sie Verständnis hatte für die Welt – freilich zunächst für die Welt, wie sie sich östlich und westlich des Atlantischen Ozeans zeigte.

Ihr Onkel Theodore war vor, während und nach seiner Präsidentschaft ein Internationalist, dessen außenpolitisches Engagement immer bis an den Rand eines US-Imperialismus, eines expansionistischen Nationalismus ging. Franklin war Mitglied der Regierung des ebenfalls internationalistischen Präsidenten Woodrow Wilson – und mit Wilson und FDR lehnte Eleanor den Isolationismus ab, der – nach Theodore Roosevelt – die Republikanische Partei dominierte und auch, etwa in der Person Joseph Kennedys, in der Demokratischen Partei Fuß gefasst hatte. Eleanor war eine „Wilsonian" (Lukacs 2004, 223) – nicht nur weltoffen, sondern auch ein weltweites US-amerikanisches Engagement aktiv befürwortend; einen Einsatz, der diplomatische, aber wenn nötig auch militärische Interventionen einschloss. Als sie „First Lady" wurde, verband sie mit dem Präsidenten eine Präferenz für eine stärkere internationale Verantwortung der USA. Eleanor und FDR – beide hatten sie ein intensives Interesse am Weltgeschehen; beide waren auch von der Einsicht bestimmt, dass die USA sich nicht mehr in der Sichtweise der Monroe-Doktrin des frühen 19. Jahrhunderts auf die eine, auf die eigene Hemisphäre zurückziehen könnten.

Als das demokratische Deutschland – kurz vor der Inauguration Franklins – dem NS-Staat weichen musste, war dies für Eleanor eine zentrale Erfahrung. Dies traf nicht, jedenfalls zunächst nicht öffentlich erkennbar, auf FDR zu. Franklin hatte seine Wahl auch der Unterstützung der Hearst-Presse zu verdanken. William Randolph Hearst vertrat eine isolationistische Linie und fürchtete, dass Roosevelt die Vereinigten Staaten in einen Krieg treiben könnte, wenn die US-Politik à la Monroe, die sich jeder internationalen Verflechtung verweigerte, ihre Richtung ändern würde. Die USA könnten, so die Befürchtung, wieder an eine globale Allianz gebunden werden. FDR schaffte den Drahtseilakt. Er vermochte Hearst von seiner, Franklins, Ablehnung jedes Bündnisses und damit jeder Gefahr der Verwicklung in internationale Konflikte zu überzeugen, obwohl er ja aus der Tradition Woodrow Wilsons kam. Eleanor hingegen war entsetzt über die Entwicklung in Deutschland – beeinflusst auch von dem in ihrem Milieu heftig diskutierten Artikel, den Lion Feuchtwanger am 19. März 1933 im New York Herald Tribune Magazine veröffentlicht hatte: „Hitler's War on Culture" (Cook 2000, 97–99).

Franklins isolationistische Rhetorik, die er aus taktischen Gründen vor seiner Wahl 1932 (und auch wiederum in den Wahlkämpfen 1936 und 1940) verwendete, kollidierte mit Eleanors Empörung über die japanischen, die italienischen und die deutschen Aggressionen. Eleanor setzte sich massiv für eine Unterstützung der Flüchtlinge ein, die dem zunächst „nur" räuberischen Antisemitismus des Deutschen Reiches entflohen waren. Sie stieß dabei auf den Widerstand vor allem des State Departments, aus dem auch oft antisemitische Töne zu hören waren (Cook 2000, 543 f., 559). Eleanor schrieb Artikel und hielt Reden, die zur Hilfe für die Flüchtlinge aufriefen. Die Diskrepanz zwischen der (zunächst noch) quasi-isolationistischen Politik des Präsidenten und dem kämpferischen Auftreten seiner Frau wurde im Wahlkampf 1940 besonders deutlich, als FDR fürchten musste, er könnte – von der „America First"-Bewegung als „Kriegstreiber" gebrandmarkt – Stimmen verlieren, die ihm den Wahlsieg kosten würden.

Eleanor trat ab 1936 öffentlich für die Spanische Republik ein, während FDR dies vermied – in Übereinstimmung mit der von allen Mächten offiziell vertretenen Politik der „Nicht-Einmischung". Eleanor argumentierte, es ginge darum, der Demokratie in Spanien – also der Republik – alle nur denkbare Unterstützung zu geben (Cook 2000, 452). Und als die Spanische Republik, auf deren Seite auch ein Kontingent US-Freiwilliger gekämpft hatte, 1939 kapitulierte, war sie eine markante Fürsprecherin, den republikanischen spanischen Flüchtlingen Asyl zu gewähren, obwohl unter diesen auch und vor allem Kommunisten und Sozialisten waren.

Der Mann, der innerhalb der Demokratischen Partei die Ambivalenz zwischen der um Distanz zu den kriegerischen Verwicklungen in Europa, Afrika und Asien bemühten Politik des Präsidenten und der internationalistischen Rhetorik seiner Frau auf den Punkt brachte, war Joseph Kennedy. Kennedy, der als prominente Figur des irisch-amerikanischen Katholizismus mit der Demokratischen Partei verbunden war, war auch – wohl aus seinem irischen Hintergrund erklärbar – von antibritischen Ressentiments geleitet. Als das Vereinigte Königreich nach dem Überfall auf Polen dem Deutschen Reich den Krieg erklärte, war Kennedy US-Botschafter in London. FDR hatte ihn dazu ernannt, um ihn (und das mit ihm identifizierte irisch-katholische Stimmenkontingent) zufriedenzustellen. Nach Kriegsausbruch versuchte Kennedy nun alles, um in den USA die Botschaft zu verbreiten, Großbritannien könne den Krieg nicht gewinnen. Deshalb müssten die USA alles tun, um nicht auf der Seite des vermutlichen Verlierers in den Krieg hineingezogen zu werden.

Eleanor verabscheute Joseph Kennedys de facto pro-deutsche Politik, die er als Botschafter der (noch) neutralen USA in London verfolgte. Damit war sie von Franklins Einschätzung nicht weit entfernt – aber der Präsident musste in mehrfacher Hinsicht gegenüber Kennedy vorsichtig sein. Kennedy galt als Vertrauensmann der Isolationisten, deren Positionen

FDR noch nicht offen konfrontieren wollte; und Kennedy hatte – auch unabhängig davon – erheblichen Einfluss innerhalb der Demokratischen Partei (Cook 2000, 501). Kennedy war die politisch etablierte Stimme einer Strömung, die der katholische Priester und Radioprediger Charles Coughlin in einer populistischen und direkt antisemitischen Form vertrat (Lukacs 2004, 42, 333): Die USA – so Kennedy und Coughlin – sollten auf keinen Fall Frankreich und dem Vereinigten Königreich zu Hilfe kommen. Kennedys Einfluss endete erst, als der japanische Angriff auf Pearl Harbor und die deutsche Kriegserklärung im Dezember 1941 dem Isolationismus, der „America First"-Bewegung und damit auch Joseph Kennedy die Grundlage ihrer Beschwichtigungspolitik gegenüber Hitler entzogen.

Der „Fall" Joseph Kennedy wirft ein interessantes Licht auf das Zusammenspiel zwischen der offen internationalistisch argumentierenden Eleanor und dem Präsidenten, der sich – bis Pearl Harbor – bedeckt hielt, um nicht alle Brücken zu einem für wichtig eingeschätzten Teil der von ihm geschmiedeten innenpolitischen Koalition abzubrechen. Freilich hatte FDR – an Botschafter Kennedy vorbei – bereits einen geheimen Kontakt mit Winston Churchill hergestellt, der, auch schon bevor er Premier wurde, in der britischen Regierung als die stärkste Stimme des unbedingten Widerstandes gegen Hitler-Deutschland galt (Kimball 1997, 35–61). Franklin Roosevelt hatte, aus nachvollziehbaren Gründen, viele politische Gesichter. Eleanor hingegen – aus einer anderen Ausgangslage heraus – konnte sich politische Eindeutigkeit leisten.

Joseph Kennedy sollte dem Präsidenten nie verzeihen, dass er offen mit ihm brach (Kennedy wurde aus London abberufen). Im Sommer 1944, als am Parteitag der Demokraten Harry Truman als Kandidat für die Vizepräsidentschaft nominiert und für die Wahl im November das Ticket Roosevelt-Truman verabschiedet wurde, konfrontierte Kennedy Truman mit den Worten: „Harry, what the hell are you doing campaigning for that crippled son of a bitch that killed my son Joe?" Kennedy spielte auf den Tod seines ältesten Sohnes an, der in Europa gefallen war – und machte so klar, dass er Roosevelt (und nicht Hitler) für den Krieg verantwortlich hielt (McCullough 1992, 328). Eleanor freilich musste mit Kennedy und dessen Politik nicht brechen – sie hatte diesem gegenüber immer eine auch offen erkennbare kritische, ja geradezu feindselige Distanz gewahrt.

Eleanors internationales Engagement fand nicht nur hinter den Kulissen statt. Sie war auch öffentlich auf der internationalen Bühne tätig, wenn FDR als Staatsoberhaupt aktiv sein musste – wenn sie etwa bei Staatsbesuchen im „Weißen Haus" als Gastgeberin zur Stelle war. Sie vertrat aber auch ihren Mann auf diplomatischer Ebene. Mitten im Krieg, im Oktober 1942, besuchte sie London und wurde vom britischen Königspaar so empfangen, als wäre Eleanor selbst das Staatsoberhaupt der USA. In der britischen Presse wurde sie gefeiert – als Symbol der nun seit Dezember 1941 auch offiziellen Allianz der beiden Mächte. Bei einem Dinner geriet Eleanor fast in einen Streit mit Churchill, der es offenbar nicht gewohnt war, dass ihm Frauen in Fragen der Weltpolitik widersprachen. Bei ihrem Besuch im Vereinigten Königreich wurde sie als die „berühmteste Frau Amerikas" gefeiert. Und Franklin schickte Churchill ein Telegramm, in dem er sich voll Stolz über den außenpolitischen Erfolg seiner Frau äußerte (Goodwin 1995, 379–384).

Als Eleanor nach ihrer ersten Weigerung Ende 1945 dann doch Trumans Einladung annahm, die USA bei der Generalversammlung der Vereinten Nationen zu vertreten, konnte sie auf eine nun schon lange Geschichte des Engagements in der Weltpolitik zurückblicken. In dieser dann letzten Phase ihres internationalen Engagements, ab 1946, war es ihr möglich, insbesondere die globale Prominenz zu nützen, die sie sich durch ihre internationalen Kontakte schon vor 1945 erarbeitet hatte. In den UN-Debatten, die über universelle Menschenrechte geführt wurden, sah sie sich von den so an Dominanz gewohnten Männern – auch von Männern aus der US-Delegation (darunter John F. Dulles) – zunächst oft ignoriert. Um dies zu umgehen, wandte sie sich direkt an die Presse. Die Medien nahmen sie ernst, und sie wurde mehr wahrgenommen als die Männer. Sie war medial präsent – sicherlich auch, weil sie die Witwe eines Präsidenten war; aber auch, weil sie das politische Spiel besser beherrschte als manche Berufsdiplomaten und über mehr internationale Erfahrung verfügte als die meisten der traditionellen Berufspolitiker (Cook 2017, 549–552).

Mit Dulles, der 1953 unter Präsident Eisenhower Außenminister werden sollte, hatte sie allein deshalb schon eine schwierige Beziehung, weil Dulles bis 1941 der „America First"-Bewegung verbunden war – der Organisation der Isolationisten, der auch Sympathisanten des nationalsozialistischen Deutschlands angehört hatten, wie etwa Charles Lindbergh. Dulles und andere Mitglieder der US-Vertretung 1946 in London waren unbedingte Befürworter der Souveränität der UN-Mitgliedstaaten. Eleanor, die auch das Problem des Kolonialismus und der südafrikanischen Apartheid zur Sprache brachte, war im Konzert der UN fast eine einsame Stimme, die universelle Menschenrechte nicht nur theoretisch, sondern auch praktisch über den Grundsatz der „Nicht-Einmischung in innere Angelegenheiten souveräner Staaten" stellte.

Die USA insgesamt freilich hatten kaum ein Interesse, die Menschenrechtssituation in den Südstaaten zum Thema zu machen; das Vereinigte Königreich begann sich gerade erst vom Kolonialismus zu lösen – wie Frankreich auch; und die UdSSR musste jede Diskussion über die individuelle Freiheit der SowjetbürgerInnen als Angriff auf die Existenz der sowjetischen Einparteiendiktatur sehen. Eleanor aber vertrat eine Position, die zur selben Zeit in Nürnberg, beim Prozess gegen die Hauptkriegsverbrecher des NS-Regimes, die Grundlage der Anklage gegen Hermann Göring und die anderen NS-Prominenten war: Verbrechen gegen die Menschheit können nicht mit dem Hinweis auf die Souveränität von Staaten entschuldigt werden.

Eleanor sprach offen die Interessen der Unterdrückten, der Schwachen an. Sie sah das Prinzip der „Nichteinmischung" als ärgerlichen Vorwand, der einen Schleier über die Verletzung der Menschenrechte breiten sollte. In diesem Sinn war sie eine Vorläuferin des humanitären Interventionismus, den – etwa zwei Generationen später – eine andere US-Amerikanerin vertreten sollte: Madeleine Albright. Konkret war dieser humanitäre Interventionismus die Rechtfertigung von Albrights Position, als sie 1999 – als Außenministerin in Bill Clintons Kabinett – zur Wortführerin der NATO-Intervention im Kosovo-Konflikt wurde; und als sie, im Rückblick, die Passivität der Demokratien beim Aufstieg der totalitären Mächte des 20. Jahrhunderts kritisierte (Albright 2018).

Eleanors Engagement innerhalb der Vereinten Nationen verband alle die politischen Schwerpunkte, die sie in ihrem ganzen Leben gesetzt hatte. Ihr Einsatz für die Kodifizierung der universellen Menschenrechte betraf die Grund- und Freiheitsrechte, die sie als Aktivistin der US-Bürgerrechtsbewegung aktiv fordernd vertreten hatte. Ihr Einsatz betraf aber auch die sozialen Grundrechte, die nach einem aktiven Staat verlangten, der zugunsten der Schwachen tätig sein sollte. Eleanor konnte, bevor sie sich auf die Rolle der „Grand Old Lady" der US-Politik und speziell ihrer Partei, der Demokraten, zurückzog, eine bemerkenswerte Bilanz ihres politischen Lebens ziehen.

Adlai Stevenson, den sie gerne als Präsidenten der USA gesehen hätte, sagte in seiner Eigenschaft als US-Botschafter bei der Gedenkfeier der UN-Generalversammlung am 9. November und bei der Begräbnisfeier in der (protestantischen) New Yorker „Cathedral of Saint John the Divine" am 17. November 1962: „Ich habe mehr verloren als eine geliebte Freundin. Ich habe eine Inspiration verloren. Sie hätte lieber eine Kerze angezündet als die Dunkelheit verflucht." (Cook 2017, 570).

Eleanor hatte Handeln gefordert, hatte Handeln ermöglicht. Sie hatte sich nicht damit begnügt, Unrecht zu verdammen.

3. Indira Gandhi: Hineingeboren ins Zentrum des politischen Geschehens

> Mrs. Gandhi's impact on the history of her country was definitive; as definitive, indeed, as her father's. Jawaharlal Nehru was prime minister of India for sixteen years and nine months. His daughter served in that post almost as long ... To compare one to the other is inevitable, and perhaps also necessary. As a military leader Mrs. Gandhi was immeasurably superior ... Where the advantage rests squarely with Nehru is the process and procedures of democracy. (Guha 2007, 572 f.)

Indira Gandhi und Jawaharlal Nehru, Tochter und Vater: Der Vater ebnete zumindest indirekt Indiras Weg an die politische Spitze. Und er blieb auch nach seinem Tod die Person, an der Indira gemessen werden sollte. Für Eleanor Roosevelt war und ist die Referenzperson, die für ihre Einordnung in Politik und Geschichte unverzichtbar ist, der Ehemann. Für Indira Gandhi war und ist dies der Vater. Aber während Eleanor und FDR in unterschiedlichen Rollen parallel und einander ergänzend (und oft in unterschiedlichen Akzentsetzungen) Politik „machten", war Indira die Nachfolgerin ihres Vaters in allen dessen Funktionen. Sie führte den Indian National Congress (INC), die Partei, die über Jahrzehnte die indische Demokratie dominierte; und als Regierungschefin die größte Demokratie der Welt.

Auffallend an Ramachandra Guhas vergleichender Bewertung ist, dass er die Tochter über den Vater gerade in dem Bereich stellt, der mehr als jeder andere traditionell als „männlich“ wahrgenommen wird: in der Führung des Militärs als zentrales Instrument nationaler und internationaler Politik. Ebenso auffallend ist, dass die Tochter dem Vater bezüglich der Qualität nachgereiht wird, der eher den Stereotypien weiblicher Rollenzuschreibung entspricht – der Demokratie als gewaltfreier Verregelung von Macht. Indira Gandhi – „männlicher“ als ihr Vater? Indira – weniger „weiblich“, als dies von Frauen in der Politik erwartet wird?

Indira Gandhi war Teil einer Geburts-, einer Herkunftselite. In diesem Sinn war Indira Aristokratin. Sie war Angehörige der obersten Kaste des Hinduismus, der Brahmanen. Ihr Vater war als politischer „Ziehsohn“ Mahatma Mohandas Gandhis dessen Erbe in der Führung der indischen Unabhängigkeitsbewegung, des Indian National Congress, und er war auch der weitgehend unbestrittene Repräsentant des INC, der 1947 mit der zum Abzug bereits entschlossenen britischen Kolonialmacht die Rahmenbedingungen für das postkoloniale Indien auszuhandeln hatte. Als Premierminister führte Nehru die erste Regierung des unabhängigen Indien. Indira war schon in jungen Jahren Teil des engsten Führungszirkels des INC und damit des postkolonialen Indiens.

Wie Mahatma Gandhi, wie Jawaharlal Nehru, wie viele andere aus der politischen Elite der Unabhängigkeitsbewegung studierte Indira an einer britischen Universität. Doch unbeschadet des britischen Einflusses auf ihre Ausbildung kämpfte Indira, wie ihr Vater, gegen die britische Kolonialherrschaft. Wie der Mahatma kämpften beide, Vater und Tochter, mit den Mitteln des gewaltfreien Widerstandes. Indira war aber auch – ebenso wie der Mahatma und ihr Vater – von britischer Intellektualität und vom britischen Demokratieverständnis geprägt, von der parlamentarischen Westminster-Demokratie.

Wohl auch wegen der persönlichen Erfahrung mit der britischen Demokratie war für Indira Indiens Unabhängigkeit und Indiens Demokratie ein und dasselbe. Während ihrer Studienzeit in Oxford – ab 1937 – hatte Indira Kontakte mit britischen Linksintellektuellen; mit Harold Laski, mit Stafford Cripps, mit Sidney und Beatrice Webb (Frank 2002, 121–139). Wie ihr Vater war sie von den „Vordenkern" der britischen Labour Party beeinflusst; und wie ihr Vater beeinflusste sie aber auch diese. Ohne sich in das Milieu der europäischen (vor allem der britischen) Linken voll zu integrieren, hatte sie Verbindungen geknüpft, die für ihre spätere politische Laufbahn wichtig werden sollten. Für Stafford Cripps, der 1942 in einer (gescheiterten) Mission einen Modus Vivendi zwischen der britischen Koalitionsregierung und der indischen Unabhängigkeitsbewegung zu erreichen versuchte und der 1946 am Vorabend der indischen Unabhängigkeit abermals – diesmal im Auftrag der Labour-Regierung – nach Indien kam, war Indira keine Unbekannte. Freilich, sie war – noch – zuallererst die Tochter des Vaters, mit dem Cripps wie auch der letzte britische Vizekönig, Louis Mountbatten, die entscheidenden Verhandlungen führte.

Im Vorfeld der indischen Unabhängigkeit gab es strategische Absprachen zwischen der Labour Party und dem INC. Dies hatte 1945 Folgen, als die von Clement Attlee geführte Regierung entschied, Indien möglichst rasch in die Unabhängigkeit zu entlassen. Der bereits bestehende Kontakt zwischen den – auch – von der britischen Linken geprägten INC-Repräsentanten und der ab Sommer 1945 allein regierenden Labour Party erwies sich nun als sehr hilfreich. Allerdings zeigten sich die Muslim League und Alli Jinnah, der zum ersten Präsident Pakistans werden sollte, als entscheidender Störfaktor auf dem Weg, den die britische Linke und der indische Nationalkongress eigentlich einschlagen wollten: Der von Attlee und von Nehru verfolgte Plan, Indien in seiner Gesamtheit als einen einzigen unabhängigen Staat zu gründen, musste geopfert werden (James 2003, 588). Britisch-Indien wurde geteilt: in Indien und in Pakistan.

Die 1917 geborene Indira wuchs in eine Gesellschaft komplexer Ungleichheit auf. Eine Dimension dieser Ungleichheit war die hinduistische Kastengesellschaft, auf deren oberster Sprosse Indira kraft ihrer Geburt stand. Die hierarchische Gliederung der indischen (vor allem der hinduistischen) Gesellschaft in Kasten machte und macht ein Alleinstellungsmerkmal der indischen Gesellschaft aus, von der die indische Politik vor eine spezielle Herausforderung gestellt wird. Das Kastensystem blieb und bleibt am Leben – gegen die offizielle Programmatik des INC, gegen die öffentlich verkündeten Erklärungen vor allem auch Nehrus und dessen Tochter, gegen die Intention der indischen Verfassung: Diese Dissonanz begründet die Spannung zwischen der deklarierten Politik der Emanzipation vom Kastenwesen und der Realität von dessen gesellschaftlichem Weiterleben (Rao 2010, 39–80); eine Spannung, die auch Indira nicht überwinden konnte.

Bhimrao Ambedkar, der wesentlich Einfluss auf die indische Verfassung nahm, verzweifelte fast am Widerspruch zwischen dem Demokratieanspruch des unabhängigen Indien und der weiter existierenden Diskriminierung „unterer" Kasten und der „Unberührbaren", der Dalits. Obwohl Ambedkar im Nationalkongress aktiv war, sah er in der im Hinduismus so fest verankerten Tradition des Kastenwesens die große Bürde der indischen Gesellschaft. Kurz vor seinem Tod, 1956, trat Ambedkar vom Hinduismus zum Buddhismus über. Bei diesem Schritt religiöser Konversion, die auch als politisches Signal verstanden wurde, folgten – dem Prominentesten und politisch Erfolgreichsten unter den „Unberührbaren" – etwa 400.000 andere Dalits und brachen öffentlich mit dem Hinduismus (Vajpeyi 2012, 209). Ambedkars religiös-politischer Protest wies auf das uneingelöste Versprechen des säkularen und demokratischen Indien.

Die zweite Dimension der Ungleichheit, die Indira von Kindheit an erlebte, war die religiöser Differenz: Britisch-Indien war, wie später das unabhängige Indien auch, von einer Mehrheit von Hindus, von einer großen und auch politisch relevanten Minderheit von Muslimen und von anderen religiösen Minderheiten bewohnt, von denen eine – die der Sikhs – in Indiras Leben noch eine entscheidende Rolle spielen sollte. Die Sikhs, die sich in Abgrenzung sowohl von den Muslimen (insbesondere der muslimischen Herrschaft im Mogul-Reich) und den Hindus als eigenständige Religionsgemeinschaft vor allem im Nordwesten Indiens entwickelten, hatten über die Jahrhunderte gelernt, ihre eigene Identität nötigenfalls auch im Kampf zu verteidigen. Die Frage, wie viel an spezifischer – auch spezifisch politischer – Identität das unabhängige Indien den Sikhs zugestehen könnte und sollte, war eine der zentralen Herausforderungen während Indiras Regierungstätigkeit (Brass 1996, 192–201).

Britisch-Indien war durch seine Vielsprachigkeit geprägt. Die britische Kolonialherrschaft hatte über die sprachliche Vielfalt das Englische als zentrale Verwaltungssprache gelegt, und auch für die indische Oberschicht wurde das Englische zu einer „Lingua franca". Aber das änderte nichts daran, dass für die meisten Menschen in Indien die kulturelle Identität neben der religiösen aus einer sprachlichen Vielfalt bestimmt wurde. Im Norden des Landes war Hindi die wichtigste, aber keineswegs die einzige unter den großen, aus dem Sanskrit abgeleiteten Sprachen. Im Süden herrschten mehrere drawidische Sprachen vor, die sich nicht aus dem Sanskrit heraus entwickelt hatten. Und diese Vielfalt wurde auch noch dadurch verstärkt, dass den größeren dieser Sprachen jeweils ein eigenes Alphabet, eine eigene Schrift entsprach. Diese Vielfalt der Sprachen war aber auch durch deren Hierarchisierung überlagert: auf der Ebene der Union, also des Gesamtstaates, war Hindi als offizielle Sprache etabliert – und durch das Englische als zweite gesamtindische Sprache ergänzt.

Über der sozialen, religiösen, und sprachlichen Ungleichheit stand aber die Ungleichheit zwischen der indischen Gesellschaft insgesamt und den britischen Kolonialherren, die Indien kontrollierten. Indien war bis 1947 vor allem von einem Konflikt beherrscht: von dem Gegensatz zwischen dem in New Delhi residierenden, unmittelbar der Regierung in London unterstellten Vizekönig und dessen ziviler und militärischer Verwaltung auf der einen und der Bevölkerung des Subkontinents auf der anderen Seite. Dieser Gegensatz dominierte die Geschichte Indiens auch und gerade in den ersten Jahrzehnten des 20. Jahrhunderts.

Die in dieser Zeit zunehmenden Konflikte zwischen der/den indischen Unabhängigkeitsbewegung/en und den britischen Herrschaftsinteressen hatten dazu geführt, dass die britische Regierung Überlegungen anstellte, Indien (beziehungsweise den einzelnen Regionen und Fürstentümern) mehr Autonomie einzuräumen – als Konzession an die wachsenden Stärke der Unabhängigkeitsbestrebung. Das aber war Mahatma Gandhi, Nehru und dem Nationalkongress zu wenig. Sie wollten die volle Unabhängigkeit, und zwar die volle Unabhängigkeit für ein ungeteiltes Indien. Der INC vermutete aus guten Gründen, dass die britische Regierung die verschiedenen Teile Indiens (die Fürstentümer gegen die Unabhängigkeitsbewegung, Hindus gegen Muslime und Sikhs, den Norden gegen den Süden) ausspielen wollte, um so leichter und länger die britische Herrschaft aufrecht erhalten zu können. Und so war das Indien, das Indira erlebte, vom latenten Widerspruch zwischen britischen und indischen Interessen bestimmt; und in diesem Widerspruch war das staatliche Gewaltmonopol auf der Seite der Briten.

Eine spezifische Variante all dieser Formen von Ungleichheit war auch und besonders in Kaschmir sichtbar, dem nördlichsten Teil Indiens, von dem die Familiengeschichte Nehrus sich herleitete. Kaschmir war (und ist) von einer muslimischen Mehrheit bewohnt, die aber bis 1947 von einem autonomen Regenten, einem Fürsten, im Rahmen der britischen Kolonialherrschaft regiert wurde – von einem Hindu-Maharadscha. Das war eine Umkehrung anderer Gegebenheiten Britisch-Indiens: In anderen der autonom regierten Fürstenstaaten („princely states") waren es zumeist moslemische Herrscher (wie der Nizzam von Hyderabad), die über eine hinduistische Mehrheit regierten – in der Periode der britischen Kolonialherrschaft freilich immer unter der Kontrolle der Briten. Kaschmir wurde für das unabhängige Indien ein Dauerproblem, eben weil es als Region und als indischer Teilstaat die Tradition einer politischen Hindu-Hegemonie mit der Realität einer moslemischen Bevölkerungsmehrheit verbindet (Brass 1996, 218–227).

Indira wuchs freilich nicht in Kaschmir auf. Die Familie ihres Vaters war im 18. Jahrhundert von Kaschmir nach Delhi, später nach Agra und dann nach Allahabad gezogen (Menon 2013, 16 f.). Delhi wie auch Agra und Allahabad waren geprägt von derselben religiösen Vielfalt, die auch Kaschmir auszeichnet – allerdings unter anderen Vorzeichen: Delhi, erkennbar am „Red Fort", und Agra mit dem „Taj Mahal" waren Zentren moslemischer Herrschaft gewesen, die sich über Jahrhunderte dort etabliert hatte; Zentren des Mogul-Reiches, das den Großteil des Nordens und der geographischen Mitte des heutigen Indiens bis ins 19. Jahrhundert hinein beherrscht hatte. Die Region um Agra und Allahabad war aber – zur Zeit der Kolonialherrschaft als „United Provinces", dann als Teilstaat Uttar Pradesh – ebenso wie die Hauptstadt Delhi mehrheitlich von Hindus bewohnt. Die Herkunft der Familie aus Kaschmir blieb jedoch ein „Markenzeichen" der Nehru-Familie und damit Indiras. Indira konnte und wollte offenbar auch gar nicht die Zuschreibung verlieren, eine Kaschmir-Brahmanin zu sein.

Zu der Vielfalt strukturell vorgegebener Ungleichheit kam für Indira auch noch die Ungleichheit der Geschlechter. Zwar war in der indischen Gesellschaft – auch in ihren moslemischen Sektoren – der Graben zwischen der sozialen und politischen (zunächst auch noch rechtlich verankerten, vor allem aber kulturell tradierten) Herrschaft der Männer und der Unterordnung der Frauen nicht so ausgeprägt wie etwa in der Ursprungsregion des Islam, der arabischen Halbinsel. Aber Indiras politische Ambitionen stießen dennoch auf den Widerstand der Traditionalisten verschiedener Ausprägung. Dass sie es trotzdem an die politische Spitze schaffte, wäre ohne die Tatsache, dass sie die Tochter Nehrus war, kaum vorstellbar gewesen.

Indiras Aufstieg zur Regierungschefin der größten Demokratie der Welt ist im Zusammenhang mit diesen indischen Besonderheiten und den gesellschaftlichen Widersprüchen des gesamten südasiatischen Halbkontinents zu sehen. Indira war die Tochter einer privilegierten Brahmanenfamilie, Angehörige der Hindu-Mehrheit, und politisch geprägt vom politischen Engagement ihres (väterlichen) Großvaters Motilal und ihres Vaters Jawaharlal Nehru in der Unabhängigkeitsbewegung des Indischen Nationalkongresses, in dessen Zentrum die mythisch-charismatische Figur des „Mahatma" stand – Mohandas Gandhi. Indiras politischer Weg war auch in mancher Hinsicht Höhe- und Endpunkt einer Entwicklung: der Entwicklung Indiens von einem wirtschaftlich ausgebeuteten Kolonialgebiet zu einem ökonomischem Schwellenland und schließlich zu einer wirtschaftlichen, politischen und auch militärischen Weltmacht; einer Entwicklung, an deren Ende sich aber auch die Grenzen einer politischen Familiendynastie abzeichneten – das Ende der „Dynastie" der Nehru-Familie.

Großbritannien hatte sich im 18. und 19. Jahrhundert im Konflikt mit den indischen Staaten (vor allem dem Mogul-Reich) und mit anderen, ebenfalls in den Subkontinent expandierenden europäischen Mächten (zunächst Portugal, dann vor allem Frankreich, aber auch dem von Zentralasien aus über Afghanistan nach Indien drängenden Russland) mit militärischen Mitteln die Herrschaft über Indien gesichert – über die Region zwischen Afghanistan und Burma, begrenzt im Norden vom Himalaya und im Westen, Süden und Osten vom Meer. 1857 wurden – im Gefolge Niederwerfung des „Sepoy"-Aufstandes und des Endes des bereits geschrumpften Mogul-Reiches – die verschiedenen Teile Indiens, die unter britischer Kontrolle standen, zu einem „Empire" zusammengefasst, zu Britisch-Indien. Königin Victoria wurde (auch) Kaiserin von Indien (Dalrymple 2006, Wagner 2010, Dalrymple 2014).

Die britische Herrschaft folgte einem ökonomischen Kalkül – es ging um die Kontrolle des Handels mit Indien. Bis 1857 war die politische und militärische Herrschaft über Indien im Auftrag der britischen Regierung von der „East Indian Company" ausgeübt worden, einer Handelsgesellschaft, die privaten (britischen) Profitinteressen folgte und die mit den autonomen Fürstenhäusern (Sultanen und Maharadschas) kooperierte. Die „Company" hatte quasi-staatliche Funktionen, insbesondere verfügte sie auch über Soldaten (Wagner 2010, 33–44). Aber als ab 1857 die britische Regierung direkt die Verwaltung Indiens übernahm, entwickelte sich ein Widerspruch, der an der Wende zum 20. Jahrhundert immer deutlicher wurde. Denn für England, Schottland, Wales und Irland galten die Regeln parlamentarischen Regierens – nicht aber für Indien.

Die politische Ordnung des Vereinigten Königreiches war schon am Ende des 19. Jahrhunderts als parlamentarische Demokratie organisiert – als ein System, in dem ein wachsender Teil der (zunächst nur männlichen) Bevölkerung ein Parlament wählen durfte und in dem die Parlamentsmehrheit bestimmte, wer regiert. Wie aber sollte begründet werden, dass zwar die Textilarbeiter von Manchester, nicht aber die Bauern des Punjabs das Wahlrecht besaßen? Deshalb musste die Herrschaft über das große Indien irgendwie ideologisch gerechtfertigt werden. Und deshalb stand die britische Herrschaft unter dem Zeichen des Anspruchs, Indien die „Zivilisation" zu bringen; und zu dieser zählten Aufklärung und

Rationalismus und das Konzept von Grund- und Menschenrechten. Dieser Anspruch und die Realität der Kolonialherrschaft widersprachen einander, und dieser Widerspruch musste Widerstand provozieren.

Die britische Kolonialpolitik, die sich einer vollständigen Entlassung Indiens in die Unabhängigkeit bis 1945 entgegenstellte, war von einer besonderen Ambivalenz bestimmt: Der offiziellen Rechtfertigung der Kolonialherrschaft entsprechend, Indien zu „zivilisieren", studierten junge Angehörige der indischen Oberschicht an britischen Universitäten. Das Vereinigte Königreich von Großbritannien und Irland (später Nordirland) bildete die Führungskräfte der Bewegung aus, die auf das Ende der britischen Herrschaft hinarbeitete. Britisch-Indien bereitete so seinen eigenen Untergang vor – und trug gleichzeitig auch wesentlich dazu bei, dass eine in der Tradition britischer Universitäten sozialisierte Oberschicht das unabhängige Indien zur größten Demokratie der Welt machen konnte.

Diese Ambivalenz der britischen Kolonialherrschaft war auch ein Teil von Indiras Ambivalenz – eine latente Widersprüchlichkeit, die sie mit Mahatma Mohandas Gandhi und mit ihrem Vater teilte: Sie kämpfte gegen den britischen Kolonialismus für ein unabhängiges Indien; sie nutzte dabei aber auch ihre von den Einrichtungen des britischen Universitätssystems vermittelten Qualifikationen. Und sie berief sich auf die Grundwerte, auf denen die Westminster-Demokratie aufbaute. Mahatma Gandhi, vor allem aber Nehru und Indira verwendeten ihre universitäre Ausbildung in Großbritannien für die Herstellung von Kontakten, von politischen Netzwerken, die ihnen später im Kampf gegen die britische Herrschaft zugutekamen; Kontakte vor allem zur britischen Labour Party, die – anders als die Liberalen und die Konservativen – schon früh für den britischen Abzug aus Indien eintrat; und die dieses Ziel nach ihrem Wahlerfolg 1945 auch verwirklichte, in Kooperation mit der indischen Unabhängigkeitsbewegung.

Indira, die Kämpferin für Indiens Unabhängigkeit, war auch ein Produkt britischer Erziehung. Und das unabhängige Indien war auch geprägt von den Erfahrungen der britischen Westminster-Demokratie. Indira konnte diesen ihren sehr britischen Hintergrund zudem für ihre – spätere – weltpolitische Rolle nutzen. Sie wurde in Fortsetzung der Politik ihres Vaters zu einer Schlüsselfigur der Bewegung der blockfreien Staaten, die sich als dritte Kraft der bipolaren Weltsicht des Kalten Krieges entzogen. Indien war der größte unter den Gründungsstaaten dieser Bewegung, die – unabhängig von der „Ersten“ und der „Zweiten“ – für die „Dritte Welt“ sprach. Neben Indien kamen auch Ägypten, Indonesien und Jugoslawien von Anfang an bestimmende Rollen in der Blockfreien-Bewegung zu. Aber unter diesen war Indien die einzige (westliche) Demokratie.

Indiras Ehemann, Feroze Gandhi, den sie gegen den hinhaltenden Widerstand ihres Vaters geheiratet hatte und der 1960 kurz vor seinem 48. Geburtstag starb, war kein Verwandter von Mohandas Gandhi. Feroze war zwar im Indischen Nationalkongress aktiv, dem INC, vor der Unabhängigkeit und auch danach. Er war Mitglied des indischen Parlaments, aber er war als Angehöriger der kleinen (vor allem im Westen Indiens lebenden) Religionsgemeinschaft der Parsen ein Außenseiter in der Kastengesellschaft des Hinduismus.

Der INC hatte zu der Realität der Kasten eine nicht ganz widerspruchsfreie Einstellung. Die hierarchische Gliederung der Kastengesellschaft, an deren Spitze die Brahmanen und an deren unterster Stufe die traditionell „Unberührbaren“ (die „Dalits“) stehen, widersprach dem Modernisierungsanspruch des Kongresses. In der Verfassung des unabhängigen Indiens wurde auch das Kastenwesen für aufgelöst, gleichsam für nicht (mehr) existent erklärt. Doch im gesellschaftlichen Alltag beeinflussten die Kasten die Lebenschancen jedes Menschen. Die Zugehörigkeit zu einer Kaste bedeutete berufliche Zuordnung und umfasste Heiratsgebote wie auch -verbote. Die angeborene Kastenzugehörigkeit war (und ist) eine Weichenstellung, die das Leben der einzelnen Menschen wesentlich und oft entscheidend bestimmte – und mit abnehmender Intensität auch weiterhin bestimmt.

Mahatma Gandhi hatte aus einem besonders widerspruchsvollen Grund eine ambivalente Sicht auf die Kastenordnung: Da die prinzipielle Kritik an der durch Geburt weitergegebenen Ungleichheit der Kasten vor allem von außen, von der Position der (europäischen oder europäisch vermittelten) Aufklärung formuliert wurde, verteidigte die Integrationsfigur der indischen Unabhängigkeitsbewegung die in der Kastenordnung zum Ausdruck kommende kulturelle Tradition, nicht aber deren in konkreten Formen artikulierte Chancen- und Lebensungleichheit. Der Mahatma „liebte" die Dalits – aber er stellte die strukturellen Voraussetzungen ihrer Schlechterstellung nicht systematisch und auch nicht kämpferisch infrage (Gandhi 1957, 40 f., 90 f.; Lelyveld 2011, 185 f.).

Diese Ambivalenz des „Vaters des modernen Indiens" bestimmte auch nach seiner Ermordung 1948 die indische Gesellschaft. Weder Jawaharlal Nehru noch dessen Tochter Indira konnten den Gegensatz zwischen der formellen, in Verfassungsrecht gegossenen Absage an die Existenz von Kasten und deren Weiterleben in der gesellschaftlichen Realität des Landes auflösen. Zwar wurden gerade in der politischen Verantwortung Indiras massive Förderungsprogramme eingeführt, um den Dalits und den Angehörigen (anderer) „unterer" Kasten Möglichkeiten sozialer Mobilität zu sichern – durch spezielle Bildungsprogramme, durch Quotenregelungen im öffentlichen Dienst, durch die Wahl von Dalits in politische Schlüsselpositionen. Aber alle Befunde über die gesellschaftliche und politische Realität des modernen Indien zeigen, dass trotz der offiziellen Aufhebung des Kastenwesens und trotz der verschiedensten Förderprogramme die durch Kastenunterschiede real existierende und weiter vererbte Diskriminierung reduziert, aber nicht aufgehoben ist (Guha 2007, 228 f., 531 f., 606–616).

Als Regierungschefin war Indira dem spezifisch indischen Verständnis von säkularer Demokratie verpflichtet. Dies impliziert vor allem eine Absage an jede direkte Vermengung von Religion und Politik, aber auch eine Balance zwischen den auf dem Sanskrit basierenden Sprachen des Nordens (insbesondere von Hindi, der auch formell ersten gesamtindischen Staatssprache) und den drawidischen Sprachen des Südens. Anders als das sich moslemisch verstehende Pakistan sollte und soll Indien über den religiösen Gräben stehen, die Indien vor, während und nach der Kolonialzeit durchziehen – zwischen Hindus und Muslimen und Sikhs und Christen und Buddhisten und Parsen. Das (Un-)Gleichgewicht zwischen dem im Norden dominierenden Hindi und den anderen Sprachen wird durch eine föderale Struktur stabilisiert, die regionale Sprachhegemonien berücksichtigt. Indien wurde nach der Unabhängigkeit zu einem Bundesstaat nach US-amerikanischem Vorbild, eine Föderation, deren Gliedstaaten freilich nicht die Union „bottom up" gründeten (wie in den USA), die vielmehr von einem bereits bestehenden Gesamtstaat „top down" eingerichtet wurden.

Zu dieser indischen Form der Demokratie zählt, dass die gesellschaftlichen Trennlinien zwischen Kasten und Religionen nicht offiziell akzeptiert werden und dort, wo sie in der gesellschaftlichen Realität weiter bestehen, mit politischen und rechtlichen Mitteln bekämpft werden können. Das ist die Essenz der „säkularen" Qualität der indischen Politik. Daran war Indiras Politik ausgerichtet. Aber wie Mahatma Gandhi Opfer des religiösen Fanatismus wurde, so wurde dies – eine Generation später – auch Indira. Und Indiras Sohn, Rajiv Gandhi, wurde Opfer der explodierenden Gegensätze zwischen den ethnischen, den sprachlichen Gruppen Indiens. Indira hatte den Zerfall Indiens entlang der religiösen und ethnischen Bruchlinien vermeiden können. Indira vermochte diese Gräben zu relativieren, nicht aber sie zuzuschütten. Diese Gegensätze bestanden (und bestehen) weiter.

3.1 Die politische Sozialisation einer privilegierten Tochter

In der der letzten Phase des Kampfes Indiens um seine Unabhängigkeit gehörte Indira zum engsten Umfeld ihres Vaters. Sie war seine vertraute Mitarbeiterin. Während Nehrus Haftzeit – die britische Regierung hatte auf die von Mahatma Gandhi, Nehru und der gesamten Führung des INC gestartete „Quit India"-Bewegung mit einer Verhaftungswelle reagiert – stellte sie sicher, dass Nehru nicht vollständig von der Außenwelt abgeschnitten war, dass er in beschränktem Umfang Kontakt mit der Öffentlichkeit halten konnte. „Quit India", nach dem Scheitern der Cripps-Mission 1942 ausgerufen, sollte mit gewaltfreien Mitteln die Regierung Churchill zu einer bindenden Zusage über die Entlassung Indiens in die Unabhängigkeit nach dem Ende des Krieges gegen Deutschland und Japan bewegen.

Nehru war zwischen 1942 und 1945 in Haft, die freilich mehr einem Hausarrest als einem Kerkeraufenthalt glich. In dieser Zeit konnte Indira nicht mit ihm persönlich zusammentreffen. Sie war aber – inzwischen Mutter ihres ersten Sohnes – im Sinne des Vaters politisch aktiv. Persönlich getrennt von Vater und Ehemann (Feroze war ebenfalls in Haft), aber vertraut mit dem Netzwerk der Unabhängigkeitsbewegung, war Indiras politische Aktivität bestimmt von der Strategie Mahatma Gandhis: Die Briten sollten durch den Einsatz einer konsequent umgesetzten Politik der „Non-Cooperation" (der gewaltfreien Politik der Verweigerung jeder Zusammenarbeit) davon überzeugt werden, dass es höchste Zeit wäre, Indien zu verlassen (Frank 2002, 193–197).

Die Regierung Attlee, in der auch einige persönliche Bekannte Jawaharlals und Indiras tätig waren, beendete die von halbherzigen Zusagen bestimmte Indien-Politik der Koalitionsregierung Churchill. Attlee schickte 1947 Louis Mountbatten als Vizekönig nach Indien. Das war ein raffinierter Schachzug des Labour-Führers: Mountbatten war als Oberkommandierender der alliierten Streitkräfte in Süd- und Südostasien für die britische Öffentlichkeit so etwas wie ein Kriegsheld, und er war verwandtschaftlich eng mit dem britischen Königshaus verbunden. Die Politik der Labour-Regierung, die möglichst rasch Indiens Unabhängigkeit herbeiführen wollte, war für die konservative Opposition schwerer angreifbar, wenn Attlee sich auf die Kooperation Mountbattens berufen konnte.

Attlees und Mountbattens Politik war auch deshalb darauf gerichtet, die Herrschaft über Indien zu beenden, weil die Kontrolle über Indien das Vereinigte Königreich zunehmend finanziell überforderte. Labour war überdies durch die Tradition der linken anti-kolonialistischen Rhetorik unter Zugzwang, den Worten nun auch Taten folgen zu lassen. Ebenso drängten die USA ihren britischen Partner zum Abzug aus Südasien. Die Geschwindigkeit aber, mit der London Indien nun freigeben wollte, gab der mit dem Kongress rivalisierenden Muslim League, die auf einem von Indien losgelösten islamischen Staat (Pakistan) bestand, eine Vetomacht. Um Indien innerhalb einer möglichst kurzen Zeitspanne verlassen zu können – auf der Grundlage einer Vereinbarung mit allen relevanten Kräften in Indien –, musste mit der Muslim League, die vor allem für die muslimische Mehrheit im Nordwesten Britisch-Indiens und im nordöstlichen Bengalen sprach, ein Kompromiss gefunden werden. Die Führung des INC war gezwungen, falls sie das von der Labour-Regierung geöffnete „window of opportunity" nützen wollte (niemand konnte sagen, wann der in der Oppositionsrolle schmollende Winston Churchill wieder an die Regierung kommen würde), die Vetomacht der Muslim League akzeptieren.

Und so vereinbarten Mountbatten, Nehru und Jinnah, der Repräsentant der Muslim League, im Frühjahr 1947 die Teilung Britisch-Indiens in zwei Nachfolgestaaten – in ein von einer hinduistischen Mehrheit geprägtes Indien (das aber in der Tradition des INC sich nicht als Hindu-Staat verstand) und ein mehrheitlich moslemisches, offiziell islamisches Pakistan. Die Teilung, deren Details unter großem zeitlichen Druck zustande kam – um das von den Briten vorgegebenen Abzugsdatum 1. August 1947 möglich zu machen –, hatte dramatische Folgen, die als kollektives Trauma bis ins 21. Jahrhundert nachwirkten: Millionen von Hindus und Sikhs verließen in einer zumeist chaotischen Flucht die Pakistan zugesprochenen Gebiete im Nordwesten und im Nordosten; und Millionen Muslime flohen nach Pakistan. Die Zahl derer, die durch Mord, Totschlag oder andere Umstände ihr Leben verloren – in dieser vermutlich größten Massenflucht, die in einer so kurzen Periode stattfand –, geht in die Hunderttausende (Guha 2007, 25–34, 84–102; Shahid 1986).

Die Kooperation zwischen Mountbatten und Nehru hatte für Indira persönliche Folgen: Edwina Mountbatten, die Ehefrau des Vizekönigs, begann eine Jahre dauernde Affäre mit dem verwitweten Nehru (Wolpert 1996, 436–439, 473 f.). Indira war in ihrer Rolle als erste Vertraute ihres Vaters verunsichert. Indira drückte ihre Kritik an Edwina immer wieder aus – auf indirekte Weise, indem sie auf den opulenten Lebensstil der hocharistokratischen Lady Mountbatten verwies. Edwinas emotionale Nähe zu Indiras Vater hatte deren sozialistischen Affekt gereizt. Da aber die Mountbattens nie an eine Scheidung dachten, sah Indira letztlich doch keine Gefahr, dass Edwina für sie so etwas wie eine Stiefmutter werden könnte. Weil Indira und Feroze zu diesem Zeitpunkt bereits getrennt lebten, blieb Nehru Indiras erste Bezugsperson (Frank 2002, 209 f.).

Die Tochter des vom Unabhängigkeitskämpfer zum Regierungschef mutierten Nehru wuchs allmählich in die Rolle einer Art „First Lady" hinein. Weil sie – wegen ihrer Jugend – auch einen Startvorsprung gegenüber den zumeist älteren Männern im engsten Kreis um Nehru hatte, wenn es um die Nachfolge des 1889 geborenen Premierministers ging, wurde sie kritisch-eifersüchtig von einigen dieser Männer beobachtet. Einer von ihnen, Morarji Desai, sollte später – in den 1970er Jahren – Indiras wichtigster innenpolitischer Gegenspieler werden.

Nehru sicherte als Premier Indien eine prominente Rolle in der Weltpolitik. Er hatte – zunächst – ein harmonisches Verhältnis mit der 1949 gegründeten Volksrepublik China und deren kommunistischer Führung aufgebaut; er repräsentierte Indien im von den Briten konstruierten „Commonwealth of Nations"; er war der Sprecher der Bewegung der Blockfreien, die sich als quasi-neutral zwischen die verhärteten Fronten des Westens und des Ostens stellte. Nehru war eine Art Star auf der internationalen politischen Bühne – von allen geschätzt, von niemandem angefeindet, jedenfalls nicht außerhalb Indiens. Die internationale Ausnahme war Pakistan – und ab 1962 die Volksrepublik China.

Aber Nehrus Macht war schon vor seinem überraschenden Tod, vor 1964, im Schwinden. In der Kongresspartei regte sich, mehr als zuvor, das „grünäugige Monster der Eifersucht", wie Indira es ausdrückte (Wolpert 1996, 469). Nehrus Furcht vor einem innerparteilichen Machtkampf machte ihn immer mehr politisch von seiner Tochter abhängig, die 1959 auch zur Parteivorsitzenden („Congress President") gewählt wurde (Wolpert 1996, 469, 473). Die Volksrepublik China verbarg zwar zunächst ihre aggressiven Absichten gegenüber Indien in schönen Worten diplomatischer Höflichkeit. Im Herbst 1962 aber überschritten chinesische Truppen die chinesisch-indische Grenze im Himalaya, besiegten die unvorbereiteten und schlecht gerüsteten indischen Truppen und besetzten Ladakh, den nordöstlichen Teil Kaschmirs. China hatte die noch von Großbritannien diktierte Grenze (die McMahon-Linie) nie anerkannt, doch Nehru hatte nicht damit gerechnet, dass China einen Grenzdisput in den höchsten Bergen der Welt mit militärischen Mitteln lösen werde.

Die militärische Niederlage, die zur faktischen und dauerhaften (von Indien nicht anerkannten) Annexion eines Teils von Kaschmir durch China führte, hatte Nehrus Prestige in Indien und in der Weltpolitik beschädigt. Der Mann, der mit Indien seit 1947 identifiziert wurde, war politisch geschwächt. Die militärische Besetzung Goas, der kleinen portugiesischen Kolonie im Westen Indiens, konnte sein Prestige nicht mehr wirklich stärken. Nehru, der Erbe des Mahatma, der mehr als jeder andere für die politische Struktur und das weltpolitische Ansehen des unabhängigen Indien verantwortlich war, hatte ohne Unterbrechung länger als Franklin Roosevelt regiert, legitimiert durch demokratische Wahlen. Anders als Roosevelt, dessen Tod mit seinem größten Triumph, dem Sieg im Weltkrieg, fast zeitgleich zusammenfiel, war Indien zum Zeitpunkt von Nehrus Ableben geschwächt.

Der Tod Nehrus 1964 löste eine zunächst freilich rasch gelöste Nachfolgekrise aus. Die US-Verfassung hatte die Nachfolge Roosevelts von vornherein geregelt: Einem im Amt verstorbenen Präsidenten folgt der Vizepräsident nach. Die Frage, wer Nehru folgen sollte, war durch das parlamentarische System Indiens offengelassen. Wer nach Nehru indischer Premier werden sollte, darüber entschied die Parlamentsmehrheit; und zu diesem Zeitpunkt hieß dies, dass darüber die Kongresspartei intern zu entscheiden hatte. Nehrus Tochter kam dabei eine möglicherweise zentrale Rolle zu. Im innersten Kreis der Führung der Kongresspartei wurde Lal Bahadur Shastri zum Nachfolger bestimmt. Shastri selbst hatte noch davor, unmittelbar nach Nehrus Tod, Indira die Führungsrolle in Partei und Regierung angeboten, was Indira mit dem Hinweis auf ihre Trauer und die damit traditionell verbundenen Verpflichtungen abgelehnt hatte (Frank 2002, 278 f.).

In Shastris neu gebildeter Regierung wurde Indira Informationsministerin. Shastri nützte Indiras Prominenz aber auch für außenpolitische Aufgaben. Sie vertrat Indien und Shastri bei Gesprächen und Konferenzen außerhalb Indiens. Aber in der Atmosphäre, die nach wie vor vom Tod Nehrus überschattet war, sahen alle in Indira eine Konkurrentin Shastris. Als 1965 ein Angriff Pakistans den – zweiten – indisch-pakistanischen Krieg auslöste, nützte Indira ihre Bekanntheit, um in öffentlichen Reden vor begeisterten Zuhörern eine Resonanz herzustellen, die Premierminister Shastri – dem das Charisma der Nehru-Tochter fehlte – innerhalb Indiens nicht erzielen konnte. Der Krieg, ausgelöst durch den nie aufgegebenen Anspruch Pakistans auf Kaschmir, endete mit einem relativen militärischen Erfolg Indiens. Die indischen Streitkräfte konnten so ihr im Krieg mit China verlorenes Prestige teilweise wiederherstellen.

Shastri konnte im Jänner 1966 im sowjetischen Taschkent – die UdSSR war als Vermittler aufgetreten – den Krieg durch ein Abkommen mit Pakistan auch formell beenden. In der Nacht nach der Unterzeichnung des Abkommens starb Shastri an einer Herzattacke, nach nur 19 Monaten an der Spitze der Regierung (Guha 2007, 400–404). Die Nachfolgefrage war wieder akut. Und diesmal konnte die Kongressführung Indira nicht mehr übergehen, diesmal konnte und wollte Indira auch nicht mehr ablehnen. Anders als Eleanor zu Lebzeiten Franklins hatte Indira ja schon vor Nehrus Tod eine auch formal eigenständige Rolle in der Kongresspartei, in der Regierung und im Parlament übernommen. Während die Konkurrenten Trumans innerhalb der Demokratischen Partei nicht auf die Idee kamen, sich auf Eleanor als Kandidatin für die Präsidentschaftswahl zu verständigen – Eleanor hätte freilich auch nie die Zustimmung der Südstaaten-Demokraten bekommen –, hätte nach Shastris Tod nur eine breite Allianz aller ihrer innerparteilichen Gegenspieler Indiras Übernahme der Führung von Partei und Regierung verhindern können. Indira war 1964 und 1966 bereits Teil der formalisierten Struktur indischer Politik. Eleanor war dies, bezogen auf die Struktur ihrer Partei und der US-Verfassung, nie gewesen.

1966 war Morarji Desai die einzige wirkliche innerparteiliche Alternative zu Indira. Desai galt als der Mann, der alle Schwächen Mahatma Gandhis hatte – aber keine von dessen

Tugenden. Desai war strikter Vegetarier und Antialkoholiker, misstraute der modernen Medizin und praktizierte einige der Rituale der Hindu-Orthodoxie, die im sich modernisierenden Indien zunehmend bizarr wirken mussten. Ihm mangelte es auch an der Mischung von Flexibilität und Opportunismus und Härte, die Nehru und mehr noch Indira entwickelt hatten. Desai war – nicht in seiner Außenpolitik, aber in seinem gesamten kulturellen Habitus – „antiwestlich". Indira war das nicht (Frank 2002, 290). Nach intensiven Debatten und Auseinandersetzungen entschied sich die Führung der Kongresspartei, des INC, für Indira – und damit für eine Strategie gesellschaftlicher Modernisierung.

Doch ihre entscheidende Bewährungsprobe als politische Erbin des Vaters musste sie bei den Parlamentswahlen bestehen. Diese waren für Anfang 1967 angesetzt. Indira und die Kongresspartei mussten schwere Verluste hinnehmen, konnten aber, als Konsequenz des Mehrheitswahlsystems, mit 40 Prozent der Stimmen gerade noch die Mehrheit im Parlament (Lok Sabha) retten: mit 55 Prozent der Mandate war dies das schwächste Resultat für die Kongresspartei in der Geschichte der indischen Demokratie (Guha 2007, 419).

Dieser Rückschlag schien das Ende der politischen Karriere Indiras anzukündigen. Doch in der Situation bewies sie, welche Entschlossenheit, ja Härte sie aufzubringen imstande war. Auf die innerparteiliche Opposition, die das Wahlergebnis zum Anlass nahm, Indiras Führung infrage zu stellen, antwortete sie mit der Spaltung der Partei. Auf ihrer Seite stand zwar die große Mehrheit der Kongressabgeordneten im Parlament, aber das reichte nun – nach dem knappen Ergebnis von 1967 – nicht mehr aus, ihr eine parlamentarische Mehrheit zu sichern. Sie suchte Bündnispartner bei einigen unabhängigen Abgeordneten und bei der Kommunistischen Partei Indiens (CPI), die sich – anders als die chinesisch orientierte CPM – im Konflikt zwischen Moskau und Peking auf die sowjetische Seite gestellt hatte. Und Indira forcierte eine sozialistisch etikettierte Wirtschaftspolitik, zu der auch die Verstaatlichung von Banken gehörte (Frank 2002, 311–316; Guha 2007, 439).

Die Trennung von den Vertretern des konservativen Flügels der Kongresspartei (wie Desai) schärfte Indiras Profil. Doch die Anti-Indira-Kräfte aus dem INC schlossen sich mit anderen Parteien zu einer Allianz zusammen, um bei der nächsten Wahl Indira die Parlamentsmehrheit zu nehmen. Indira reagierte auf diese Herausforderung mit der Vorverlegung der nächsten Parlamentswahl um einige Monate. Bei der Wahl im März 1971 konnte Indiras Kongresspartei ihre Mehrheit ausbauen – mit einem dezidiert „linken" Programm, das die Interessen der landlosen Bauern, der unteren Kasten und der Muslime in den politischen Mittelpunkt rückte; und mit einer einzigen zentralen Botschaft: Indira ist Indien, Indien ist Indira. Die Parlamentswahl wurde zu einem Plebiszit über Indira. Mit dieser Mischung aus innovativen Versprechungen und einer Personalisierung, die auch zu Nehrus Zeiten in diesem Ausmaß nicht üblich war, sicherte sich Indira die Führung von Regierung und Partei. Die Mehrheit ihrer Partei im Parlament stieg, trotz der Parteispaltung, auf mehr als zwei Drittel der Mandate (Frank 2002, 325–327; Guha 2007, 446–448).

Indiras Triumph war der Triumph einer Frau, die „männlicher" war als ihre männlichen Konkurrenten. Sie war entschiedener, sie war härter im Umgang mit ihren (männlichen) Widersachern. Sie hatte ihre innerparteilichen Gegenspieler aus der Partei gedrängt und die Opposition insgesamt bei der Parlamentswahl 1971 deutlich besiegt. Sie war nun, wie vor ihr Nehru, die für einige Jahre nicht mehr hinterfragte Schlüsselfigur indischer Politik.

Indira war in dieser – ersten – Phase ihrer Zeit als Regierungschefin von einem relativ kleinen Kreis von Beratern umgeben, die als „Kashmiri Mafia" bekannt wurden, weil sich in Indiras engstem Umfeld einige Personen befanden, die wie Indira durch ihre Familiengeschichte mit Kaschmir verbunden waren. In diesem Kreis wurde ihrem „Principal Private Secretary“ die größte Bedeutung zugeschrieben: Parmeshwar Narain Haksar. Haksar, der wie Indira in Großbritannien studiert hatte, mit Feroze Gandhi befreundet war und viele Jahre im indischen diplomatischen Dienst verbracht hatte, wurde von Indira vor allem deshalb in den engsten Beraterkreis geholt, weil er Indiras „Linkswendung“ in der Wirtschaftspolitik vertrat. Er hatte sie auch unterstützt, als sie sich 1969 von einem Teil der alten Führung der Kongresspartei getrennt hatte. Erst der spätere Aufstieg von Indiras Sohn Sanjay in den informellen Kreis der Macht sollte Haksars Bedeutung reduzieren (Frank 2002, 312–317, 352 f., 397).

Gestärkt durch die Erfolge, die sie gegen die innerparteiliche Opposition erzielt hatte, setzte Indira diese Serie mit einem militärischen Sieg fort – im Dritten Indisch-Pakistanischen Krieg. Die Niederlage gegen China 1962 hatte bereits die Abkehr von der von Gandhi vertretenen Doktrin der Gewaltfreiheit beschleunigt, die sich ja schon in der militärischen Auseinandersetzung mit Pakistan um Kaschmir 1947 gezeigt hatte. Das Indien Nehrus war noch immer einer pazifistischen Rhetorik, aber immer weniger einer pazifistischen Praxis verpflichtet. Das Indien Indiras verschob das Gewicht in seiner nach außen gerichteten Selbstdarstellung nun noch deutlicher in Richtung militärische Aufrüstung. Als 1971 die Gegensätze zwischen West- und Ostpakistan zu einem Bürgerkrieg führten, der aus der Sicht Ostpakistans ein Befreiungskrieg war, unterstützte Indien den Osten zunächst politisch und schließlich auch militärisch. Indiras Bereitschaft zum Einsatz militärischer Mittel zwang die Regierung Pakistans – die mit den Machthabern Westpakistans weitgehend identisch war –, die Unabhängigkeit Ostpakistans zu akzeptieren. Bangladesch war geboren, und Indien hatte als Hebamme fungiert (Frank 2002, 330–342).

Als sich der Konflikt um die Zukunft Ostpakistans entfaltete, kam es zu einem ungewöhnlich heftigen Zusammenstoß zwischen Indira und dem US-Präsidenten Richard Nixon. Indira und Nixon trafen am 19. Oktober 1971 in Washington zusammen. Nixon hatte schon die historische Wende der USA gegenüber der Volksrepublik China eingeleitet und war allein aus diesem Grund an der Stabilität Pakistans interessiert, das von China unterstützt wurde. Die bereits deutlich erkennbare Neigung Indiens, die Unabhängigkeit Ostpakistans zu befürworten und damit Pakistan zu schwächen, widersprach daher der Ausrichtung der US-Politik. Stephen Ambrose, der Biograph Nixons, war davon fasziniert, dass selten zwei politische Führungspersonen aufeinandergetroffen wären, die einander so unähnlich waren. Indira wäre überheblich und belehrend aufgetreten, Nixon hätte sich misstrauisch und verächtlich gezeigt. In seinen Tagebuchaufzeichnungen nannte Nixon Indira scheinheilig und doppelzüngig (Ambrose 1989, 483).

Der Zusammenprall mit dem Präsidenten der USA förderte die Annäherung Indiens an die UdSSR, die sich einer strategischen Allianz zwischen den USA und China gegenübersah. Indiens Position konnte ein neu definiertes Gleichgewicht in Asien und in der Weltpolitik generell sichern, das die Bedeutung der US-amerikanischen Annäherung an das kommunistische China relativierte. Indira hatte sich damit einen – weiteren – Schritt von der von Ethik und Moral bestimmten Grundsatzposition Mahatma Gandhis entfernt. Indira betrieb klassische „Machtpolitik". Indien blieb zwar auch unter Indira „blockfrei". Aber die neue strategische Orientierung Washingtons und Pekings hatte Indira veranlasst, vermehrt die Nähe zur Sowjetunion zu suchen.

1972 hatte Indira eine Stärkung der Position Indiens nach außen erreicht: Pakistan war geschwächt und damit war auch Chinas Einfluss auf Südasien geringer geworden; den USA hatte Indien Paroli geboten, und die Sowjetunion stand bereit, den wachsenden Bedarf Indiens an Rüstungsgütern zu decken. 1974 explodierte in Rajasthan, nicht weit entfernt von der Grenze zu Pakistan, ein unterirdisch angebrachter atomarer

Sprengkörper. Offiziell als ein Experiment zur friedlichen Nutzung der Atomenergie definiert, war von Anfang an klar, dass damit Indien den ersten Schritt in Richtung militärische Nuklearmacht getan hatte (Frank 2002, 360).

Doch der vielfältig gezeigten Stärke nach außen entsprach – trotz der klaren Parlamentsmehrheit, die Indira 1971 errungen hatte – keine Stärke im Inneren. Indira hatte sich in ihrem eigenen Land allzu viele Gegner gemacht. Zu den Kräften des Hindu-Fundamentalismus war verstärkt die von Indira verdrängte „alte Garde" des Kongresses gekommen. Sezessionistische Bewegungen etwa im Punjab und im Nordosten rüttelten an der Einheit Indiens. Es wurde immer schwieriger, das komplexe Puzzle namens Indien zusammenzuhalten. Die Regierung schlitterte in eine Krise, die Indira zu einer Aktion veranlasste, die auch noch viele Jahre nach ihrem Tod als einzig wirklich schwerwiegendes Defizit in ihrer demokratischen Bilanz gilt.

Am 26. Juni 1975 verkündete Indira die Verhängung des Ausnahmezustandes („state of emergency"). Sie begründete diesen Schritt, der die Einschränkung politischer Freiheiten beinhaltete, mit einer Verschwörung gegen ihre Politik des Fortschritts. Unmittelbar ausgelöst wurde Indiras Entscheidung durch ein Urteil des Obersten Gerichtshofes, das ihr – im Zusammenhang mit Rechtsverletzungen bei der Wahl 1971 – das Stimmrecht (und damit die Mitgliedschaft) im Parlament entzogen und ihre weitere Tätigkeit als Premierministerin unmöglich gemacht hätte. Eine direkte Folge des Ausnahmezustandes war die Verhaftung der führenden Oppositionspolitiker. Einige besonders Prominente, wie Desai und Jayaprakash Narayan (dessen moralische Autorität auf seiner engen persönlichen Beziehung zum Mahatma beruhte), wurden in Gästehäusern der Regierung inhaftiert. Die Pressefreiheit wurde durch eine Vorzensur eingeschränkt. Entgegen Indiras Beteuerung, diese Maßnahmen würden nicht auf die Beseitigung der Demokratie, sondern auf die Sicherung der

Arbeitsfähigkeit der Regierung und damit der Demokratie zielen, war der Ausnahmezustand für viele (vor allem westliche) Medien ein Schritt in Richtung Diktatur (Guha 2007, 493–503).

Neben der Bedrohung ihrer politischen Position durch das Gerichtsurteil war für Indira die Wahrnehmung (oder Konstruktion) einer generellen Bedrohung ausschlaggebend dafür, dass Indira diesen einen dramatischen Schritt in Richtung eines autoritären Regime gemacht hatte: Sie sah sich von allen Seiten eingekreist. Opposition von links (ein vom sozialistischen Gewerkschaftsführer George Fernandes initiierter Streik der Eisenbahner), Opposition von rechts (Desai und militante Hindu-Nationalisten), Opposition von der Mitte (Narayan): Indira sah sich und ihre Regierung politisch gelähmt, als Opfer einer Verschwörung, deren Erfolg sie durch einen Präventivschlag verhindern musste (Frank 202, 359).

Indiras Entschlossenheit und ihre Stärke zeigten sich auch darin, dass hinter der Ausrufung des Ausnahmezustandes ihre und nur ihre einsame Entscheidung stand. Sie konnte sich zwar – zunächst noch – auf die meisten Mitglieder ihres Kabinetts verlassen. Der Entscheidung vom 25. Juni, die durch einen Erlass des Staatspräsidenten den Anschein verfassungsrechtlicher Legitimität erhalten hatte, war aber nicht nach Konsultationen in einem engeren Kreis der Regierung getroffen worden. Die Entscheidung, die war ihre allein. Und auch wenn die Ausrufung des Ausnahmezustandes vom Standpunkt ihrer demokratischen Glaubwürdigkeit der Tiefpunkt ihrer politischen Laufbahn war – vom Standpunkt ihrer Fähigkeit, sich gegen eine Welt von (imaginierten, aber auch realen) Feinden durchzusetzen, war dies der Höhepunkt ihrer persönlichen Macht. Der zweite sollte dann fünf Jahre später folgen – als sie nach einer demokratischen Wahl die Position zurückerobern konnte, die sie 1977 verloren hatte.

Wie viele der Mächtigen, die sich gegenüber einem offenen Diskurs verschließen, wurde Indira in den eineinhalb

Jahren des Ausnahmezustandes Opfer von Illusionen. 1977 beendete sie den Ausnahmezustand und ließ freie und faire Wahlen zu – ganz offenkundig in der Fehlannahme, sie würde diese Wahlen gewinnen und dadurch den Ausnahmezustand ex post demokratisch legitimieren können. Sie hatte den Blick auf die Realität teilweise verloren. In ihrer durch Pressezensur verengten Wahrnehmung und umgeben nur noch von Personen, die von ihr persönlich abhängig und ihr gegenüber willfährig waren, war sie der festen Überzeugung, dass eine Mehrheit in Indien ihren Ausflug in ein autoritäres Regime gutheißen würde. Sie machte einen Fehler. Das aber kann nicht als „typisch weiblich" eingeordnet werden. Sie wurde Opfer einer Fehlkalkulation, für die Frauen und Männer in einer analogen Situation gleichermaßen anfällig gewesen wären – wie etwa Richard Nixon rund um „Watergate" oder George W. Bush bei seiner Entscheidung, 2003 dem Irak mit Waffengewalt die Demokratie zu bringen.

Indiras Fehlkalkulation war ein Sieg für Indiens Demokratie. Die Wahlniederlage von 1977 zwang Indira zu einer Änderung ihres politischen Stils. Sie hatte nur die Wahl, auf die Aussicht zu verzichten, jemals wieder in das Amt der Regierungschefin zurückzukehren, oder „weicher", kompromissbereiter zu werden. 1978 schloss sie Frieden mit einigen Abgeordneten in „ihrer" Kongresspartei, die sie 1975 abermals gespalten hatte und die – wie Jayaprakash Narayan („JP") – während der „Emergency Rule" unter Arrest gestellt worden waren (Menon 2013, 111). Sie zog aus der Härte der Konfrontation, für die sie sich 1975 entschieden hatte, eine Schlussfolgerung: Der Weg zurück zu einer demokratisch legitimen Regierungsmacht erforderte von ihr Konzessionen, von denen sie 1975 noch geglaubt hatte, sie durch Nutzung autoritärer Instrumente vermeiden zu können.

Die Ausrufung des Ausnahmezustandes hatte gezeigt, dass Indira wohl noch mehr „Iron Lady" als Margaret Thatcher war. Thatchers eiserne Härte hatte nie dazu geführt, dass sie die demokratischen Spielregeln der (ungeschriebenen) britischen Verfassung verletzt hätte. Indiras Rücknahme der von ihr selbst gesetzten autoritären Maßnahmen, die Akzeptanz der Wahlniederlage, aber auch die Wiederkehr als demokratisch legitimierte Regierungschefin machten es möglich, dass sie letztlich dennoch als Bewahrerin des säkularen und des demokratischen Indien in die Geschichte eingehen konnte. 1975 war ein Schritt weg von der Demokratie; 1977 war der Schritt zurück zur Demokratie; und 1980, der demokratisch errungene Erfolg: Diese drei Jahreszahlen symbolisieren, mehr als alles andere, was Indira für Indien bedeutete.

Dass ihr dieser Weg zurück zur Macht durch einen demokratischen Wahlsieg gelang, lag vor allem an der Widersprüchlichkeit der Allianz, die Indira 1977 die für sie überraschende Niederlage bereitet hatte. Das Bündnis war eine Koalition extremer Gegensätze: Demokraten, die Indiras autoritären Stil als Verrat am Erbe des Mahatma und auch von Indiras Vater sahen; Hindu-Nationalisten, für die der Mahatma selbst und Nehru ein Verräter am „wahren" (hinduistischen) Indien waren; Vertreter der Dalits auf der einen, Verteidiger der Kastenhierarchie auf der anderen Seite; Sozialisten, die mehr Sozialismus wollten – und andere, denen Indira zu viel Sozialismus gebracht hatte. Diese Allianz war 1977 durch ein einziges Ziel verbunden – Indira durch eine Wahlniederlage aus dem Amt zu jagen.

Nach Indiras Wahlverlust hatte diese Allianz der Widersprüche nichts mehr, was sie zusammenhielt. Die Koalitionsregierung, der zunächst Desai vorstand, verzettelte sich in inneren Konflikten und konnte bei der Wahl 1980 den Sieg Indiras nicht verhindern, die einer chaotischen Regierung eine homogene Alternative gegenüberzustellen versprach. Erst nach Indiras Tod sollte sich in Gestalt der latent hindu-nationalistischen BJP (der „Indischen Volkspartei") eine Partei entwickeln, die als stabile Alternative zu der von Nehru und Indira garantierten Inklusion der Kongresspartei gelten konnte.

Die von Indira 1975 vorgenommene Ausrufung des Ausnahmezustandes hatte sie von den meisten entfremdet, die wie sie von Jawaharlal Nehru geprägt waren. 1975 und erst recht nach 1977, als sie sich gegen verschiedenste strafrechtliche Vorwürfe zur Wehr zu setzen hatte, neigte sie dazu, sich auf die Loyalität ihrer engsten Familie zu stützen. Ihr (jüngerer) Sohn Sanjay wurde zum öffentlich besonders sichtbaren und daher auch besonders umstrittenen Instrument ihrer Politik. Wohl zu Recht ging man 1975 und wieder 1980 davon aus, dass sie Sanjay als ihren Nachfolger aufbauen wollte. Doch kurz nach Indiras Rückkehr an die Macht verunglückte Sanjay tödlich. Nun übernahm ihr älterer Sohn Rajiv, der bis dahin sich von Politik ferngehalten hatte, die Rolle des politischen Erben. Rajiv wurde schneller als geplant und erwartet gezwungen, seiner Mutter auch tatsächlich nachzufolgen.

1984 sah Indira abermals keinen anderen Ausweg als den Einsatz autoritativer, nötigenfalls gewaltsamer Mittel – diesmal freilich, anders als 1975, im Einklang mit demokratischen Normen. Die sezessionistische Bewegung im Punjab drohte, das auf einem kompliziert ausgewogenen Gleichgewicht der Machtbalance und Machtteilung errichtete demokratische Indien zu zerstören. Indira ordnete an, die Besetzung des Goldenen Tempels von Amritsar durch die Sezessionisten notfalls gewaltsam zu beenden. Das militärische Eingreifen führte zur weitgehenden Zerstörung des Tempels, der den Sikhs als besonders heilig galt. Hunderte starben bei den Kämpfen, die dem Eingreifen der Militärs folgten – auf den Seiten der als „Terroristen" punzierten Sikh-Extremisten und der Soldaten der indischen Streitkräfte (Frank 2002, 480–483).

Der Sturm auf den „Goldenen Tempel" löste eine Kettenreaktion aus: Indira wurde am 31. Oktober 1984 in New Delhi von einigen ihrer Bodyguards ermordet. Ihre Mörder waren Männer, die bewusst aus der religiösen Gemeinschaft der Sikhs rekrutiert worden waren, entsprechend der Politik der Kongresspartei, die religiöse Gegensätze demonstrativ zu überbrücken suchte. Indira hatte Hindus, Muslime und Sikhs in ihrer persönlichen Begleitmannschaft. Der Mord an Indira löste einen Pogrom aus: In New Delhi (aber nicht nur dort) wurden tausende Sikhs von einem vor allem aus Hindus bestehenden Mob ermordet (Frank 2002, 484–501). Am Ende der Regierung Indiras hatte sich gezeigt, dass das mit den Namen Mohandas Gandhi, Jawaharlal Nehru und speziell auch Indira Gandhi verbundene Konzept eines säkularen Indien keineswegs gesichert war.

Rajiv Gandhi, der Indira nachfolgte, wurde wenige Jahre später Opfer eines Attentates im südindischen Tamil Nadu. Der Mordanschlag stand in Verbindung mit dem Bürgerkrieg auf Sri Lanka, in den Indien sich verwickelt hatte. Rajivs Tod hätte nicht nur Indiras persönliches Erbe, sondern auch den säkularen Charakter Indiens gefährden können. Aber Narasimha Rao, der nach Rajiv die Partei- und die Regierungsführung übernahm, war Insider und Outsider zugleich. Er hatte zwar über viele Jahre dem Führungsteam um Indira angehört; aber er war nicht Nehrus Enkel, nicht Indiras Sohn. Er und Manmohan Singh, der unter Rao Finanzminister war, später Premier wurde und dessen Politik die Öffnung Indiens zum Weltmarkt einleitete, arrangierten sich nach anfänglichen Schwierigkeiten mit Sonia Gandhi, der Witwe Rajivs. Andere freilich aus der Dynastie hatten Probleme, Rao und Singh als legitime Erben zu akzeptieren (Sitapati 2016, 296–298). Die junge Generation der Nehru-Gandhi-Familie war noch nicht bereit, einfach das politische Feld zu räumen. Erst die Rückschläge und Niederlagen, die – in unterschiedlicher Weise – Indiras Schwiegertochter Maneka und Indiras Enkel Rahul Gandhi hinnehmen mussten, machten klar, dass die Familiendynastie, die ein halbes Jahrhundert hindurch Indiens Politik geprägt hatte, an einem Ende angelangt war.

Das von der Familie Nehru repräsentierte Modell, Politik als eine Art Familienfirma zu betreiben, lebte zwar weiter, aber nicht im Zentrum der indischen Politik, sondern in den indischen Staaten. Unter jeweils regional und ethnisch-sprachlich unterschiedlich definierten Vorzeichen wurden Regierungen einzelner Staaten von Familien „geführt“ – immer im Zeichen einer parlamentarischen Demokratie. Ehepartner lösten einander ab, Söhnen oder Töchtern wurde eine Art Erbrecht zugeschrieben. Aber diese unterhalb der nationalen Ebene versuchten Praktiken waren immer nur zeitlich begrenzt erfolgreich. Eine dynastische Politik konnte auf Dauer nicht etabliert werden. Als all-indisches Muster, wie es die Kongresspartei unter Nehru und seiner Tochter vorgelebt hatte, war eine dynastische Politik schon vor der Jahrtausendwende am Ende. Der Prozess der Modernisierung hatte ein wesentliches Etappenziel erreicht – die Entfeudalisierung und die Entpersonalisierung der Macht (Guha 2007, 685).

Narasimha Rao und Manmohan Singh waren die Premierminister, die den Beginn vom Ende der Nehru-Gandhi-Dynastie markierten. Sie demonstrierten, dass die von Indira immer wieder neu aufgestellte Kongresspartei auch Wahlen gewinnen konnte, ohne von Vertretern der Familie Nehrus geführt zu werden. Beide signalisierten aber auch das Weiterleben von Indiras politischer Agenda. Rao war der erste Regierungschef, der aus dem Süden kam; und Singh der erste, der kein Hindu war. Rao und Singh repräsentierten den Kern des säkularen Indiens, wie Indira ihn verstand. Freilich: Mit Rao und Singh begann auch der Abschied von der Vorstellung eines indischen Weges zum Sozialismus. Die Regierungen Rao und Singh öffneten Indien zum Weltmarkt. Indien wurde immer mehr Subjekt und Objekt des globalen Finanzkapitalismus (Sitapati 2016, 107–168).

Das politische Erbe Indiras war und ist nicht die Weiterführung der Familiendynastie der Nehrus. Ihr Erbe ist das Weiterbestehen eines säkularen und demokratischen Indien, eines Indien, das Demokratie als ein Machtgleichgewicht von neben- und miteinander existierenden und kooperierenden Teile eines Puzzles praktiziert; eines Indien der Machtteilung zwischen Minderheiten religiöser und ethnischer, sprachlicher, aber auch kultureller Natur wie der Kasten. Dieses Erbe war und ist gefährdet – durch den Hindu-Nationalismus, der 1947 die Mörder Mohandas Gandhis motiviert hatte; und der im 21. Jahrhundert von der BJP, dem traditionellen Gegenspieler der Kongresspartei, und dem BJP-Premierminister Narendra Modi repräsentiert wird. Aber die BJP und Modi kamen an die Regierung auf der Grundlage demokratisch errungener Wahlerfolge – und damit hat Indiens Demokratie die Fähigkeit zum Überleben bewiesen.

Indiras Erbe ist auch die Selbstverständlichkeit, mit der sich Indien im 21. Jahrhundert auf der Ebene der Weltpolitik bewegt – als eine Macht, die als Gleiche unter Gleichen auftritt und nicht als ein Moralprediger unter Sündern. Indien agiert nicht mehr wie noch zu Zeiten Jawaharlal Nehrus, der – geprägt vom Moralismus des Mahatma – gelegentlich den Oberlehrer der Welt spielte. Indien gibt sich als ein Land, das mit dem Hinweis auf wirtschaftliches Wachstum und militärische Stärke einfach das Recht beansprucht, von den Großmächten der Welt als eine der ihren behandelt zu werden.

Dass Indien als säkulare Demokratie Jahrzehnte überstanden hat, das ist auch der Erfolg Indiras. Dass es für die Weiterführung dieses Erfolgskurses keine Garantie gibt, dass die Zukunft Indiens offen ist, das widerspricht nicht der Erfolgsbilanz Indiras. Sie hat dazu beigetragen, dass der Subkontinent, in dem mehr Menschen leben als in Europa und Nordamerika zusammen, sich als Demokratie stabilisieren konnte – allen internen Gegensätzen zum Trotz; und dass das Bild des „armen", des rückständigen und bedauernswerten Indien weltweit ein anderes wurde: nicht mehr primär identifiziert mit Mutter Teresa und einer ungebrochenen materiellen Bedürftigkeit; sondern als ein Indien, das politisch und wirtschaftlich zur Weltmacht geworden ist.

3.2 Das Unverwechselbare an Indira Gandhi

3.2.1 Der „Indira-Faktor 1“: Modernisierung

Die Beziehung zwischen Mohandas Gandhi, dem Mahatma, und Jawaharlal Nehru war auf den ersten Blick die Beziehung zwischen Lehrer und Schüler. Nehru hatte immer die ethische Autorität Gandhis akzeptiert – als die eines quasi-religiösen Propheten. Aber politisch gab es Unterschiede zwischen den beiden: Der Mahatma war der Mystiker, dem letztlich eine vormoderne Gesellschaft als Ziel vorschwebte; er war der Moralist, der am Spinnrad die Textilien für seine Kleidung selbst herstellte; er war eigentlich ein Visionär, der von einem Indien träumte, das es zwar nie gegeben hatte, das sich aber viele nicht nur als Welt von gestern, sondern auch als Welt von morgen vorstellen konnten – als eine Welt, die sich der durch Industrialisierung definierten Modernität bewusst verschließt. Indien wurde eben deshalb auch und gerade im „Westen“ zum Fluchtpunkt vieler, die in Ashrams der oft esoterischen Lehre von Gurus folgten.

Gandhi war schon vor dem Zweiten Weltkrieg zu einer globalen Ikone geworden. Er war ein Star der sich entwickelnden globalen Medienszene. Die Wochenschauen verbreiteten Bilder und die Zeitungen zeigten Fotos, wie sie aussagekräftiger nicht sein könnten: ein kleiner Mann, mit einem Lendenschurz verhüllt, begegnet „Staatsmännern“ in klassischen Anzügen als Gesprächspartner – etwa vor den Palästen Westminsters oder dem Palast des Vizekönigs in New Delhi, wo Gandhi in den 1930er Jahren mit der britischen Regierung und deren Vertretern über eine Autonomie-Lösung für Indien verhandelte. Auf Gandhi projizierten Teile der westeuropäischen und nordamerikanischen Gesellschaft eine antimodernistische Hoffnung, die Zivilisationsmüdigkeit mit der Abscheu vor Gewalt verband. Gandhi war die Person, die eine

Möglichkeit des Ausstiegs aus der Modernisierungsspirale zu versprechen schien.

Winston Churchill freilich hatte seine Abscheu vor Gandhi nicht verbergen können – er nannte ihn einen „Fakir“, einen „bösartigen, subversiven Fanatiker“ (Herman 2009, 347–363; Roberts 2018, 352). Für die indische Unabhängigkeitsbewegung war aber Gandhi unverzichtbar: Seine weltweite charismatische Wirkung stärkte das indische Selbstwertgefühl und bildete auch eine Klammer zwischen den verschiedenen Teilen der indischen Gesellschaft – am wenigsten freilich bezogen auf Muslime, von denen sich viele, organisiert in der Muslim League, in den von Gandhi dominierten Indischen Nationalkongress (INC) nicht einordnen wollten.

Churchills Position gegenüber Gandhi und der indischen Unabhängigkeitsbewegung war von den Vorurteilen der britischen Oberschicht geprägt. Im Zweiten Weltkrieg sollte er eben deshalb in einen latenten Konflikt mit seinem wichtigsten Alliierten kommen, mit Franklin Roosevelt. Dieser drängte Churchill immer wieder, das Potential Indiens, das für die Alliierten im Krieg von Nutzen wäre, zu stärken: dadurch, dass er Indien die Unabhängigkeit versprach; dass er verbindlich erklärte, am Ende des Sieges über die „Achsenmächte“ würde ein unabhängiges Indien stehen. Roosevelt war sicherlich nicht nur von politischen und ökonomischen Kosten-Nutzen-Überlegungen beeinflusst, er war auch – wie seine Frau Eleanor erst recht – grundsätzlich Gegner aller Kolonialsysteme. Churchill aber ließ sich nicht festlegen – er war (und blieb) der Nostalgiker des „British Empire“ (Kimball 1997, 138–140). Erst Attlees Wahlsieg über Churchill ermöglichte die – dann rasch durchgeführte – Beendigung der britischen Herrschaft über Indien.

Zwischen dem aus einer Kaste mittlerer Hierarchie kommenden Gandhi und dem Brahmanen Nehru gab es sehr wohl Gegensätze – bei aller mit persönlicher Verehrung verbundenen Unterordnung Nehrus. Wie schon sein Vater Motilal, sah

Jawaharlal Nehru in Gandhi einen Vertreter eines dörflich geprägten, agrarisch orientierten Hindu-Konservativismus; einen romantischen Nostalgiker, der ein idyllisches Bild von einem Indien vermittelte, dem schon gestern keine Realität entsprochen hatte und dem morgen keine entsprechen sollte. Nehru war (demokratischer) Sozialist und Internationalist, dessen intellektuelle Welt mehr die der britischen Labour Party als die der indischen Hindu-Tradition war (Wolpert 1996, 78 f.). Dennoch kann es keinen Zweifel darüber geben, dass Nehrus Verhältnis nicht nur das des Pragmatikers zu einem politisch nicht verzichtbaren Charismatiker war. Nehru verehrte den Mahatma in einer fast religiös anmutenden Weise. Freilich war es Nehru, der 1947 konkret Politik „machte", während sich Gandhi auf eine weltweit bewunderte Position des Protestes gegen die von der Teilung Indiens verursachte Gewalt zurückzog; eine Position, die zumindest mittelbar zu seiner Ermordung führte (Lelyveld 2011, 321–349).

Indira stand in der Tradition ihres Vaters, ohne – wie dieser ja auch – mit dem Mahatma und dessen Mythos offen zu brechen. Indira wollte Indien von einer Agrargesellschaft in eine Industriegesellschaft verwandeln – nicht mit der Radikalität (und Brutalität) sowjetischer Vorbilder, nicht mit dem Einsatz von Terrormethoden, aber in eine analoge Richtung. Indiras Weg war demokratisch, ihr Ziel war der Sozialismus. Sie war einem zukünftigen Indien verpflichtet, wie es schon ihr Vater war: einem Indien auf Augenhöhe mit den USA und der UdSSR und Europa; freilich auch einem Indien, das eine nicht unbedingt offen ausgesprochene Führungsfunktion in der – wie es damals noch hieß – „Dritten Welt" beanspruchte.

Indira hatte von Nehru den Anspruch übernommen, in Indien eine sozialistische Wirtschaftsordnung aufzubauen. In diese Richtung gingen ihre Versuche in ihrer ersten Regierungszeit, bis 1977: Industrialisierung und Verstaatlichung waren die Kennzeichen dieser Politik. Gleichzeitig wurde der indische Markt abgeschottet, um so die Effekte des Welthandels, der „terms of trade" zu minimieren. Indien sollte nicht zum Land der Billigproduzenten werden, das den wohlhabenden Regionen der Welt kostengünstig Produkte lieferte und so den globalen Abstand zwischen Arm und Reich noch vertiefte. Indien sollte auch nicht auf den teuren Import industrieller Produkte angewiesen sein, Indien sollte selbst industriell produzieren. Guha beschreibt diese Orientierung Nehrus und seiner Tochter in einem Abschnitt, der den bezeichneten Titel „The Conquest of Nature" trägt (Guha 2007, 201–225). Die Eroberung der Natur – ein Bild, das direkt der sowjetischen Rhetorik entnommen sein könnte.

Nehrus Politik war vom Konzept einer Planwirtschaft bestimmt, nach sowjetischem Vorbild, und Indien erwartete und erhielt auch technische Unterstützung aus der Sowjetunion. Im Zentrum stand der Ausbau der Elektrizitätswirtschaft und der Stahlproduktion. Privatwirtschaftliche Investitionen wurden weitgehend ausgeschlossen (Guha 2007, 210–212). Investitionen aus dem Ausland waren unter einer Bedingung willkommen: Der indische Staat musste als (Mit-)Eigentümer die Kontrolle behalten.

Indira verstärkte diese Politik der Modernisierung nach sowjetischem Vorbild durch systematische Verstaatlichungen im Finanzsektor (Guha 2007, 437–439). Die ökonomische Seite von Indiras Modernisierungspolitik hatte massive gesellschaftliche Folgen: Urbanisierung und Landflucht. Das Fehlen der Öffnung zum Weltmarkt bedeutete aber auch, dass Indiens wirtschaftlicher Fortschritt soziale Gleichheit förderte – aber auf einem niedrigen Niveau. Die Wirtschaftspolitik Indiras hatte ähnliche Konsequenzen wie die Politik des kommunistischen, von Mao regierten China: Indien wurde eine weitgehend egalitäre Gesellschaft, blieb aber eine sehr arme Gesellschaft. Freilich fehlte diesem Nehru und Indira Gandhi zuzuschreibenden Konzept das, was dem Mao-Rezept immanent war: die totalitäre Unterdrückung jeder politischen Freiheit.

Erst das China nach Mao und erst das Indien nach Indira erlaubten eine Politik der Öffnung zur globalen Ökonomie. Diese bewirkte eine kontinuierliche Aufwärtsentwicklung der Wirtschaft, erkennbar an einem schnell (im Fall Indien) oder rasant, geradezu explosiv (im Fall China) steigenden individuellen Wohlstand. Wirtschaftswachstum und Prosperität hatten allerdings einen Preis – eine Zunahme der wirtschaftlichen Ungleichheit innerhalb der Gesellschaft. Indiras Politik der Modernisierung war Höhe- und Endpunkt einer zentral gesteuerten, zentral geplanten Wirtschaftspolitik.

Indiras Modernisierungskurs verstärkte nicht nur die planwirtschaftlich geförderte Industrialisierung, die unter Nehru begonnen worden war, sie intensivierte auch die Modernisierung der Landwirtschaft. Unter dem Begriff „Grüne Revolution" wurde der Agrarsektor – in dem nach wie vor die meisten Menschen beschäftigt waren – geradezu industrialisiert: Elektrifizierung auf dem Lande, staatliche Subventionierung moderner (auch mit chemischen Mitteln unterstützter) Anbaumethoden und eine steuerliche Privilegierung des Agrarsektors führten zu einer raschen Steigerung der landwirtschaftlichen Produktion (Frank 2002, 308; Guha 2007, 219–221).

Die Erfolge der Modernisierung des Agrarsektors vermochten zwar die Landflucht zu mindern, nicht aber diese zu verhindern. In Indiras Regierungszeit wuchsen Bombay (Mumbai), Delhi, Kalkutta (Kolkata), Madras (Chennai) und andere Städte zu Metropolen, deren Einwohnerzahl jeweils viele Millionen betrug. In einigen dieser Megastädte – in Bangalore und in Hyderabad – entwickelten sich bereits zu Indiras Zeiten Forschungszentren einer technologisch orientierten Industrie, die später – im 21. Jahrhundert – Indien zu einem im globalen Wettbewerb höchst erfolgreichen Player machen sollte.

Indiras Wirtschaftskurs hatte freilich strukturelle Nachteile, die – ihrem Verständnis von Sozialismus entsprechend – von ihr akzeptiert wurden. Die Abschottung Indiens vom

Weltmarkt verhinderte, dass von einem freien Welthandel Druck ausgehen konnte, der allerdings zur Steigerung der Produktivität und damit auch des Wohlstandes insgesamt hätte beitragen können. Erst nach Indira konnten und wollten Regierungen der Kongresspartei – unter den Premierministern Narasimha Rao und Manmohan Singh – diese Öffnung politisch durchsetzen. Erst nach Indira begann für Indiens Wirtschaft eine Periode des rasanten wirtschaftlichen Wachstums. Die Voraussetzung war der schrittweise Abschied von Indiras Verständnis eines sozialistischen Indiens.

Doch die Erfolge von Indiras Wirtschaftspolitik blieben sehr wohl erkennbar – auch und gerade im Vergleich mit dem Chaos, das die Anti-Indira-Koalition zwischen 1977 und 1980 zu verantworten hatte. Eine Wirtschaftskrise, gekennzeichnet von einer explodierenden Inflation, die zu extremen Lohnforderungen und damit zu Streikwellen führten, machte deutlich, worin die Vorzüge der Politik der von Indira straff geführten Regierung bestanden hatten: in einer vergleichsweise hohen Effizienz und einer für die ökonomische Entwicklung ebenso wichtigen Berechenbarkeit (Guha 2007, 546–548).

Indiras Modernisierungspolitik war vor allem auch auf das Bildungssystem konzentriert. In ihrer Regierungszeit ging der Analphabetismus signifikant zurück. Indiens Universitäten – etwa die in verschiedenen Städten errichteten „Indian Institutes of Technology" – wurden zu Einrichtungen, die den rasant wachsenden Bedarf an insbesondere technischer Intelligenz befriedigen konnten. Nutznießer dieser Modernisierung im Bildungssektor waren vor allem Frauen: 1971 war das Verhältnis von Schülerinnen/Studentinnen zu Schülern/Studenten gegenüber 1947 im Bereich der Grundschulen von 36 zu 100 auf 62 zu 100, an den Universitäten von 19 auf 31 zu 100 gestiegen. Dieser Abbau geschlechtsspezifischer Ungleichheit wirkte sich auch in einer ständig steigenden Wahlbeteiligung der Frauen aus (Guha 2007, 472).

Die Modernisierung, wie sie Indira vorantrieb, war eine Modernisierung von oben; zwar durchaus – mit Ausnahme der Periode zwischen 1975 und 1977 – im Rahmen der Demokratie, aber bestimmt von der politischen Agenda der Regierungschefin. Dass diese Politik der Modernisierung von oben auch das Potential autoritärer Ausuferung beinhaltete, wurde am Beispiel der von Indira zu verantwortenden Maßnahmen zur Beschränkung des Bevölkerungswachstums deutlich. Vor allem in den eineinhalb Jahren des Ausnahmezustandes wurde nicht nur durch Anreize, sondern auch durch indirekten (manchmal direkten) Zwang systematisch eine Politik der Sterilisierung von Millionen von Männern vorangetrieben.

Diese Politik war sicherlich auch durch das Beispiel der totalitär verordneten „Ein Kind"-Politik des geographischen Nachbarn und geopolitischen Rivalen China beeinflusst. Doch das kommunistische Regime in China agierte mit offenem Zwang und war daher in der Lage, jede Opposition von vornherein unterdrücken zu können. Im demokratischen Indien musste hingegen mit grundsätzlich legitimem Widerstand gerechnet werden. Dieser Widerstand wurde im 1975 verhängten Ausnahmezustand mit autoritären Mitteln zurückgedrängt. Aber die Politik der Sterilisierung, zwischen 1975 und 1977 auf die Spitze getrieben, hinterließ so viele Ressentiments, dass zum Teil dadurch Indiras Wahlniederlage 1977 erklärt werden kann.

Dass Indien durch eine hohe Geburtenrate – in Verbindung mit einer kontinuierlichen Verlängerung der durchschnittlichen Lebenserwartung – vor das Problem der Übervölkerung und den damit verbundenen Effekten von fortschreitender Verarmung gestellt war, das war nachvollziehbar. Zwischen 1901 und 1971 war die Bevölkerung Indiens von 240 auf 550 Millionen Menschen angestiegen. Jede Extrapolation dieser Entwicklung zeigte, dass ab 2000 Indien mehr als eine Milliarde Einwohner haben und bald auch China als bevölkerungsreichsten Staat der Welt überholen würde. Diese explosionsartige Entwicklung war auch die Folge einer besonderen Form der Modernisierung – einer schrittweise verbesserten Gesundheitsvorsorge, die vor allem zum Rückgang der Kindersterblichkeit führte. Indira war gefordert, politisch zu agieren. Und die Person, die in ihrem Auftrag ein entsprechendes Konzept des Handelns entwickelte und umsetzte, war Indiras Sohn Sanjay (Guha 2007, 515).

Männliche Bedienstete des öffentlichen Sektors wurden unter Druck gesetzt, Nachweise ihrer eigenen Sterilisierung vorzulegen. Vor allem in den Staaten des Nordens – Uttar Pradesh, Bihar, Haryana – war bald klar, dass Sterilisierung nicht einfach eine freie Option war, die Männern offenstand, sondern dass sie von der Regierung gewünscht war und mit erheblichem Druck durchgesetzt werden sollte. Der sich abzeichnende Widerstand in der Bevölkerung wurde – erleichtert durch die im Notstandsregime zwischen 1975 und 1977 erweiterten Möglichkeiten der Exekutive – oft unter Einsatz von Polizeigewalt gebrochen. Die bei solchen Konfrontationen unvermeidlichen Opfer an Menschenleben steigerten die Verbitterung über Indira, und insbesondere Sanjay wurde zu einer für weite Teile der Bevölkerung verhassten Figur. Die von Sanjay geführte Organisation des „Youth Congress" wurde durch ihr aggressives Engagement für die Politik der massenhaften Sterilisierung mit der autoritären Gewalt zwischen 1975 und 1977 identifiziert (Frank 2002, 396 f., 404–407).

Die auch regierungsoffiziell vorangetriebene Massensterilisierung zeigte, dass Modernisierung von oben unter autoritären Rahmenbedingungen zwar effizienter organisiert werden kann als unter uneingeschränkt demokratischen; dass aber in einer Demokratie für solche Methoden ein politischer Preis zu zahlen ist. Nach Indiras Wahlsieg 1980 wurde das Ziel der Reduktion des Bevölkerungswachstums jedenfalls nicht mehr mit denselben Mitteln verfolgt wie bis 1977. Indien, das sich in den beiden letzten Jahrzehnten des 20. und im 21. Jahrhundert weiter entwickelte, konnte nun auf andere Effekte der

Modernisierung setzen, um das Bevölkerungswachstum nicht zu einer Katastrophe ausufern zu lassen: Bildung, Wirtschaftswachstum und damit verbunden wachsende Prosperität sorgten für ein aus dem Eigeninteresse der Frauen und Männer, also aus der „Zivilgesellschaft“ kommenden Rückgang der Geburtenzahlen.

Gloria Steinem verweist darauf, dass Indiras Programm zur Familienplanung – ein Programm, das vor allem die Sterilisierung von Männern forcierte, einen spezifisch feministischen Effekt hatte: Frauen wurden dadurch „ermächtigt“, sich nicht auf die Rolle der Gebärenden zu beschränken. Frauen wurden so zur Herrinnen über die Planung ihres eigenen Lebens und verringerten damit ihre Fremdbestimmung (Steinem 2019, 73).

Indiras Modernisierung legte den Grundstein dafür, dass die Phase einer oft mit Zwang durchgesetzten Politik der Geburtenbeschränkung ein, aber letztlich nicht der zentrale Aspekt war, der den Aufstieg Indiens von einem extrem verarmten Subkontinent zu einem globalen Player der Weltwirtschaft begleitete – hinzu kamen stetige Fortschritte im Bereich der Bildung, der wirtschaftlichen Produktivität und auch des relativen Wohlstandes. Modernisierung brachte ein Mehr an Bildung, und dieses Mehr sorgte – auch ohne politische Maßnahmen – für den Rückgang der Geburtenzahlen.

Indien war 1984 nicht die dörflich-vorindustrielle Gesellschaft, wie sie sich Mahatma Gandhi für die Zukunft vorgestellt hatte. Indien war in seiner wirtschaftlichen Dynamik und noch mehr in der Entwicklung des Bildungssystems ein Staat, der mehr von Indira Gandhi, der Tochter Nehrus, als vom Mahatma geprägt war. Indira hatte Indien in eine neue, moderne Zeit geführt.

3.2.2 Der „Indira-Faktor 2“: Säkularismus

Indiras Politik an der Spitze von Partei und Regierung baute auf einer Vorstellung von Indien, das von den Ideen Mahatma Gandhis und von Jawaharlal Nehrus bestimmt war; von einem Indien, das sich gegen die Politik der britischen Kolonialmacht durchgesetzt hatte, die bis tief ins 20. Jahrhundert hinein von einer Strategie des „Divide et impera“ bestimmt war, um die Unabhängigkeitsbewegung zu schwächen. Die britische Politik hatte deshalb bis 1945 ein Indien der miteinander rivalisierenden Teile bevorzugte. Das Indien, das den Vorstellungen Gandhis und Nehrus entsprach, grenzte sich gegen diese britische Strategie ebenso ab wie (letztlich erfolglos) gegen die Muslim League, die islamische Sammelbewegung, die von der Existenz zweier indischer Nationen ausging – einer Hindu- und einer Muslim-Nation. Gandhis und Nehrus Indien hatte aber auch nichts zu tun mit dem Indien-Bild der Hindu-Fundamentalisten, die Indien und die kulturell-religiöse Tradition des Hinduismus als deckungsgleich ansahen und Nicht-Hindus bestenfalls zu tolerieren bereit waren. Ein unabhängiges Indien, so das Ziel des Indischen Nationalkongresses, sollte alle religiösen und sprachlichen Gemeinschaften des Subkontinents umfassen.

Ein inklusives Indien, das alle religiösen und ethnisch-sprachlichen und kulturellen Identitäten in einer gemeinsamen indischen Identität ebenso vereint wie die verschiedenen historischen Narrative: ein solches Indien war das Indien Indiras. „E pluribus unum“: Das Motto, das der Gründungsgeschichte der USA und auch der eines sich vereinigenden Europas entsprach und entspricht, verstand sich als „säkular“. Unterschiede und Trennendes waren zu respektieren, Vielfalt war anzuerkennen. Aber Indien insgesamt – die indische Demokratie, die indische Republik, sie standen über den vorhandenen Unterschieden. Sie zu überbrücken, das war Indiras Leitstern, das bestimmte ihre Politik. Und auch wenn diese

Politik die Mahatma Gandhis und mehr noch die Jawaharlal Nehrus fortsetzte, musste Indira das Konzept eines säkularen Indien immer wieder aktualisieren, immer wieder neu konkretisieren und gegen ständig auftauchende Herausforderungen sichern. Und dies war, dies ist ihr – allen Kriegen, allen Sezessionstendenzen, allen Spaltungsversuchen zum Trotz – letztendlich auch geglückt.

Indien ist durch Widersprüche gekennzeichnet, die in ihrem Ausmaß die Dimension eines Staates sprengen – eines „Nationalstaates" im europäischen Sinn. Indiens Vielfalt entspricht der eines Kontinents. Indiens Widersprüche waren auch dadurch verstärkt, dass es bis zur Entstehung Britisch-Indiens zwar indische Staaten, nie aber den einen, den gesamten Subkontinent umfassenden indischen Staat gegeben hat. Alle diese Widersprüche bestanden zum Zeitpunkt von Indiras Tod weiter. Aber Indira hat verhindert, dass die in der indischen Gesellschaft vorhandenen Brüche Indien zerstören konnten.

Für das Verständnis gesellschaftlicher Vielfalt in Europa haben Seymour Martin Lipset und Stein Rokkan das Konzept der „cleavages" entwickelt; von Gräben, die Gesellschaften durchziehen; Bruchlinien, die – Erdbebenlinien gleich – die Möglichkeit explosiver Ausbrüche anzeigen: Gegensätze zwischen religiösen oder ethnisch-sprachlich definierten Gemeinschaften, aber auch zwischen sozial voneinander segregierten Subgesellschaften, etwa von „Klassen" im marxistischen Sinn oder auch den indischen Kasten. Historische Erfahrungen und sozialwissenschaftliche Analysen können aufzeigen, wo diese „cleavages" verlaufen, wie tief die von ihnen angezeigten Gegensätze sind, und wie aktuell die Drohung einer möglichen Gewaltexplosion ist (Rokkan 2000).

Die indische Demokratie war seit 1947 von der Notwendigkeit bestimmt, die in der Gesellschaft vorhandenen Gräben zu überbrücken; aufbauend auf dem Prinzip, dass die verschiedenen religiösen, kulturellen (Kasten), sprachlichen Teilgesellschaften in unterschiedlicher Form an der politischen Macht teilhaben. Das ist auch die Qualität der Konkordanzdemokratie, wie sie Lijphart für einige europäische Staaten beschrieben und analysiert hat, etwa für die Schweiz oder die Niederlande (Lijphart 1999, 31–47).

Wie die durch systematische und auf Dauer angelegte Machtteilung in den von einer Konkordanzdemokratie bestimmten europäischen Staaten ist Indiens Demokratie nicht einfach auf die Herrschaft der Mehrheit zu reduzieren. Indiens Demokratie ist als Ordnung miteinander kooperierender Minderheiten zu verstehen. Indiens Demokratie kennt keine vorgegebene Mehrheit – und wo eine solche potentiell vorhanden ist (etwa eine als homogen fingierte Mehrheit der in Sprachgruppen und Kasten gegliederten Hindus), würde eine sich auf das Mehrheitsprinzip berufende Herrschaft die vorhandenen Gräben (etwa gegenüber den Muslimen, aber auch gegenüber den südindischen Staaten mit Drawidisch sprechender Bevölkerung) vertiefen und letztlich die delikate Balance zwischen den Subgesellschaften und damit auch Indiens Einheit zerstören. Indiens Demokratie ist durch ein System der Machtteilung („power sharing“) charakterisiert – wie zum Beispiel die Demokratie der Schweiz. Freilich muss Indiens Demokratie immer auch vor dem Hintergrund der kontinentalen Dimension verstanden werden und der, verglichen mit der Schweiz oder den Niederlanden, noch komplexeren Vielfalt der gesellschaftlichen Widersprüche.

Indira war in ihrer Regierungszeit mehrfach herausgefordert, dieses System der Machtteilung zwischen den verschiedenen Minderheiten zu verteidigen. Eine besondere Problematik bildete der Fall des Punjabs – einer mit dem Narrativ einer eigenen, historischen Staatlichkeit ausgestatteten Region im Nordwesten Indiens, die das Kernland der Religionsgemeinschaft der Sikhs war und ist. Die Teilung Britisch-Indiens 1947 bedeutete auch die Teilung des Punjabs: der westliche Teil (mit einer relativen Mehrheit von Muslimen) und die historische Hauptstadt des Punjabs, Lahore, wurden Pakistan zugesprochen. Der östliche Teil, mit der „heiligen Stadt" der Sikhs, Amritsar, wurde Teil Indiens. Dieser östliche Teil wurde im Zuge der Föderalisierung Indiens zu einem Teilstaat, der von der westlichen Grenze New Delhis bis zur Grenze Pakistans reichte (James 2003, 629–631).

Das Problem dieser Konstruktion war, dass die Sikhs, die den Punjab aufgrund der historischen Ableitung ihrer Identität als „ihren" Staat betrachteten, nicht die Mehrheit der Bevölkerung stellten. Der Bundesstaat Punjab, wie er nach der Teilung von 1947 konstruiert war, war nun selbst ein Puzzle, in dem Hindi sprechende Hindus und Urdu sprechende Muslime eine absolute Mehrheit von Punjabi sprechenden Sikhs verhinderten. Dies widersprach dem Prinzip, dem Indien bei der Konstruktion der Föderation ab 1947 gefolgt war: In jedem der Staaten sollte eine Sprachgruppe hegemonial sein. Dass die Sikhs, die sich als die primären Opfer der Teilung Britisch-Indiens von 1947 sahen, nun auch nicht den indischen Teilstaat Punjab als den „ihren" sehen konnten, bestärkte einen latent immer schon vorhandenen Sikh-Separatismus. Eine nationalistische und gleichzeitig religiöse Bewegung propagierte die Abspaltung eines von einer Sikh-Mehrheit bestimmten Staates innerhalb Indiens.

Um diesem Sikh-Separatismus zu begegnen, der immer wieder auch zu Terroranschlägen motivierte, wählte Indira 1966 einen Weg, der dem Modell einer machtteilenden Konsensdemokratie entsprach: den einer (weiteren) Teilung des Punjabs. Der indische Teilstaat Punjab wurde in drei Teile geteilt: in Haryana (der unmittelbar an Delhi angrenzenden Region), Himachal Pradesh (das in die Himalaya-Region reichte) und den „Rest" des Punjabs, angrenzend an Pakistan. Dieser nun abermals verkleinerte und neu definierte Teilstaat Punjab aber hatte nunmehr eine Sikh-Mehrheit (Frank 2002, 296).

Damit hatte Indira – fast exakt dem noch gar nicht geschriebenen Drehbuch der Konkordanzdemokratie, der „consociational democracy“ folgend (Lijphart 1977) – schon in den ersten Jahren ihrer Regierungsperiode verhindert, dass die indische Vielfalt zu einer Auflösung des Gesamtstaates führte. Der Sikh-Separatismus war dadurch zwar nicht zur Gänze überwunden, aber er war – durch die Autonomie eines nunmehr von einer Sikh-Mehrheit politisch dominierten Staates – für längere Zeit ruhiggestellt.

Diese Konfliktlösung war allerdings vor eine besondere Herausforderung gestellt, weil Indien bald nach der Unabhängigkeit und dem damit verbundenen Verlust der traditionellen Hauptstadt des Punjab, Lahore, eine neue Hauptstadt des Punjab errichten ließ – ähnlich der Konstruktion von Washington oder Canberra oder Brasilia: Chandigarh. Diese quasi aus dem Boden gestampfte Hauptstadt erhielt eine besondere, weltweite Prominenz dadurch, dass die Stadt einem Zentralplan folgte, der auch von dem international wohl bekanntesten Architekten der Mitte des 20. Jahrhunderts beeinflusst war – dem Schweizers Le Corbusier. Der Teilungsbeschluss von 1966 ließ die Frage offen, welchem der Nachfolgestaaten die gerade eben fertig gestellte Hauptstadt „gehören“ sollte. Entschieden wurde abermals nach einem konkordanzdemokratischen Muster: Chandigarh wurde zur Hauptstadt zweier Staaten, des abermals verkleinerten Punjabs und des neu konstruierten Staates Haryana (Guha 2007, 429).

Dass die Lösung von 1966 nicht das Ende des Sikh-Separatismus war, wurde bald erkennbar: Terror und speziell auch aus dem Ausland von Sikh-Gemeinschaften in Übersee (z.B. in Kanada) unterstützte Anschläge zeigten, dass zwar eine Mehrheit von Sikhs die Autonomie des Punjab als eine adäquate Lösung für ihre Ansprüche auf auch territorial definierte Selbstbestimmung sahen, dass eine militante Minderheit aber nach wie vor auf eine vollständige Loslösung von Indien drängte – und für dieses Ziel auch Gewalt einzusetzen bereit war. Dies führte zu den Auseinandersetzungen von 1984, zur Besetzung des Tempels von Amritsar, zu dessen Erstürmung durch indische Truppen, zur Ermordung von Indira und zu den gegen Sikhs gerichteten Pogromen in Nordindien.

Punjab war nur ein Ausdruck der Gefahr, dass ethnisch-sprachlicher und (oder) religiöser Separatismus zur Auflösung des demokratischen Puzzles namens Indien führen kann. Dass die Okkupation eines Teiles des von Indien beanspruchten Kaschmir durch Truppen Pakistans eine ständige Kriegsgefahr bedeutet, war auch nach 1947 immer wieder deutlich. Und ebenso war und ist der Nordosten Indiens – vor allem im Grenzbereich zwischen Assam und Bangladesch – von sezessionistischen Tendenzen nie vollständig frei, einschließlich immer wieder aufflammender Gewalt. Auch hier hatte die Kongressregierung durch die Konstruktion neuer teilstaatlicher Einheiten Befriedung zu erreichen versucht – und diese partiell auch garantieren können (Brass 1996, 201–215).

Die Gefahr für Indiens Demokratie besteht in der Aufkündigung des mühsam definierten und stabilisierten Gleichgewichts zwischen den einzelnen Minderheiten: zwischen Kasten und Sprachgruppen und Religionsgemeinschaften. Dass zusätzlich das Interesse von Nachbarstaaten – insbesondere von Pakistan – die innerindische Balance gefährdet, ist vor allem am Beispiel Kaschmir sichtbar. Indira hat die einzig mögliche Konsequenz gezogen, um den Zerfall Indiens in miteinander verfeindete, über religiöse oder ethnische Identitäten definierte und sich voneinander strikt abgrenzende Staaten zu verhindern: Die Sicherung des säkularen Charakters Indiens, der alle verschiedenen Identitäten zu vereinen vermag.

Das demokratische und säkulare Indien war von Anfang an davon geleitet, dass die indische Demokratie nicht einfach als Mehrheitsherrschaft verstanden werden darf. Gerade das Beispiel Pakistan, das sich unter Berufung auf seine muslimische Mehrheit als islamischer Staat gegründet hat, zeigt, wie sehr die indische Demokratie nicht auf einer Mehrheit, sondern auf der Koexistenz und Kooperation von Minderheiten baut, bauen muss. Die Hindu-Mehrheit wird durch das hinduistische Kastensystem in verschiedene Minderheiten gebrochen. Die Interessen der Sprachgruppen – deren relativ größte, die der Hindi Sprechenden, auch nur eine Minderheit ist – werden durch die föderalistische Struktur Indiens berücksichtigt. Jeder der indischen Bundesstaaten wird von einer bestimmten sprachlich-ethnischen Gruppe dominiert; jede dieser Sprachgruppen hat daher auch Anteil an der politischen Macht: Die Bengali sprechende Bevölkerung dominiert West-Bengalen, die Tamil sprechende Tamil Nadu, und die anderen großen Sprachgruppen haben ebenso „ihren" Staat. Die Minderheiten der Muslime und der Sikhs werden ebenso an der Macht beteiligt – etwa dadurch, dass die Sikhs in einem de facto speziell für sie eingerichteten Staat (dem Punjab) die Mehrheit stellen und damit die Politik dieses Staates bestimmen; dass die Muslime auf Bundesebene (jedenfalls im Parlament, zumeist auch in der Regierung) sowie in den einzelnen Staaten durch einzelne demokratisch bestellte VertreterInnen an der Macht teilhaben; und dass die Regierungen auf der Ebene des Bundes und der einzelnen Staaten die Vielfalt der Kasten durch die personelle Zusammensetzung der Kabinette zum Ausdruck bringen.

Der säkulare Charakter der indischen Demokratie war und ist nie endgültig gesichert. Die Wahlerfolge der BJP, die zur Regierung unter Premierminister Narendra Modi führten, sind eine mögliche Bedrohung des komplizierten Geflechts der Machtbeteiligung von Minderheiten. Die BJP setzt auf eine möglichst unbeschränkte Herrschaft der Mehrheit – der Hindus. Damit sind vor allem religiöse Minderheiten an den Rand gedrängt, in erster Linie Muslime; und da die BJP auch insbesondere die Hindi sprechenden Staaten und Regionen Nordindiens vertritt, ist ebenso die Balance zwischen dem Norden und dem Süden Indiens in Gefahr (Varshney 2002).

Diese Bedrohung ist nicht erst nach Indiras Regierungszeit entstanden. Die Teilung Britisch-Indiens in Indien und Pakistan war schon Ausdruck davon, dass aus der Vielfalt nicht unbedingt eine Einheit entstehen muss. Der Mord an Mahatma Gandhi war ein Alarmsignal dafür, dass der Hindu-Fundamentalismus sich nicht mit dem säkularen Indien abzufinden bereit ist. Die Mordanschläge, denen zuerst Indira und dann ihr Sohn Rajiv zum Opfer fielen, waren kausal mit separatistischen Tendenzen verbunden – im ersten Fall bezogen auf den Punjab und die Sikhs, im zweiten Fall auf die Tamilen und ihre besondere Verflechtung mit dem Bürgerkrieg in Sri Lanka.

Indiens sprachliche, religiöse, ethnische und kulturelle Vielfalt war und ist „sprichwörtlich“ (Brass 1994, 151). Sprichwörtlich ist auch die Erfahrung, dass diese Vielfalt für politische Mobilisierung genützt wird und immer wieder Anlass für das Ausbrechen von Gewalt ist. Ob und in welchem Ausmaß diese Vielfalt im Rahmen einer Demokratie im Gleichgewicht zu halten ist, das ist die große Herausforderung. Die Kongresspartei hat – als Regierungspartei – gezeigt, dass die Wahrung dieses Gleichgewichts möglich ist; von Jawaharlal Nehru, dem Kaschmir-Brahmanen, bis Manmohan Singh, dem Sikh. Indiras Regierungszeit – von 1965 bis 1977 und von 1980 bis 1984 – stand in der Mitte dieser für Indiens Demokratie insgesamt erfolgreichen Periode.

Dass dies als Erfolg generell zu werten ist und speziell auch Indira zugeschrieben werden muss, trotz der autoritären Zwischenphase von 1975 bis 1977, zeigt ein Vergleich mit anderen Ländern der Region: Pakistan zerfiel in einem Bürgerkrieg zwischen dem West- und dem Ostteil des Landes und wurde für den Großteil der Jahre seiner Unabhängigkeit, sei 1947, von Militärdiktaturen regiert. Sri Lanka wurde in den 1980er und 1990er Jahren durch einen ethnisch-religiös definierten Krieg zwischen der Mehrheit der buddhistischen Singhalesen und der Minderheit der hinduistischen Tamilen fast zerrissen. Myanmar (Burma) wurde über Jahrzehnte von Militärs diktatorisch regiert und begann dann seine spezifische Vielfalt durch eine gegen die muslimischen Rohingyas gerichtete ethnisch-religiös motivierte Politik der Vertreibung zu zerstören. Nepal musste nach einer längeren Phase maoistisch ausgerichteter diktatorischer Herrschaft sich erst wieder zu einer Demokratie durchkämpfen. Das einzige Land Südasiens (neben dem kleinen, ethnisch-religiös weitgehend homogenen Bhutan), das allen Schwierigkeiten zum Trotz seine Vielfalt bewahren konnte – und das mit demokratischen Mitteln, war Indien. Indiras Anteil an dieser Bilanz, die auch Indiens Status als größte Demokratie der Welt sicherte, ist nicht zu bestreiten.

Indira Gandhi konnte das Erbe des Mahatma und ihres Vaters, das auf die Gründung des demokratischen Indiens zurückgeht, nicht für alle Zukunft garantieren – das hätte keine Person und keine Bewegung, keine Partei und keine Regierung zustande gebracht. Aber sie hat über den Zeitraum von zwei Jahrzehnten entscheidend dazu beigetragen, dass Indien die größte Demokratie der Welt geblieben ist – und zwar als eine säkulare Demokratie, die über den Trennungslinien der Religionen und Sprachen steht. Das ist wohl ein Resultat, das ihr politisches Leben ganz besonders auszeichnet.

In den Wahlkämpfen der 1960er, 1970er und 1980er Jahre wurde ein Slogan von Indiras Partei verbreitet: „Indira ist Indien, Indien ist Indira". Dass das gesellschaftlich so zerklüftete Indien als säkulare Demokratie auch im 21. Jahrhundert weiter besteht – das zeigt, dass dieser Slogan zwar Propaganda, aber nicht völlig unberechtigt war.

3.2.3 Der „Indira-Faktor 3": Großmacht- und Weltpolitik

Vom Beginn seiner Unabhängigkeit an hatte Indien eine besondere weltpolitische Rolle übernommen. In Fortsetzung der Ethik Mahatma Gandhis beanspruchte Indien eine Pionierrolle bei der Durchsetzung einer neuen Qualität in den internationalen Beziehungen: die der Gewaltfreiheit, die des Pazifismus. Nehru wurde zu einem oft bewunderten Lehrmeister, der freilich eben deshalb den anderen weltpolitischen Akteuren gelegentlich auf die Nerven ging. Das neue, das unabhängige Indien, das der Welt neue Wege in eine friedliche Zukunft zeigte – damit stieß Indien auf Sympathie, aber oft auch auf achselzuckende Zurückweisung.

Von Anfang an hatte Indien durch diesen Führungsanspruch Probleme mit der eigenen Glaubwürdigkeit – zunächst (und über alle folgenden Jahrzehnte) vor allem mit seiner Politik in Kaschmir. Indien sah sich schon 1947 gezwungen, Kaschmir als indischen Teilstaat mit militärischen Mitteln gegen die Politik Pakistans zu sichern, das ebenfalls militärische Gewalt einsetzte. Dennoch wurde Indien zum Bannerträger der Blockfreien-Bewegung , die sich als Opposition zur militärischen Hochrüstung in West und Ost verstand. Von 1947 an wurde Delhi zu einem, ja zu dem Zentrum dieses „dritten Weges", der Staaten verband, die – neben einer zumeist gerade überwundenen Kolonialvergangenheit – wenig gemeinsam hatten; außer dem Interesse, weder in Abhängigkeit von den USA noch von der UdSSR zu geraten (Guha 2007, 153, 164–169).

Schon als Studentin hatte Indira den Widerstand gegen die Kolonialmächte nicht nur von einer indischen, sondern von einer „Dritten Welt"-Perspektive gesehen. Da stand sie in einer gewissen Opposition zum Mahatma, der – auch in Verbindung mit seiner Erfahrung aus seiner südafrikanischen Zeit – an der Möglichkeit einer Allianz zwischen Afrika und Indien zweifelte. 1941, auf der Fahrt von Oxford nach Indien, erklärte Indira in Durban – einem Zentrum der indischen Minderheit in Südafrika: „Inder und Afrikaner müssen zusammen handeln … Die gemeinsame Unterdrückung muss mit der vereinten und organisierten Kraft aller ausgebeuteten Völker beantwortet werden." (Lelyveld 2011, 74 f.). Diese antikolonialistische

Rhetorik war nicht unbedingt die Mahatma Gandhis, aber sie wurde vor und nach 1947 von Nehru vertreten und war auch die Grundlage der Bewegung der Blockfreien.

Indira setzte diese mit dem Namen ihres Vaters verbundene Politik fort, freilich ergänzt durch zusätzliche Akzente: Ihre Politik entfernte sich faktisch immer mehr von der auf Mahatma Gandhi zurückgeführten Ablehnung militärischer Gewalt. Die globale Rolle, die Indira für Indien in Anspruch nahm, glich zunehmend einer traditionellen Großmachtpolitik. Am deutlichsten wurde dies, als unter ihrer Regierungsverantwortung 1974 die erste Nuklearexplosion auf indischem Territorium stattfand – die als erster, entscheidender Schritt in Richtung auf eine atomare Rüstung Indiens zu verstehen war (Frank 2002, 360). Indira hatte damit eine Entwicklung eingeleitet, die 1998 zur Explosion einer indischen Atombombe führte und fast unmittelbar darauf von der Explosion einer pakistanischen Atombombe beantwortet wurde.

So verständlich, so nachvollziehbar diese Entwicklung auch war – vor allem angesichts der chinesischen Nuklearkapazität und der sich entwickelnden strategischen Zusammenarbeit zwischen den USA, China und Pakistan: Indira hatte Indien sehr weit weg von Mahatma Gandhis Idealen geführt. Indira trug wesentlich dazu bei, dass Indien nicht zu einem Paradebeispiel für eine neue Qualität internationaler Beziehungen wurde, sondern zu einer Großmacht wie andere auch.

Als Premierministerin vertrat Indira nationale indische Interessen, sie trat kaum noch – anders als ihr Vater – als Sprecherin eines Konzepts einer neuen transnationalen Ordnung auf. Als Repräsentantin indischer Interessen stieß sie unvermeidlich auf diplomatischen Widerstand – vor allem in Washington, gerade auch im Zusammenhang mit dem Pakistan-Konflikt, der 1971 zu einem Krieg zwischen den beiden Nachfolgestaaten Britisch-Indiens führte – dem Dritten Indisch-Pakistanischen Krieg. 1971 besuchte Indira Moskau und Washington, um Indiens Haltung in der immer mehr die

Formen eines Bürger- und Sezessionskrieges annehmenden Auseinandersetzung zwischen Ost- und Westpakistan zu verdeutlichen. In Moskau erhielt Indira die ausdrückliche Zusage sowjetischer Unterstützung. In Washington verärgerte sie Richard Nixon, der sich offenbar von Indiras selbstbewusst und offensiv vorgetragener Position verunsichern ließ – was er Indira nicht verzeihen konnte (Frank 2002, 335).

Diese Konstellation ließ sich auf die strategischen Interessen aller beteiligten Mächte zurückführen: Die UdSSR sah sich von der auch von Pakistan vermittelten Annäherung zwischen Washington und Peking in eine strategische Defensive gedrängt und setzte daher auf Indien, das sich gegenüber Pakistan direkt und gegenüber China indirekt in einem Interessenkonflikt befand. Die USA waren seit Jahrzehnten ein enger Verbündeter Pakistans und hatten gerade die ersten Schritte unternommen, um die Sowjetunion – die ja viel stärker als China sowohl Nordvietnam als auch den Vietcong gegen die USA unterstützte – durch eine geostrategische Umklammerung zu schwächen.

Das alles war erklärbar. Auffallend freilich war das vollkommene Fehlen einer den Ursprüngen des Ost-West-Konfliktes entsprechenden Ideologie: Dass Indien eine Demokratie nach westlichem Verständnis war, spielte für Nixon keine Rolle; und die beiden kommunistischen Großmächte sahen sich strategisch schon längst nicht mehr durch das gemeinsame Bekenntnis zum Marxismus-Leninismus aneinander gebunden. Indira hatte Indien in die Normalität globaler Großmachtpolitik geführt, in der erstens Interessen und zweitens nochmals Interessen das Verhalten bestimmten. Indira hatte Indien zu einer globalen Macht wie andere weltpolitische Akteure in einem postideologischen Zeitalter gemacht. Gerade das war es aber nicht, was sich Mahatma Gandhi vorgestellt und woran auch noch Nehru (wenn auch mit Abstrichen) festgehalten hatte.

Die Normalisierung des Auftretens Indiens auf der Bühne der Weltpolitik bedeutete freilich nicht, dass Indira vollständig darauf verzichtet hätte, sich dann – wenn es von Nutzen war – auf das Erbe des Mahatma und das ihres Vaters zu berufen. Als 1983 die Konferenz der blockfreien Staaten ihr Gipfeltreffen – routinemäßig – in New Delhi abhielt und Indien den Vorsitz der Bewegung der Blockfreien von Kuba übernahm, ließ sich Indira mediengerecht von Fidel Castro auf offener Bühne umarmen und „Schwester" nennen (Frank 2002, 467). Dass Castro eine kommunistische Einparteiendiktatur vertrat, spielte für Indira offenkundig ebenso wenig eine Rolle, wie es für den Kubaner von irgendeiner erkennbaren Bedeutung war, dass Indira Indien entsprechend den Standards einer westlichen (pluralistischen) Demokratie regierte. Das setzte die von Nehru begonnene Tradition des Schulterschlusses mit Staaten der „Dritten Welt" fort, unabhängig von den jeweiligen politischen Systemen. Die besonderen Interessen aber, die Indiens wachsende Großmachtrolle bestimmten – die geopolitische Distanz zu China und die militärische Konfrontation mit Pakistan und die damit verbundenen Konflikte mit den USA, aber eben auch die Annäherung an die UdSSR –, alles verband Indira mit dem Konzept der Blockfreien offenbar nur noch in Worten.

Indira hatte auch nicht aufgehört, die Vertreter anderer Mächte mit einem oft herablassenden, intellektuell geprägten Moralismus zu bewerten. In Washington, 1982, stellte sie fest (und formulierte dies auch so, wenn auch nicht direkt dem US-Präsidenten gegenüber), dass Ronald Reagan eine eher simple kulturelle Prägung aufwies; mit anderen Worten, dass er eigentlich ein Dummkopf sei. In einem Brief an eine vertraute Freundin berichtete sie, Reagans intellektueller Horizont reiche über Hollywoods Wildwest-Filme nicht hinaus, und verglich den US-Präsidenten mit François Mitterrand, den Indira besonders schätzte; auch, weil dieser einen literarischen Geschmack hatte, der dem Reagans so deutlich überlegen sei (Frank 2002, 460).

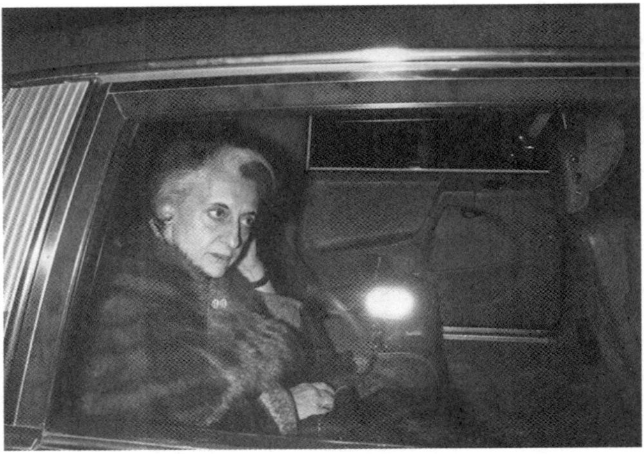

Abb. 2: Indira Gandhi in Paris, 15. November 1981: Auf Staatsbesuch bei Francois Mitterrand, den Indira intellektuell weit über Ronald Reagan stellte. © akg-images.

In diesen Randbemerkungen war noch etwas von dem moralischen Überlegenheitsanspruch zu spüren, den der Mahatma und auch Jawaharlal Nehru verkörpert hatten.

Trotz der auch bei Indira rhetorisch nach wie vor vorhandenen Restbestände des moralisierenden Auftretens formte Indira Indiens außenpolitisches Profil als das einer aufsteigenden Großmacht. Indira war dafür verantwortlich, dass die Verschiebung von der den Idealismus der Gewaltfreiheit betonenden Politik zu einer Politik der (auch militärischen) Stärke in den 1960er, 1970er und 1980er Jahren zunehmend als traditionell „nationalistisch" eingestuft wurde (Cohen 2001, 134 f.). Indira hatte 1974 den ersten Schritt in Richtung Atomrüstung getan, und sie initiierte auch in ihrer letzten Regierungsphase Verhandlungen mit den USA bezüglich des Transfers von Nukleartechnologie. Sie war – mehr als jede oder jeder andere – dafür verantwortlich, dass Indiens außenpolitischer „exceptionalism", Indiens idealistischer Sonderweg, de facto aufgegeben wurde (Mohan 2006, 162; Mohan 2003, 268–272).

Das Indien, das Indira hinterließ, war ein Land, das die prägenden Jahre des Kampfes um die Unabhängigkeit und der ersten Jahre nach 1947 endgültig hinter sich gelassen hatte. Es waren die Erfolge Indiens – in den militärischen Auseinandersetzungen mit Pakistan, in der wirtschaftlichen Entwicklung, aber auch in der neu erreichten Qualität indischer Militär- und Weltraum-Technologie –, die Indien 1984 zu einer anderen Gesellschaft und auch zu einem anderen Staat gemacht hatten. Dieses Indien trat den Großmächten mit Selbstbewusstsein auf Augenhöhe entgegen – und hatte dabei darauf zu verzichten gelernt, die eigene Schwäche in ein Argument moralischer Überlegenheit zu verwandeln. In der Weltpolitik war dieses Indien im Jahr von Indiras Tod nicht mehr ein so spezifisch anderes Land – es war in den Mainstream der Weltpolitik eingetreten; als ein Akteur und eine Großmacht neben anderen und wie andere auch.

Das alles ist natürlich in kausaler Verbindung mit der Stabilisierung und Modernisierung Indiens zu sehen. Offenkundig verlangte ein Indien, das sich mit den das indische Puzzle potentiell zerstörenden Faktoren eines religiös oder ethnisch-sprachlich begründeten Separatismus auseinanderzusetzen hatte, nach einer auch weltpolitischen Normalisierung. Ein Indien, das seine Existenz als säkularer und demokratischer Staat gegen die bedrohlichen Ansprüche eines islamischen Pakistan zu sichern hatte, erforderte eine militärisch garantierte Absicherung; und machte Kooperationen notwendig, die mit den Ansprüchen der Blockfreiheit immer weniger in Einklang zu bringen waren. Und die Modernisierung Indiens auf wirtschaftlichem Gebiet – im agrarischen und im industriellen Bereich, aber auch im Sektor der Erziehung – ermöglichte, ja erforderte wohl auch schließlich eine Abkehr von dem Konzept eines Indiens, das so ganz anders wäre als die anderen Staaten der Welt. Indiras Handschrift ist in dieser Angleichung Indiens sehr deutlich zu erkennen.

Indira blieb freilich die Herausforderung erspart, die das Ende der Sowjetunion für Indiens Außenpolitik bedeutete. Indien hatte – von Nehru bis Indira – teilweise mit Erfolg auf der Klaviatur gespielt, die Interessen des einen Blocks gegen die des anderen auszuspielen; zum Vorteil Indiens. Mit US-Präsidenten vom Typus Lyndon Johnson und Jimmy Carter kam Indira gut zurecht, mit Richard Nixon und Ronald Reagan eher nicht. Das mag auch damit zusammenhängen, dass Johnson (trotz seiner Verstrickung in den Vietnam-Krieg) und auch Carter aus der Roosevelt-Tradition ein Stück des antikolonialistischen Affekts in ihre Präsidentschaft mitgenommen und daher eine Grundsympathie für das demokratische Indien hatten. Johnson zeigte sich bei Indiras US-Besuch 1966 – es war ihr erster Auslandsbesuch als Premierministerin – von Indira persönlich besonders beeindruckt; so ganz anders als einige Jahre später Richard Nixon. Noch im selben Jahr, 1966 auf ihrem Rückflug von den USA, besuchte sie aber auch die Sowjetunion, um so ihre und ihres Landes Blockfreiheit zu unterstreichen (Frank 2002, 296, 298).

Zweieinhalb, drei Jahrzehnte später hätte eine so demonstrative Geste balancierter Blockfreiheit keinen Sinn mehr gemacht: Die UdSSR gab es nicht mehr, ebenso wenig den Warschauer Pakt. Die von Nehru, Nasser, Sukarno, Tito, Nkrumah und später auch von Castro dominierte Konferenz der Blockfreien hatte ihren Bezug verloren – die Existenz von (auch militärisch definierten) Blöcken. Hatte Indiras Politik dazu beigetragen, dass Indien für diese dramatische Veränderung des globalen politischen Rahmens vorbereitet war? Vermutlich ja – denn die von ihr vertretene Politik der allmählichen Stärkung Indiens, gerade auch in militärischer Hinsicht, gab Indien an der Wende zum 21. Jahrhundert und in der neuen Epoche weltpolitischer Unübersichtlichkeit ein Gewicht unabhängig von einer Allianz der Blockfreien, die ohnehin ihre Funktion verloren hatten.

Indiras außenpolitisches Profil beendete den Mythos Mahatma Gandhis – jedenfalls, was die Substanz des mit dem Propheten der Gewaltfreiheit assoziierten Indien-Bildes betraf. Die Vorstellung, dass in Südasien eine der westlich-industriellen Gesellschaft ethisch überlegene Alternative im Entstehen begriffen wäre, ging mit Indira zu Ende. Dieser Prozess der faktischen Lösung Indiens vom Charisma des Mahatma hatte schon unter Jawaharlal Nehru begonnen, der – von China in Ladakh militärisch gedemütigt – die Grundlage eines moralisch begründeten indischen Führungsanspruches schwinden sah. Die Volksrepublik China, die Nehru so gerne als befreundeten Staat sehen wollte, hatte gar nicht daran gedacht, ihre militärische Überlegenheit in der Frage der strittigen Himalaya-Grenze ungenützt zu lassen.

Indira zog daraus Konsequenzen: Sie forcierte die militärische Rüstung, sie stellte die Weichen in Richtung einer indischen Nuklearkapazität, und sie definierte Indiens Politik der Blockfreiheit neu. Sie suchte informell Alliierte – nicht nach dem Muster des Mahatma, sondern nach dem des Niccolo Machiavelli: Der Feind meines Feindes ist mein Freund. Da China der Freund Pakistans war und die Sowjetunion zunehmend zum Feind Chinas wurde, suchte Indira die Nähe zur Sowjetunion; nicht als ein Bündnis militärischer Art, und auch nicht in Form einer „ideologischen" Annäherung. Indiras Indien verhielt sich in der Weltpolitik nicht anders, als dies die europäischen Großmächte über die Jahrhunderte getan hatten; nicht anders als die USA, als sich Nixon an das China Maos annäherte. Dieses Indien war nicht das, was Mahatma Gandhi wollte. Indiras Indien war von der globalen Realität eingeholt worden.

4. Margaret Thatcher: Jenseits von Herkunft und Familie

> Thatcher's government, elected in 1979, was a reversion, rather, to the empire of the hard-faced 1920s, when war socialism has been energetically dismantled, leaving industries that could survive and profit to do so and those which couldn't to go to the wall. (Schama 2002, 546)

Die 1925 geborene Margaret Roberts wäre, nach den üblichen Erwartungen, Vorurteilen und Stereotypien, eine höchst unwahrscheinliche Kandidatin für die Rolle einer umfassenden Reformerin gewesen, der das Attribut „revolutionär" zugeschrieben wird. Sie war die Tochter einer methodistischen Familie in der nordenglischen Region Lincolnshire im Nordosten Englands. Ihr Vater, konservatives Mitglied des Gemeinderates der Kleinstadt Grantham, einer „verschlafenen Provinzstadt" (Judt 2005, 539), führte einen Lebensmittelladen. Margaret selbst nannte ihre Kindheit „provinziell" (Thatcher 2010, 1–28).

Gelegentlich zeigte sie Stolz auf diesen mittelständischen Hintergrund, der so ganz anders war als der, von dem die traditionelle männliche Führungsschicht ihrer Partei bestimmt war. Und sie sah sich auch nicht als politische Enkelin der britischen Suffragettenbewegung, die um 1900 mit den Methoden demonstrativen zivilen Ungehorsams das Wahlrecht für Frauen militant erkämpfen wollte. Als sie gerade ihr Amt als Premierministerin antrat, wurde sie gefragt, ob in diesem Moment sie – die erste, die nicht als Ehefrau, sondern als Chefin in Downing Street 10 einzog – an die legendenumrankte „Suffragette“ Emmeline Pankhurst dachte, ignorierte sie die Frage und sagte: „Ich verdanke fast alles meinem eigenen Vater.“ Und dann fügte sie noch hinzu: „Das, was ich gelernt habe in einer kleinen Stadt, in einem sehr bescheidenen Heim, das ist das, was mir den Wahlsieg gebracht hat.“ (Moore 2013, 420).

Margaret behauptete auch später, Feminismus wäre etwas, dem sie sich vom Grund ihres Wesens überhaupt nicht hingezogen fühlte: Eine Politik, die auf der Identität einer gesellschaftlichen Gruppe aufbaute, verabscheute sie gerade dann, wenn es sich um weibliche Identitätspolitik handelte. Ihre Politik war von einem individualistischen Verständnis geprägt: „There are individual men and women, and there are families …“ (Cannadine 2017, 61). Und doch war diese in ihrer Programmatik so nicht-feministische Frau eine der erfolgreichsten Frauen in der Politik des 20. Jahrhunderts.

David Cannadine vergleicht Margaret mit anderen Frauen, die zu ihrer Zeit in verschiedenen Teilen der Welt den Aufstieg in politische Spitzenpositionen schafften. Nur eine einzige – Golda Meir – hätte es noch schwerer gehabt, aus bescheidenen sozialen Verhältnissen stammend, durch freie Wahlen die Rolle einer Regierungschefin zu erringen (Cannadine 2017, 122). Dass sie ihre Karriere ohne besondere Verbindungen ihrer Familie und ohne besonderen finanziellen Startvorsprung schaffte – und das als Frau, das war eine Pionierleistung.

Wegen ihrer schulischen Erfolge erhielt Margaret ein Stipendium, um an der Universität Oxford Chemie studieren zu können. Ihr politisches Talent und ihr Ehrgeiz wurden sichtbar, als sie die Leitung der konservativen Studentenorganisation übernahm – eine Aufgabe, die wohl eine Generation zuvor einer aus dem bürgerlichen Mittelstand kommenden Studentin faktisch nicht zufallen hätte können; im elitären

Oxford, in dem die traditionelle männliche Elite des Vereinigten Königreiches herangebildet wurde.

Nach dem Abschluss ihres Chemiestudiums und nach einer juristischen Zusatzausbildung arbeitete sie als Rechtsanwältin. Ihr Spezialgebiet war Steuerrecht. Mit 25 Jahren kandidierte sie – nach ihrer Heirat mit Denis Thatcher – als die jüngste Kandidatin der Konservativen bei der Wahl des Unterhauses und unterlag in einem Wahlkreis, der für ihre Partei von vornherein wenig chancenreich war. 1959 im traditionell konservativen Wahlkreis Finchley (im Nordwesten Londons) ins Unterhaus gewählt, erarbeitete sie sich den Ruf einer kämpferischen Konservativen (Moore 2013, 115–140).

Sie selbst beschrieb ihren Aufstieg als das Ergebnis eines ständigen Lernens: Als Methodistin in Graham hätte sie die Gesetze Gottes gelernt, als Studentin der Chemie in Oxford die Gesetze der Wissenschaft, und als sie sich als Rechtsanwältin qualifizierte, hätte sie „the laws of man" gelernt (Moore 2013, 49). „The laws of man" – damit waren nicht die Gesetzmäßigkeit einer Männerwelt gemeint, sondern die Zusammenhänge von positivem Recht und politischer Ordnung; gemeint war die Logik der Politik.

Margarets Aufstieg war ein Zeichen für die wachsende soziale Gleichheit der Gesellschaft. Während Eleanors und Indiras Empathie für Schwache das Ergebnis eines Lernens über Lebensbedingungen war, die sie selbst nie hatten erfahren müssen, war Margarets Karriere zwar keine, die sie aus armen Verhältnissen auf eine Ebene der Privilegien geführt hätte. Aber das gesellschaftliche Umfeld, aus dem sie kam, war jedenfalls kein aristokratisches und auch kein großbürgerliches. Während Eleanor und Indira die Netzwerke privilegierter Familien nutzen konnten, um an britischen Erziehungsinstitutionen zu studieren, benötigte die Britin Margaret ein Stipendium, um sich für das Studium an einer britischen Universität zu qualifizieren.

Margaret war Produkt und Repräsentantin einer bürgerlichen Meritokratie, in der Aufstieg und Erfolg innerhalb einer hierarchisch gegliederten Gesellschaft immer mehr von individueller Leistung abhängig wurden; in der die Herkunft aus einer Geburtselite signifikant an Bedeutung verloren hatte. In dieser Hinsicht war sie als die Verursacherin einer konservativen (reaktionären, revolutionären?) gesellschaftspolitischen Wende von einem Modernisierungsschub geprägt.

Dass dieser Modernisierungsschub, der mit dem Namen Thatcher verbunden ist, zu einer Auflösung der Resultate der Modernisierung von gestern führte, zur weitgehenden Beendigung des von Labour- und konservativen Regierungen während und nach dem Zweiten Weltkrieg aufgebauten sozialstaatlichen Netzes, zeigt die Widersprüchlichkeit von Modernisierung generell: Margaret Thatcher repräsentierte mehr als jede andere Person der europäischen Geschichte des 20. Jahrhunderts eine Wende, die vom Zeitgeist der unmittelbaren Vergangenheit wegführte. Das war ihre Geschichtsmächtigkeit – und das war auch, was sie in einen Gegensatz zu dem brachte, wofür Eleanor und Indira standen. Margarets Rolle, ihre politischen Erfolge, zeigen auch die Unhaltbarkeit eines linearen Fortschrittsglaubens: Was gestern noch als Fortschritt galt, kann morgen schon von dem überholt werden, was vor kurzem noch Rückschritt war.

Margaret war „moderner" als Eleanor oder Indira – inhaltlich, aber auch in ihrer sozialen Verwurzelung. Hinter und neben ihr stand kein mächtiger Ehemann, der ihre politische Bedeutung von der einer interessanten Intellektuellen zu einer Akteurin mit eigenem Gewicht innerhalb der Machtzentrale hätte steigern können; und auch kein Vater, dessen mythisches Erbe ihre politische Karriere förderte. Margarets Macht war ausschließlich die Folge ihrer eigenen politischen Fähigkeiten – und natürlich der Rahmenbedingungen, die den Erfolg dieser Fähigkeiten ermöglichten. Und diese Rahmenbedingungen, die vom post-viktorianischen Zeitalter in eine Periode meritokratischer Leistungsorientierung führten, nützte sie nicht in der Art und Weise, die – in der traditionellen Stereotypisierung der Geschlechter – Frauen zugedacht war. Sie war „männlicher" als ihre männlichen Konkurrenten und sprengte so ein Klischee von Weiblichkeit.

Margaret war verantwortlich für die weitgehende Zerstörung des Status quo, wie er sich 1945 und danach im Vereinigten Königreich etabliert hatte – definiert von Clement Attlees Verstaatlichungspolitik, vom umfassenden (staatlichen) nationalen Gesundheitssystem, und bald auch vom mehr oder weniger freiwilligen Verzicht des Vereinigten Königreiches auf eine imperiale Großmachtrolle. Das alles hatte die Labour-Regierung zwischen 1945 und 1951 eingeleitet, dem allen hatten sich die folgenden konservativen Regierungen nicht ernsthaft widersetzt. Die „Tory Democracy", wie sie schon unter Winston Churchill begonnen hatte und bis Harold Macmillan auch konservative Regierungstätigkeit bestimmte („You never had it so good"), hatte den Post-1945-Konsens hingenommen und verfestigt – einschließlich der Macht der britischen Gewerkschaften.

All dies zu zerstören, darin sah Margaret als konservative Parteiführerin und Regierungschefin ihre Aufgabe. Doch sie setzte nicht nur ihre inhaltliche Agenda um. Ihre Politik war, zumindest unbewusst, auch auf die Zerstörung eines Klischees von weiblicher Politik gerichtet: Für sie war die Sicherung des inneren und des äußeren Friedens durch bloße Konfliktvermeidung weder ein Ziel noch ein Wert für sich. Wie sie mit ihren innerparteilichen Gegnern umging – die sie oft verächtlich als konfliktscheue Weichlinge abtat; wie sie mit ihren innenpolitischen Gegnern verfuhr – mit den Gewerkschaften, denen sie, unter Nutzung ihrer parlamentarischen Mehrheit, Teile der politischen Existenzgrundlagen entzog (etwa die verstaatliche Bergbauindustrie); mit der Labour Party, deren schöngeistigen Parteiführer Michael Foot sie in der Wahlauseinandersetzung als Schwächling vorführte; wie sie die argentinischen Militärs im Südatlantik demütigte: Margaret war eine Person, die alles andere als Harmoniebereitschaft oder Harmoniesehnsucht vermittelte. Sie war – im Rahmen der Spielregeln pluralistischer Demokratie – zu all den Kämpfen bereit, vor denen vor ihr so viele (wie ihre konservativen Vorgänger Anthony Eden, Harold Macmillan oder Alec Douglas-Home) zurückgeschreckt waren.

Als sie 1975 zur Vorsitzenden der Konservativen Partei gewählt und damit potentielle Premierministerin wurde, zeigte sie ihre Meisterschaft im innerparteilichen Machtkampf. Zuerst sorgte sie dafür, dass Edward Heath – der Premier, der 1974 die Parlamentswahl gegen die Labour Party verloren hatte – einsehen musste, dass er keine zweite Chance bekommen würde. Und dann stellte sie durch verschiedene Allianzen mit verschiedenen anderen (männlichen) Interessenten sicher, dass am Schluss von allen KandidatInnen nur sie noch übrig blieb (Moore 2013, 290–295). In dieser Abfolge von Abtausch und Absprachen, mit der sie sich innerparteilich eine Mehrheit sicherte, mag ihr Frau-Sein wichtig gewesen sein: Sie war von vielen unterschätzt worden, weil sie eine Frau war. Eine solche Fehleinschätzung durfte nicht unbestraft bleiben. Dafür sorgte Margaret.

Margaret war – vielleicht anders als Eleanor, aber nicht anders als Indira – eine offen konfliktbereite Frau. Sie war auch keine Verfechterin einer humanitär bestimmten Außenpolitik. Humanitäre Motive spielten keine oder kaum eine Rolle bei der Ausrichtung britischer Weltpolitik. Die Auseinandersetzung mit den argentinischen Militärdiktatoren führte sie nicht aus Gründen der Menschenrechte, sie schickte britische Streitkräfte in den Südatlantik zur Verteidigung britischer Interessen. Durch die Niederlage, die sie den in Argentinien regierenden Generälen und Admirälen bereitete, trug sie zur Wiederherstellung der Demokratie in diesem Land bei – aber das war nicht ihre direkte Absicht gewesen. Gleichzeitig pflegte sie ein demonstrativ gutes Verhältnis zum chilenischen

Diktator General Pinochet. Mit dessen Regime hatte sie ja keinen Interessenkonflikt. Sie definierte britische Interessen nicht als Verteidigung der Menschenrechte in Lateinamerika oder in Afrika oder in China.

In ihrer Regierungszeit herrschte in Südafrika ein Regime, das von der „weißen" Minderheit mit harter Hand geführt wurde. Südafrika war aus dem Commonwealth ausgeschlossen worden, aber britische Wirtschaftsinteressen sorgten dafür, dass Margaret an keinem Konfrontationskurs mit der Regierung in Pretoria interessiert war. Zwar wurde weltweit die Apartheid-Regierung gemieden – aber Margaret fehlte es offenkundig an Empathie für die von der strikten Rassentrennung unterdrückte Mehrheit der südafrikanischen Bevölkerung; oder wenn sie eine solche Empathie verspürte, dann ließ sie sich in ihrer Politik davon nicht beeinflussen. Sie war offensichtlich indirekt auch von den Erfahrungen ihres Mannes Denis beeinflusst, der geschäftliche und familiäre Beziehungen mit Südafrika hatte und die übliche Mehrheitsmeinung der weißen Minderheit Südafrikas vertrat. Margaret, die das Ergebnis der von ihren Vorgängerregierungen betriebenen Entkolonialisierung Afrikas nie beanstandet hat, stellte sich nicht die Frage nach der ethischen Rechtfertigung des Apartheid-Regimes – und auch nicht die realpolitische Frage, wie denn dieses Regime in Zukunft überleben könnte (Moore 2013, 452).

Margaret war entschlossen, die von Kompromiss und Konsens geprägte Atmosphäre Nachkriegs-Britanniens zu zerstören – weil sie zu erkennen glaubte, dass nur durch eine Politik, die auch hohe innenpolitische Kosten akzeptierte, die lahmende britische Wirtschaft wieder wettbewerbsfähig gemacht werden könnte. Dass sie dabei wenig von einem sich abzeichnenden gemeinsamen Europa hielt – anders als der konservative Premier Edward Heath, der das Vereinigte Königreich 1972 in die Europäische Wirtschaftsgemeinschaft geführt hatte –, das machte sie mit rhetorischer Schärfe klar: Mit dem legendären Slogan „I want my money back" setzte sie die

Europäische Gemeinschaft (EG) derartig unter Druck, dass dem Vereinigten Königreich finanzielle Ausnahmebestimmungen zugestanden wurden – der „Briten-Rabatt" (Thatcher 2011, 62-64, 537-545). Dass dies der Kompromissfähigkeit der britischen RepräsentantInnen auf europäischer Ebene enge Grenzen setzen musste, nahm sie in Kauf: Ihre Perspektive war zwar nicht die Wiederkehr der glorreichen Tage des Empire, sehr wohl aber die Stärkung der speziellen Beziehungen zu den USA, möglichst auf Augenhöhe. Um dies zu erreichen, dafür waren die EG und die in Brüssel entwickelten Vorstellungen einer „Gemeinsamen Europäischen Außen- und Sicherheitspolitik" (wie sie einige Jahre später im Vertrag von Maastricht verankert wurden) nur hinderlich.

Margaret, die Konflikt- und Kriegsbereite, überreizte aber die Situationen nicht, in die sie sich hineinbegab, die sie – oft genug – auch bewusst provozierte. Wegen Hongkong wollte sie keinen Konflikt mit dem erwachenden Riesen China. Und in der UdSSR sah sie – auch im Gefolge ihrer persönlichen Bekanntschaft mit Michael Gorbatschow – schließlich nicht mehr das alte, bedrohliche, expansionistische Ungeheuer, das „Reich des Bösen", sondern den aus Schwäche kompromissbereiten Partner beim Aufbau einer zukünftigen europäischen Ordnung.

Sie schien es fast zu genießen, das Feindbild aller (selbst ernannten oder auch wirklich) „Progressiven" zu sein. Sie genoss offensichtlich, in ihrem Land als eine Person wahrgenommen zu werden, die besonders polarisierte – ganz anders als andere konservative Regierungschefs, anders als Churchill (zumindest anders als der Churchill der Jahre 1940 bis 1945) oder Macmillan. Margarets erkennbare Lust an rhetorischen Gefechten sollte von Boris Johnson weitergeführt werden, mit dem sie offensichtlich nicht nur die Aversion gegen die Vertiefung des gemeinsamen Europas teilte. Gemeinsam mit Ronald Reagan bildete sie das „duo infernal" („Ronny and Maggie"), das mit den Mitteln eines als asozial empfundenen, eines sozial „kalten" Neoliberalismus, eines „Retrokapitalismus" den sozialstaatlich fast zu Tode umarmten Kapitalismus wiederbelebte und auch die Verantwortung dafür übernahm, dass der durch die europäische Sozialdemokratie und Roosevelts „New Deal" verkörperte gesellschaftspolitische Mittelweg aufgegeben, ja zerstört wurde.

Margarets Einfluss auf das britische Parteiensystem war dramatisch: Sie mag, so Tony Judt, die Konservative Partei zerstört haben – aber ihr ist vor allem auch zuzuschreiben, dass sie verantwortlich für die Rettung (oder Wiedergeburt) der Labour Party war (Judt 2005, 545). Die alte Tory-Partei, geprägt von einem zentristischen Kurs in der Wirtschafts- und Sozialpolitik, die sich nicht fundamental von der Politik der Labour Party unterschied, wurde zu einer neuen Partei – wirtschaftspolitisch von einer Partei des rechten Zentrums zu einer der Rechten. Margaret war die britische, die neoliberale Variante von Ronald Reagans Neokonservativismus. Aber weil sie damit in den 1980er Jahren Wahlen gewinnen konnte – und die von Michael Foot geführte Opposition marginalisierte, eröffnete sie der Labour Party die Chance, die von Margaret aufgegebene politische Mitte selbst zu besetzen. Margarets wirtschaftspolitischer Rechtsruck führte zum Wandel von „Old" zu „New Labour" und ermöglichte so Tony Blairs Wahlerfolge vor und nach der Jahrtausendwende.

4.1 Die politische Sozialisation einer konservativen Revolutionärin

Eine Frau an der Spitze der Regierung des Vereinigten Königreiches – als „Erste Ministerin" der Königin, das war am Ende des 20. Jahrhundert zwar möglich, aber voll von Paradoxa: Dass die erste Frau, die als Chefin in Downing Street 10 einzog, eine Konservative war, widersprach der Erwartung, dass diese Premiere viel eher von einer Repräsentantin der Labour

Party zu erwarten gewesen wäre. Labour (wie die meisten europäischen Parteien der demokratischen Linken, wie auch die Demokratische Partei der USA) hatte den politischen Aufstieg der Frauen nachdrücklich gefördert, einen Aufstieg, den die Konservativen nur zögerlich zu akzeptieren bereit waren. Labour und die Liberalen hatten den zaudernden Konservativen das Frauenstimmrecht geradezu aufzwingen müssen; Labour war einer Politik verpflichtet, die soziale Rechte von Frauen denen der Männer anglich. Aber nun war es eine Konservative, die diese gläserne Decke durchbrach, die zum ersten weiblichen „chief executive" britischer Politik wurde.

Und eine zweite Auffälligkeit wurde bald klar: Margarets Politik verschreckte keineswegs „die Männer". Wie andere mit demonstrativer Härte auftretenden Frauen auch – etwa wie Sarah Palin, die Kandidatin der Republikanischen Partei für das Amt der US-Vizepräsidentin 2008 (Steinem 2019, 278) – sprach Margarets politischer Stil vor allem Männer an. Es konnte keine Rede davon sein, dass solidarisches weibliches Wahlverhalten ihr zu ihren Wahlsiegen verholfen, dass eine feministische Welle sie in die Downing Street getragen hätte. Sie wurde von vielen, sehr vielen Männern gewählt, die „endlich wieder" eine Politik mit Ecken und Kanten erleben wollten. Margaret war als Frau politisch ungemein erfolgreich, weil sie eben nicht dem Klischee von „Frau-Sein" entsprach; weil sie nicht mehr soziale Empathie als ihre männliche Konkurrenz verkörperte. Deshalb war sie die Frau, mit der sich besonders „männliche" Männer politisch identifizieren konnten.

Margarets Aufstieg war ein Zeichen für ein bereits erzieltes Ausmaß an sozialer Gleichheit in der Gesellschaft.

Im Unterhaus war Margaret aufgefallen – als kämpferische Rednerin, vor allem auf den Bänken der Opposition. Deshalb berief sie Edward Heath, der als Premierminister 1970 die Labour-Regierung Harold Wilsons abgelöst hatte, in sein Kabinett: als Ministerin für Erziehung. In dieser Zeit im Erziehungsministerium wurde sie als „Maggie Thatcher Milk Snatcher" bekannt, weil ihre Sparpolitik auch die Versorgung der öffentlichen Schulen mit Milch betraf: Es war ein bezeichnender Auftakt für ihre weitere Karriere als Ministerin (und dann Premier). Den Ruf, öffentliche Ausgaben wo immer möglich einzusparen, sollte sie nicht mehr verlieren (Judt 2005, 539–542).

Vor 1970 hatte Margaret sich im Parlament profiliert – als eine Angehörige der (zum damaligen Zeitpunkt noch) kleinen Minderheit weiblichen Geschlechts. Das machte es unvermeidlich, dass sie auch immer wieder zu Themen Stellung nahm und befragt wurde, die als „typisch weiblich" galten: Fragen der Haushaltskosten, Fragen der Betreuung von Menschen (vor allem von Kindern) mit Behinderung. Sie vertrat zudem eine in den 1960er Jahren in konservativen Kreisen keineswegs mehrheitsfähige Position – sie befürwortete die Legalisierung der Abtreibung. Auf dem Parteitag der Konservativen 1969, die Partei war (noch) in der Opposition, formulierte sie in einer für sie eher atypischen Weise ihre durchaus traditionell feministische Position: Sokrates habe einmal gesagt, Frauen bekämen Kinder – Männer aber nicht. „Das muss die Statistiker irgendwo aber sehr verwirrt haben." (Moore 2013, 184 f.)

Als rhetorisch gewandte Politikerin profitierte sie vom wachsenden Interesse der Medien an einer Frau, die den üblichen Kreis der in dunkle Anzüge gekleideten Männer optisch (und auch inhaltlich) aufzulockern verstand. Zwischen 1966 und 1970 war sie beispielsweise zehnmal zur Teilnahme an der damals einflussreichen BBC-Diskussionsrunde „Any Questions?" eingeladen (Moore 2013, 183).

Es war in dieser Periode, in der sie sich den Ruf sozialer Kälte erwarb – als „Milk Snatcher". Gloria Steinem schildert, wie in politischen Debatten in den USA der Name Thatcher gerade in feministischen, in linksliberalen Kreisen, für die Eleanor noch Jahrzehnte nach deren Tod eine Heroin war, gelegentlich für ein Argument benutzt wurde: „Wir wollen keine

Margaret Thatcher, die den Schulkindern die Milch streicht." (Steinem 2019, 243).

Margarets Politik folgte einem umfassenden Design, das schon zu den Zeiten ihrer Tätigkeit als Premierministerin den Begriff „Thatcherismus" zugesprochen erhielt: von ihren AnhängerInnen und mehr noch von ihren GegnerInnen; außerhalb des Vereinigten Königreiches und in demselben (Evans 1997). Das war ihre besondere Rolle: Sie gab der britischen Politik einen neuen Inhalt. Dieser hatte einen harten Kern – weniger Staat; freilich nicht weniger von dem Staat, der innere und äußere Sicherheit gewährleisten sollte, sondern weniger von dem, der regulierend in das Wirtschaftsleben eingriff.

Ob Margaret nun als revolutionäre oder reaktionäre Konservative bezeichnet wird, ist sekundär: Ihre Regierungszeit war ein tiefer und auch bleibender Einschnitt in das System britischer Politik. In einer bestimmten Form erhielt das Vereinigte Königreich ein Stück von der nach 1945 verlorenen globale politischen Bedeutung zurück: „Thatcherismus" wurde zu einem Begriff, der eine Zeitenwende signalisierte. Die politische Konsenskultur machte einer Konfliktkultur Platz – und diese Wende griff von Großbritannien ausgehend auf Europa und die USA über. Der Kapitalismus, der gezähmt schien, war plötzlich wieder dominant. Keynes war out, Hayek in.

Margarets innenpolitische Gegner brauchten lange Zeit, um sich auf diesen Wandel einzustellen. Michael Foot, der Führer der Labour-Party, beharrte auf der Ethik eines demokratischen Sozialismus – trotz der Erfahrung, dass mit dieser Gesinnungsethik in der Ära Thatcher keine Wahlen zu gewinnen waren. Erst Foots Nachfolger Tony Blair hatte zu akzeptieren gelernt, dass „Thatcherismus" keine vorübergehende Mode war, sondern ein grundlegender Paradigmenwechsel. Margaret Thatcher war ein „Trendsetter" – und dieser Trend erwies sich als bleibend.

Doch ein anderer Trend wurde nicht von Margaret in Gang gesetzt. Die Feminisierung der Politik, ausgedrückt in der wachsenden Zahl von Frauen, die erfolgreich um politische Ämter kämpften – dieser Trend hatte nicht mit Margaret begonnen. Vor Margaret hatten schon andere Frauen in Demokratien die Spitze der Regierung erklommen – Golda Meir etwa, und eben auch Indira Gandhi. Und andere Frauen sollten folgen – Angela Merkel, Dilma Rousseff, Theresa May. Margarets politische Erfolge waren Ausdruck eines Megatrends, der vor ihr schon erkennbar war und auch nach dem Ende ihrer Karriere anhielt.

Charles Moore gibt in seiner Thatcher-Biographie dem Kapitel, das dem Wahlkampf und der Wahl 1979 gewidmet ist, den Untertitel „There's only one chance for a woman" (Moore 2013, 393). Dieses Zitat ist ambivalent: Steht es für die Erstmaligkeit des Erfolges von Margaret, dann ist es natürlich unbestreitbar richtig. Steht es für die Einmaligkeit, dann ist es falsch – auch dann, wenn man es nur auf das Vereinigte Königreich von Großbritannien und Nordirland bezieht. Denn einige Jahrzehnte später wurde eine andere Frau Regierungschefin, und auch sie war eine Konservative: Theresa May.

Margaret war in ihrer Selbstdarstellung geradezu das Gegenteil von Eleanor Roosevelt. Bei Margaret als Ministerin, als Premierministerin gab es nichts, was die Hauptrichtungen des Feminismus als spezifisch weiblichen Erfolg beanspruchen hätten können. Ihr politische „Persona" war völlig von der verschieden, die Eleanor Roosevelt darstellte. Von Indira hingegen war Margaret so verschieden nicht.

Die Widmung, die Margaret ihren Erinnerungen voranstellte, wirkt wie die Routineformulierung erfolgreicher Männer: „To my husband and family – without whose love and encouragement I should never have become Prime Minister." (Thatcher 2011). So ähnlich hätte es der Ministerpräsident eines deutschen Landes oder der Gouverneur eines US-Staates auch formuliert – für sich. Das einzig Besondere ist, dass Margaret ihrem „husband" dankte, danken musste. Das Besondere war, dass sie weiblich war. Aber sonst zeigt sich Margaret in dieser Widmung fast überraschend konventionell – Margaret, die einen so unkonventionellen Stil auf dem britischen Regierungssitz etablierte; Margaret, die gerade im Innenverhältnis von Partei und Kabinett nicht für einen familiären Stil bekannt werden sollte – und für deren politischen Stil der Begriff „love“ ganz bestimmt nicht verwendet werden kann.

Margaret war eine Frau, die männliche Puppen tanzen ließ. In der Außenpolitik bekamen das vor allem Männer zu spüren, die einem traditionellen Männerbild verpflichtet waren. Als im Sommer 1990 Kuwait vom Irak okkupiert und annektiert wurde, reagierte sie ohne Zögern. Arabische Staatschefs zögerten, wie sie auf diese Aggression reagieren sollten. Margaret reagierte sofort – sie befahl britischen Marineeinheiten, sich in die Krisenregion zu begeben. Und in ihren Memoiren überschreibt sie das betreffende Kapitel „No Time to Go Wobbly“ (Thatcher 2011, 816). „Wobbly“, schwankend, war Margaret offenbar nie.

Margaret konzedierte, dass der Vorwurf, sie könne nicht zuhören, ein Stück Wahrheit enthielte. Wenn sie einmal einer bestimmten Abfolge von Gedanken, einer geplanten Strategie von Maßnahmen folge, sei sie „nicht leicht zu stoppen“. Das hätte Vorteile – sie könne sich auf das Wesentliche konzentrieren und Ablenkungen durch Nebensächliches vermeiden. Aber, so gab sie rückblickend zu, dies beinhalte auch die Neigung, andere Argumente zu übersehen, andere Meinungen nicht zur Kenntnis zu nehmen. Diesen Anfall von Selbstkritik relativierte sie aber wiederum gleichzeitig – dieser Tendenz hätte sie nur selten nachgegeben (Thatcher 2011, 560).

Margaret war kaum von dem befallen, was man (frau) des Gedankens Blässe nennen könnte: von Zweifel an dem einmal von ihr entschlossen beschrittenen Weg. Richtig und falsch – das stand für sie rasch und meistens unveränderbar fest; richtig und falsch – nicht in einem gesinnungsethischen, sondern in einem verantwortungsethischen Sinn. Deshalb neigte sie auch dazu, politische Auseinandersetzungen nicht als Konflikt zwischen „Gut“ und „Böse“ in einem moralischen Sinn zu sehen, sehr wohl aber – in Umkehrung des bekannten Mottos von Clausewitz – als Fortsetzung des Krieges mit anderen Mitteln. Für sie ging es in der Politik immer um Sieg oder Niederlage.

Diese quasi militärische Zugangsweise hatte zweifellos ihre Berechtigung in dem Krieg, der tatsächlich der „ihre“ war – im Südatlantik. Sie neigte aber auch dazu, ihre innenpolitischen Auseinandersetzungen mit kriegerischen Begriffen zu beschreiben. Da ging es um die „Entwaffnung“ der Labour Party, und die Streiks der Bergarbeitergewerkschaft waren ein „Aufstand“. Margaret sah sich offenbar als Feldherrin, die auf dem Hügel der Innen- wie auch der Außenpolitik taktische Züge anordnete – und die (zumeist von Männern) zu befolgen waren. Und wehe denen, die nicht ihren taktischen Vorgaben und strategischen Prioritäten folgten: Die bekamen die Krallen einer Löwin zu spüren.

Dem zweiten der beiden Kapitel ihrer Erinnerungen, die sich mit dem Falklandkrieg 1982 beschäftigten, gab sie die Überschrift „The Falklands: Victory“ (Thatcher 2011, 213). Victory – damit spielte sie auf das „V“ an, das Zeichen für „Victory“, das Winston Churchill zum öffentlichen Signal für seine Siegeszuversicht gemacht hatte. Churchills unbedingter Wille, kein anderes Resultat seiner Politik gegen Hitler-Deutschland zu akzeptieren als einen Sieg, das war bei keinem seiner Nachfolger so deutlich wie bei seiner (ersten) Nachfolgerin: nicht bei Clement Attlee, der aus der ökonomischen Schwäche des Britischen Reiches die Schlussfolgerung gezogen hatte, es wäre Zeit, sich zurückzuziehen – aus Indien, aus Palästina; nicht bei Anthony Eden, der 1956 in Suez halbherzig zuschlagen wollte, um sich dann halbherzig zurückzuziehen; nicht bei Harold MacMillan, der – unter dem Slogan „Der Wind des Wandels“ – (fast) den gesamten Rest des britischen Kolonialreiches aufzugeben bereit war.

Wurde Margaret als Regierungschefin herausgefordert, reagierte sie wie eine Löwin. Das Tier, mit dem patriotische Interpretationen der britischen (der englischen) Geschichte das eigene Land gerne identifiziert, der Löwe, war zur Löwin geworden. Freilich: Ein Empire hatte Margaret nicht mehr zu verteidigen; sehr wohl aber die Position einer Atommacht, die vor allem durch ihre enge Beziehung zu den USA noch Weltpolitik zu machen verstand. Und wehe den Männern – den Diktatoren Argentiniens und denen des Irak, die vielleicht glauben könnte, der weiblich gewordene britische Löwe hätte keine Krallen mehr.

In der Innenpolitik setzte sich die Löwin für ein ganzes Jahrzehnt durch: Sie demütigte die parlamentarische Opposition und zerstörte – durch drei Wahlsiege – die Labour Party des Michael Foot, die Partei, die später als „New Labour" die (männlichen) konservativen Erben Margarets ähnlich demütigen sollten. Und sie machte ihre Partei zu einer professionell agierenden Politik-Maschine, die durch ein klar definiertes Zentrum gelenkt wurde. Das Zentrum, das war Margaret selbst.

In ihren Erinnerungen beschreibt sie in der Überschrift des entsprechenden Kapitels ihren Umgang mit der Labour Party mit „Disarming the Left" – ein militärischer Begriff, der für eine verregelte demokratische Auseinandersetzung nicht unbedingt passend erscheint. Michael Foot, den Labour-Vorsitzenden und ihr unmittelbares Gegenüber im Unterhaus, charakterisiert sie aber nicht als Todfeind. Sie nennt ihn kultiviert und höflich und einen „gentleman" – und fügt angesichts des linkssozialistischen Profils, das sich Foot erarbeitet hatte, hinzu, sie hoffe, sie würde ihn mit diesem Kompliment nicht verletzen (Thatcher 2011, 264 f.). Da klingt auch so etwas wie Humor durch – eine Eigenschaft, die nicht unbedingt zu Margarets besonders auffallenden Qualitäten gehörte.

In ihrer eigenen Partei und deren innerstem Kreis hatte sie – für sich, nicht offen deklariert – eine Zweiteilung vorgenommen: Manche waren „card-carrying Thatcherites", also quasi eingeschriebene Mitglieder der von Margaret auserwählten Führungsgruppe. Zu diesem engsten Kreis um Margaret zählte vor allem Sir Keith Joseph, der treueste unter den Treuen der „Thatcherites" (Moore 2013, 253–255, 351 f.).

Das entscheidende Merkmal der „Thatcherites" war unbedingte Loyalität zu Margaret als Person. Das konnte freilich manche nicht abhalten, am Ende ihrer Regierungszeit das aufzugeben, was Margaret „my cause" nannte, ihre Politik; und nicht die der Partei. Und als 1990 – nach mehr als elf Jahren an der Spitze von Partei und Regierung – Margaret erkennen musste, dass sie nicht sicher sein konnte, von der eigenen Partei weiterhin gestützt zu werden, trat sie zurück. Auch hier war die von ihr gewählte Begrifflichkeit aussagestark: Sie wollte weiterkämpfen. „I fight on, I fight to win." Immer wieder diese kämpferische Pose, diese kriegerische Wortwahl – zur Kennzeichnung von Konflikten in der eigenen Partei (Thatcher 2011, 846, 849). Noch bis zum Jahresende 1990 hatte sie die Partei fest im Griff – in einem Ausmaß, das wohl auf keinen ihrer Vorgänger zutraf, mit Ausnahme Winston Churchills während und nach dem Zweiten Weltkrieg.

Aber im Umgang mit den „troubles", dem irischen Terrorismus, zeigten sich ihre Grenzen. Der Terrorismus hatte bereits zur Zeit ihrer Vorgänger um sich gegriffen, und die Gewalt der Extremisten innerhalb der irisch-republikanischen Kräfte zeigte sich nicht nur in Nordirland, sondern auch in Großbritannien. Die nach dem Ersten Weltkrieg gefundene Lösung für das „irische Problem" – der Friede, den eine Teilung der irischen Insel herbeiführen wollte – hatte sich ab den 1960er Jahren als zunehmend fragil erwiesen. Die Irische Republikanische Armee (IRA) oder Teile derselben wollten unter Einsatz von Terror und Gewalt eine Vereinigung zwischen dem im Vereinigten Königreich verbliebenen Nordirland und dem vom Freistaat zur Republik gewordenen Irland erzwingen. Die ebenfalls gewaltbereiten Extremisten unter den nordirischen (protestantischen) „Unionists“ verhinderten jede Konzession, die die den Gemäßigten unter den (katholischen) Republikanern eine Kompromisslösung zumutbar gemacht hätte.

Wenige Monate nach Margarets Einzug in Downing Street 10 wurde Lord Mountbatten ermordet, der letzte Vizekönig Britisch-Indiens (Thatcher 2011, 56 f.). Die IRA hatte sein Boot in die Luft gesprengt – nicht, weil der doch schon betagte Lord einen besonderen Anteil an der britischen Irland-Politik gehabt hätte. Er wurde wegen seiner Prominenz und wohl auch wegen seiner verwandtschaftlichen Verbindung zur königlichen Familie als Opfer ausgewählt. Sein Tod sorgte für viel mehr Aufsehen, als der Mord an einem britischen Polizeibeamten in Belfast oder sonst wo in Nordirland hervorgerufen hätte.

1981 versuchte die IRA (oder deren extremer Flügel) Margaret unter Druck zu setzen. Terroristen, die in Nordirland in Haft saßen, traten in Hungerstreik. Das sollte die Regierung in London zwingen, Konzessionen zu machen. Vielleicht vermutete die IRA – so Thatchers Biograph Charles Moore –, Margaret würde nachgeben, „because she was a woman“ (Moore 2013, 616). Wenn das ein Kalkül der IRA war, dann hatte sich deren Kommandozentrale ebenso getäuscht, wie sich ein Jahr später die Militärdiktatoren Argentiniens täuschen sollten. Margaret gab nicht nach und nahm den Hungertod einiger Häftlinge in Kauf.

Die Mordserie, die keineswegs mit Margarets Amtsantritt begonnen hatte, setzte sich fort – in Nordirland und in Großbritannien. 1984 tötete eine IRA-Bombe in Brighton während des regulären Parteitages der Konservativen Partei fünf Personen. Margaret selbst entging nur knapp dem Anschlag. In ihren Erinnerungen erwähnt sie dieses Attentat zunächst mit einem einzigen Satz – eine für die Öffentlichkeit gedachte Reaktion von doch erstaunlicher und wohl auch demonstrativer Kühle, von souveräner Selbstbeherrschtheit. An diesen einen Satz aber fügte sie unmittelbar an, dass drei Wochen später

Indira ermordet wurde – „Mrs. Gandhi, whom I knew well and admired." (Thatcher 2011, 368).

Margaret gelang es jedenfalls nicht, den (nord)irischen Terrorismus unter Kontrolle zu bringen. Das sollte erst einige Jahre später Tony Blair fertigbringen. Margaret hatte jedenfalls weniger Mühe, argentinischen Militärs ihren Willen aufzuzwingen als den Terroristen, die ihre Energien aus den historischen Verwundungen bezogen, die Britannien Irland zugefügt hatte.

Die politischen Opfer von Margarets Härte waren vor allem Männer: Admiräle und Generäle der Militärjunta Argentiniens, aber auch die Männer, die neben (unter?) ihr an der Spitze ihrer Partei und ihrer Regierung standen. Margaret war von ihrem ganzen Typus her radikal: Sie wollte keine Kompromisse. Sie wollte Innovation, sie wollte die Kompromisse der Vergangenheit überwinden. Und wer da nicht mitmachte, wer innerhalb von Partei und Regierung sie zu bremsen versuchte, musste weichen. Margarets Politik war nicht nur Inhalt, sondern auch und vor allem Stil; ein Stil, der – davor – wohl als „typisch männlich" bezeichnet worden wäre. Mehr als ein Jahrzehnt war sie es, die den Kurs von Partei und Regierung bestimmte. Und mehr als ein Jahrzehnt waren die Männer, die von ihr aus Regierungsämtern entfernt wurden, unentschlossene „Weicheier", die der „Iron Lady" nicht hart genug erschienen.

Als Premierministerin hatte Margaret in besonderem Maß Anteil an der von Walter Bagehot schon im viktorianischen Zeitalter beobachteten und beschriebenen Arbeits- und Funktionsteilung im politischen System Großbritanniens. Margaret stand für den „efficient part" britischer Politik – sie war für inhaltliche Weichenstellungen zuständig, für das Technische des Regierens, für die Umsetzung von Interessen in Handeln. Den „dignified part" konnte sie getrost vernachlässigen. Dafür stand zu Bagehots Zeit Queen Victoria und zu Margarets Zeit Queen Elizabeth II. Diese Form der Arbeitsteilung ließ zu, dass Margaret Härte demonstrieren konnte, die nackte Macht, ganz ohne Glanz und Gloria. Für Glanz und Gloria war eine andere zuständig – die Queen, die das zu vertreten hatte, was die Premierministerin wollte.

Diese Arbeitsteilung hatte Margaret vorgefunden – und genützt. Dass für die emotionale Seite britischer Identität nicht sie, sondern eine andere zuständig war, erlaubte Margaret, sich auf die nüchterne Seite zu konzentrieren. Sie war dafür zuständig, Politik zu formulieren – und zu „machen". Und sie konnte es sich leisten, dabei Gefühle zu verletzen. Sie musste nicht von allen geliebt werden; sie konnte sich damit zufrieden geben, dass einige sie schätzten. Und das ging gut, solange sie damit Wahlen gewinnen konnte.

Margarets Regierung, in Stil und im Inhalt, erinnerte an Friedrich den Großen, dem das Motto zugeschrieben wird: „Die Leute sagen, was sie wollen; und dann tun sie das, was ich will." Freilich: Der Preußenkönig hatte „nur" Schlachten zu gewinnen. Margaret aber musste Wahlen gewinnen. Und dass sie als Kandidatin für das Amt der Premierministerin keine Wahl verlor, das machte sie umso bemerkenswerter. Tony Judt fasste in einem Satz ihren Regierungsstil zusammen: „Margaret Thatcher governed *alone*" (Judt 2005, 544 f.). Das aber tat sie auf der Grundlage einer demokratischen Legitimation.

Margaret Thatcher starb 2013. Elf Jahre hindurch hatte sie das Vereinigte Königreich regiert, auf der Grundlage von drei erfolgreich geschlagenen Wahlen. 1990 war sie indirekt zum Rücktritt gezwungen – von ihrer eigenen Partei, die das Vertrauen in Margarets Fähigkeit verloren hatte, die Tories noch ein viertes Mal zu einem Wahlsieg führen zu können.

4.2 Das Unverwechselbare an Margaret Thatcher

4.2.1 Der „Margaret-Faktor 1": Neoliberalismus

Als Margaret Premierministerin wurde, hatte die britische Gesellschaft bereits einige wesentliche Schritte der Egalisierung hinter sich. Britannien war im 19. Jahrhundert die Avantgarde der Industrialisierung gewesen. Im 20. Jahrhundert wurde das Vereinigte Königreich die Avantgarde einer egalisierenden Wirtschafts- und Gesellschaftspolitik. Anfang des Jahrhunderts hatte die liberale Regierung unter David Lloyd die Grundlagen für einen Wohlfahrtsstaat gelegt, der um die Mitte des Jahrhunderts durch den „Beveridge-Report" und die Regierungen der Labour Party weiterentwickelt wurde. Das Ergebnis von Margarets Regierungen – gestützt auf drei aufeinanderfolgende Wahlsiege – war eine neue britische Vorreiterrolle: Die „Thatcher-Revolution" machte das Vereinigte Königreich zu einer Avantgarde eines „Retro-Kapitalismus" (Schama 2002, 546 f.). Und diese „Revolution" war nicht mehr an einer gesellschaftlichen Egalisierung orientiert.

Während Margaret in ihrer Betonung der „special relationship" mit den USA in der Tradition Winston Churchills stand, war ihre Wirtschafts- und Sozialpolitik eine geradezu extreme Abkehr von der Tradition der britischen Konservativen. Von Benjamin Disraeli über Winston Churchill bis Harold Macmillan war die Konservative Partei Großbritanniens eine Partei der gesellschaftspolitischen Mitte. Benjamin Disraeli hatte im viktorianischen Zeitalter sozialpolitische Reformen zugunsten der Schwachen in der Gesellschaft durchgesetzt und Churchill hatte diese Politik eines Ausbaues sozialer Sicherheit während des Zweiten Weltkriegs fortgesetzt – eine Sozialpolitik, die mit dem Namen William Beveridge verbunden war. Die Labour-Regierung konnte 1945 an diese Kontinuität anknüpfen, und die von der Regierung Attlee durchgesetzten Reformen – die staatliche Gesundheitsvorsorge und die Verstaatlichungen in der Grundindustrie und der Eisenbahnen – waren von den konservativen Regierungen nach 1951 beibehalten worden. Und diese Kontinuität wurde von Margaret durchbrochen.

Während und nach dem Zweiten Weltkrieg akzeptierte die Führung der britischen Konservativen, in Übereinstimmung mit der herrschenden Befindlichkeit der Bevölkerung, den vor allem von Keynes formulierten Mittelweg zwischen demokratischem Kapitalismus und demokratischem Sozialismus. Es ging um „Freiheit" oder „Kommunismus", und der Grundkonsens, den die Koalitionsregierung Churchill/Attlee während des Krieges erarbeitet hatte, blieb auch nach dem Ende der Koalition 1945 erhalten: Der demokratische Staat kümmerte sich um die Grundindustrie und die Infrastruktur, um das Schulwesen und das Gesundheitssystem. Das war in Großbritannien nicht so viel anders als im westlichen Teil des Kontinents und auch nicht in den USA, auch wenn dort – in der Fortsetzung von Roosevelts „New Deal" – die Eingriffe der Regierung in das Wirtschaftsgeschehen weniger direkt waren als in Europa (Judt 2010, 91 f.).

Margaret brach mit dieser zentristischen Politik der Konservativen. Sie brach mit der Tradition einer gemäßigten, geradezu demonstrativ nicht radikalen Gesellschaftspolitik. In diesem Sinn war sie nicht die Erbin Churchills. Sie setzte auf einschneidende Innovationen, die weg vom Sozial- und Wohlfahrtsstaat führten. Ihr gesamtes politisches Denken war die systematische Abkehr vom keynesianischen Wohlfahrtsstaat und die ebenso systematische Hinwendung zu Friedrich Hayek und dessen zentraler Aussage, dass die individuelle politische Freiheit auch die individuelle wirtschaftliche Freiheit einschließen muss; dass eine umfassende Verteilungsgerechtigkeit nicht mit demokratischen Mitteln durchzusetzen sei.

Thatcher fand 1979, nach ihrem ersten Wahlsieg als Parteichefin, nicht ein „sozialistisches" Britannien vor, das etwa von einer zentralen Wirtschaftsplanung bestimmt worden wäre. Das Vereinigte Königreich war ein Wohlfahrtsstaat – und als solcher nach 1945 zum Modell für die meisten anderen westeuropäischen Staaten geworden. Dieses Modell baute auf einem Netzwerk sozialer Institutionen, in deren Zentrum gesamtgesellschaftliche Vor- und Fürsorgeeinrichtungen wie die nationale Gesundheitsorganisation (NHO), ein allgemeines Pensionssystem und ein staatlich finanziertes Bildungssystem standen. Die Verstaatlichung von Industrie und Infrastruktur war Teil, aber nicht die Essenz dieses Weges zu einem pluralistischen, demokratischen Sozialismus, getragen von einem breiten politischen Konsens. Es war, wenn es ideologisch überhaupt einzuordnen war, „keynesianisch" – und ganz bestimmt nicht leninistisch (Judt 2005, 541).

Mit dem Regierungsantritt Margarets kam John Maynard Keynes aus der politischen Mode. Keynes hatte die Wirtschaftstheorie und Wirtschaftspolitik Westeuropas und Nordamerikas geprägt. Im Vereinigten Königreich ging von ihm – nach der Bewertung von Richard Davenport-Hines – der bedeutendste intellektuelle Einfluss auf das britische öffentliche Leben aus. Das mit ihm verbundene Motto war „Vollbeschäftigung um jeden Preis". Und diesem Motto blieben konservative und sozialdemokratische Regierungen treu, von Churchill bis Callaghan (Davenport-Hines 2015, 6).

Doch dann kam Margaret. Mit ihrem Regierungsantritt wurde Keynes' Motto ins Museum gestellt. Keynes war plötzlich von gestern. „In" wurde es nun im Vereinigten Königreich und fast zeitgleich in den USA, Wirtschafts- und Sozialpolitikpolitik mit Berufung auf Friedrich Hayek zu legitimieren. Individuelle wirtschaftliche Freiheit wurde nicht mehr als mögliche sekundäre Begleiterscheinung individueller politischer Freiheit gesehen, sondern als deren Voraussetzung. Liberale Demokratie wurde in der Ära Thatchers und Reagans zunehmend so definiert, dass die Freiheit zur Maximierung wirtschaftlicher Gewinne die Freiheit der Demokratie ermögliche; dass daher die durch staatliche Lenkungsmaßnahmen bewirkte Einengung der individuellen Gewinnorientierung notwendigerweise auf eine Einengung demokratischer Freiheiten hinauslaufen würde. Nach Hayeks Begrifflichkeit wäre staatliche Intervention in die Ökonomie ein Schritt auf dem „Weg zur Knechtschaft" (Hayek 2007).

Es wäre eine grobe Vereinfachung, Margarets „neoliberale" Orientierung als Antietatismus einzustufen. Sie war für den – partiellen – Rückzug des Staates aus der Wirtschaft, für eine Reduktion staatlicher Verantwortung für das soziale Wohlergehen der Gesellschaft. Aber sie war nicht gegen staatliche Macht an sich, sie war keine von denen, die in den USA „Libertarians" genannt werden. Sie war keine konservative Anarchistin. Im Bereich von Regierung und Verwaltung war sie eine Zentralistin, die nicht für weniger, sondern für mehr Staat sorgte. Sie reduzierte den vor allem budgetären, autonomen Spielraum lokaler Behörden – und stärkte die Eingriffsmöglichkeiten der Regierung in London. Die Akzente ihrer Erziehungspolitik – schon als Ministerin für Erziehung im Kabinett von Edward Heath, erst recht als Regierungschefin – bedeuteten auf eine ständig zunehmende Definitionsmacht der Zentralregierung. Tony Judt attestiert ihr deshalb einen Zentralisierungsinstinkt (Judt 2005, 542).

Tony Blair, ihr Nach-Nachfolger, wich gerade in der Frage der staatlichen Zentralisierung von Margarets Weg ab: Unter dem Stichwort „devolution" wurde die Autonomie von Schottland, Nordirland und Wales gestärkt und das „Good Friday Agreement" von 1998 trug die Handschrift von „New Labour" – und nicht die des zentralistischen Etatismus, für den Margaret stand (Kershaw 2018, 471). Hätte Margaret dies mit dem Hinweis auf das Anwachsen des schottischen Separatismus als Fehler bezeichnet, der den Zusammenhalt des Vereinigten Königreiches gefährdet – und hätte sie nicht in dem von Boris Johnson umgesetzten „Brexit" den Funken ausgemacht, der das Gebäude eines einigen Britanniens zum Einsturz bringen könnte? Blair und Johnson – sie werden an Thatchers Erbe gemessen.

Margarets Vorstellung von der Zukunft des Vereinigten Königreiches war die von einer von staatlicher Bevormundung befreiten Wirtschaft. Aber dieses Konzept verband sie mit der Stärkung des Staates in anderen Bereichen – eines Staates, dessen Aufgabe die Garantie der Sicherheit der BürgerInnen und der nationalen Grenzen war. Mit Grenzen meinte sie – für sie wohl selbstverständlich – nicht die Grenzen der Europäischen Gemeinschaft. Für sie war es das Königreich, das zu schützen wäre; und dessen Interessen – etwa im Nahen Osten und Südatlantik – nur durch einen militärisch starken Staat garantiert werden könnten.

Gegen ihre Politik der Privatisierung und Deregulierung regte sich natürlich Widerstand. Von der Opposition hatte sie da weniger zu befürchten – die Labour Party war weitgehend gelähmt durch den Richtungsstreit zwischen dem „altlinken" Literaten Michael Foot und Zentristen, die – wie Roy Jenkins – die Partei verließen. Widerstand, der Margaret wirklich herausforderte, kam von den Gewerkschaften. Deren politisches Gewicht war im wohlfahrtsstaatlichen System enorm, vor allem auch in der verstaatlichten Industrie. Die Streikwellen, die schon davor – etwa unter der Regierungszeit Edward Heath', zwischen 1970 und 1974 – Zeichen eines Klassenkampfes auf der Straße und nicht am „grünen Tisch" waren, brach sie mit einer Methode, die an die Zeiten des 19. Jahrhunderts erinnerte: Mit Gesetzen, die von der konservativen Mehrheit im Unterhaus beschlossen wurden, beschränkte sie die Handlungsfähigkeit gewerkschaftlicher Organisationen und setzte dann gegen die deshalb ausbrechenden Streiks Polizeigewalt ein. Auf diese Weise reduzierte sie die Gewerkschaftsmacht der vergangenen Jahrzehnte (Judt 2005, 542).

Für Margaret wäre die Abstimmung ihrer Politik mit Gewerkschaften – das, was sie „corporatist policies" nannte – einer Katastrophe gleichgekommen (Thatcher 2011, 853). Sie sah sich deshalb gewählt, ja mit dem historischen Auftrag ausgestattet, das Vereinigte Königreich von der in ihren Augen die Ökonomie lähmenden und die Souveränität des Parlaments beschneidenden Macht der Gewerkschaften zu befreien. Den Widerstand der Gewerkschaften gegen ihre Politik der Deregulierung und Privatisierung nannte sie „insurrection" – einen Aufstand gegen die legitime Ordnung. Das Ziel der Gewerkschaftsführung, vor allem des Vorsitzenden der Bergarbeitergewerkschaft, Arthur Scargill, wäre ein marxistisches Utopia, Demokratie nur ein Instrument auf dem Weg dorthin (Thatcher 2011, 339).

Der „Thatcherismus", verstanden als der systematische Rückzug von Staat und Regierung aus der Wirtschaft, überlebte Margaret. Es war ihr unmittelbarer Nachfolger John Major, der das staatliche britische Eisenbahnsystem privatisierte – offenbar im demonstrativen Bemühen, nicht hinter Margaret zurückzustehen. Und es war ihr Nach-Nachfolger Tony Blair, der mit der Politik eines „Thatcherismus mit menschlichem Antlitz" Margarets Inhalte weitgehend übernahm, aber als konsensorientierter Teamplayer die politische Mitte des Landes besetzte – bis diese Mitte im Brexit-Chaos insgesamt verloren ging (Cannadine 2017, 125; Kershaw 2018, 470).

Die mit den Namen Tony Blair und Gordon Brown verbundene Wende der Labour Party hin zur politischen Mitte bedeutete, dass das generelle Bekenntnis zur Verstaatlichung aus dem Parteienprogramm gestrichen wurde. Hatte die Labour Party in den 1980er Jahren Margaret noch die Privatisierung vorgeworfen und generell auch die soziale Härte gegenüber den Schwachen, war Blairs Vorwurf gegen Margaret nun die hohe Steuerbelastung, bürokratische Ineffizienz und Korruption – allgemeine Vorwürfe, die auch von den Konservativen gegen die Labour-Regierungen der 1970er Jahre erhoben worden waren (Judt 2005, 546).

Margaret, nicht Blair hatte die alte Labour Party zerstört. Sie hatte durch ihre Erfolge gegen „Old Labour" demonstriert, dass in den 1980er Jahren und den Jahren danach in Großbritannien Wahlen nicht mit einem Programm zu gewinnen waren, das nach traditionellem Sozialismus roch. Tony Blairs Programm war ein sozial modifizierter „Thatcherismus". „New Labour" war, indirekt, Margarets Produkt. Margaret lebte in der Wirtschaftspolitik von „New Labour" weiter. In ihrer europapolitischen Orientierung blieb sie freilich vor allem in dem von Boris Johnson durchgesetzten „Brexit" bestimmend.

1975, als Margaret sich erfolgreich um die Führungsposition der Konservativen Partei bemühte, erklärte sie in einer Rede in ihrem Wahlkreis Finchley, die Konservativen hätten nicht ausreichend die Ideale ihrer Partei vertreten – die Verteidigung des Privateigentums gegen den „sozialistischen Staat" und das Recht jedes Menschen auf Arbeit, ohne vom Arbeitgeber oder von einem Gewerkschaftsboss unterdrückt zu werden. Und weil die Konservativen diese Ziele nicht nachdrücklich genug verfolgt hätten, sei Britannien nun auf dem Weg in Richtung sozialistischer Mittelmäßigkeit (Moore 2013, 289). Margaret verhalf diesem von ihr so definierten Ideal der Abkehr vom „Sozialismus" zum Durchbruch – auf Kosten eines Konsenses, zu dem auch ihre konservativen Vorgänger beigetragen hatten.

4.2.2 Der „Margaret-Faktor 2": Atlantizismus

Margaret Thatcher war von einer spezifisch britischen Widersprüchlichkeit herausgefordert. In der Tradition Churchills stand im Vereinigten Königreich die Allianz mit den USA im Mittelpunkt der Außenpolitik – als eine ganz spezielle Verbindung, die im Interesse der Sicherheit Britanniens auszubauen war. Aber gleichzeitig war das Königreich auch mit den westeuropäischen Mächten des Kontinents verbunden. Eben deshalb sorgte die seit 1973 bestehende britische Mitgliedschaft in der Europäischen Gemeinschaft für eine besondere Ambivalenz: Sollte in Fortsetzung Churchills die Orientierung an der speziellen Partnerschaft mit den USA unbedingt Vorrang haben, oder sollte diese Partnerschaft mehr und mehr durch eine Integration in eine gesamteuropäische Sicherheitsarchitektur ergänzt, vielleicht sogar verdrängt werden?

Auf der britischen Linken gab es ebenso Vorbehalte gegen die sich verdichtende Europäische Gemeinschaft wie auf der Rechten. Margaret musste den britischen Euroskeptizismus nicht erfinden, der war schon da, als sie 1979 an die Spitze der britischen Regierung trat. Aber sie verstärkte diese Skepsis, die 2016 zum „Brexit"-Referendum und 2020 zum Austritt des Vereinigten Königreiches aus der EU führen sollte.

Die in der britischen Öffentlichkeit vorhandene Schwierigkeit, sich mit „Europa" zu identifizieren und den europäischen Einigungsprozess mitzutragen, war schon ab 1945 deutlich. Die Labour-Regierung Clement Attlees boykottierte 1950 den „Schuman-Plan", der die Grundlage für die Europäische Gemeinschaft für Kohle und Stahl bildete. Winston Churchill als Oppositionsführer erklärte, er könne sich nicht vorstellen, dass das Vereinigte Königreich Teil einer Europäischen Union werde. Der spezifische Charakter Britanniens als Inselstaat und die Absicht, dem „British Empire" in Form des Commonwealth eine neue Grundlage zu geben, würden dies ausschließen (Roberts 2018, 917, 926 f.).

Churchills Position war geprägt von einer – jedenfalls spätestens ab 1945 – hoffnungslos realitätsfernen Empire-Romantik. 1943 erklärte er, er sei nicht des Königs Premier geworden, „to preside over the liquidation of the British Empire" (Roberts 2018, 763). Churchill wollte das Empire retten, nicht aufgeben. Thatcher freilich wurde Premier, als das Empire bereits liquidiert war. Der von Attlee begonnene und von seinen konservativen Nachfolgern fortgesetzte Rückzug aus den Kolonien war nicht mehr revidierbar. Das als Ersatz- und Notlösung für das Empire geschaffene „Commonwealth of Nations" war 1980 schon lange kein politisch relevanter Faktor mehr. Margarets EU-Skepsis war nicht aus einer Empire-Nostalgie heraus zu verstehen, sehr wohl aber aus einem anderen Gesichtspunkt, der für Churchill ebenfalls zentral war: die besonderen Beziehungen zu den USA. Churchill hatte erfahren müssen, dass die Rettung der britischen Demokratie von der Unterstützung der USA abhängig war; und dass 1945 im Konzert der „Großen Drei", in Jalta und in Potsdam, dem Vereinigten Königreich nur noch eine geringe Rolle zukam. Deshalb war Churchill ein besonderer Vertreter einer britischen Politik, die der Allianz mit den USA den Vorrang vor allen anderen weltpolitischen Optionen gab. Darin sah er (wie eine Generation später auch Margaret) die einzige Chance, um dem geschwächten Britannien noch eine globale Bedeutung zu sichern.

Edward Heath, der konservative Premierminister zwischen 1970 und 1974, optierte für eine zumindest teilweise andere Orientierung: für die Integration in die Europäische Gemeinschaft, aus der die Europäische Union werden sollte. 1973 trat das Vereinigte Königreich der EG bei – gegen die Opposition der Labour Party. Als diese 1974 wieder an die Regierung kam, organisierte der Labour-Premier Harold Wilson, das erste Brexit-Referendum. Es war überhaupt die erste direkt demokratische Entscheidung in der Geschichte des britischen Parlamentarismus. Die Mehrheit entschied sich 1975 – anders als 2016 – für den Verbleib in der Gemeinschaft. Die Labour Party hatte ihre Entscheidung über den Verbleib in der EG – entgegen dem ursprünglichen oppositionellen Nein von 1973 und gegen den Widerstand ihres linken Flügels, der in der EG eine Einrichtung zur Stärkung des Kapitalismus sah – vom Ausgang des Referendums abhängig gemacht (O'Rourke 2019, 74–77).

Margaret hatte sich bei diesem Referendum 1975 im Sinne der noch von Heath formulierten Parteilinie für ein Ja zum Verbleib ausgesprochen. Aber schon zu dieser Zeit hatte sie EU-skeptische Akzente gesetzt. Ihr kritischer Zugang war, dass die

Europäische Gemeinschaft zu sehr einem wirtschaftspolitischen Protektionismus verpflichtet wäre. Und ihrer gesamten politischen Orientierung entsprach es nicht, dass das Europa, wie es sich dem Design von Robert Schuman und Jean Monnet entsprechend entwickelt hatte, zu sehr auf einer politischen Kultur des Kompromisses aufgebaut war (O'Rourke 2019, 85).

Als Premierministerin setzte Margaret auf eine kritische Distanz zu „Europa" – aber nicht im Sinne eines Bruches mit der EG. Die Idee eines EU-Austritts bestimmte erst wieder im 21. Jahrhundert die britische Politik – eine Generation später, umgesetzt von einem anderen konservativen Premierminister. Aber Thatcher setzte sehr wohl Churchills geopolitisch erklärbares (und für diesen als Sohn einer amerikanischen Mutter wohl auch persönlich motiviertes) unbedingtes Festhalten an einer privilegierten Allianz mit den USA, an einer speziellen Beziehung fort. Der Atlantizismus hatte für Thatcher Priorität gegenüber einer Bindung an Europa. Die besonders enge Beziehung zwischen Franklin Roosevelt und Churchill fand eine Entsprechung in der Beziehung zwischen Ronald Reagan und Margaret Thatcher.

In ihrer transatlantischen Orientierung setzte sie Churchills Politik fort und beendete die Neigung von Churchills unmittelbarem Nachfolger, Anthony Eden, sich von den USA zu emanzipieren. Eden hatte sich 1956 in Absprache mit Frankreich und Israel in das Abenteuer des Suez-Krieges gestürzt – am Präsidenten der USA, Eisenhower, vorbei. Eden wollte britische Großmachtpolitik umsetzen, losgelöst von US-amerikanischen Interessen. Die USA zwangen die Briten (und die Franzosen) zum Rückzug – im Sicherheitsrat der UN sogar im Zusammenspiel mit der UdSSR (Neff 1981).

1982 gelang es Margaret, diese 1956 bestätigte Abhängigkeit von den USA geradezu umzukehren: Sie zwang Präsident Reagan britische Interessen auf, als sie 1982 ihre militärische Antwort auf die argentinische Falkland-Invasion zunächst ohne Abstimmung mit den USA begann. Ein zögernder Reagan wurde in eine Situation manövriert, in der er nicht anders konnte, als Margarets Militärschlag gegen Argentinien zu unterstützen. Eine europäische Unterstützung war 1982 für Margaret ohne substanzielle Bedeutung – es ging ihr um die Konkretisierung des besonderen Vertrauensverhältnisses zu den USA.

Schon als Churchill Premierminister wurde, war klar, dass er Roosevelt mehr brauchte als dieser ihn. Und 1980, als Margaret die Regierungsgeschäfte übernommen hatte und Reagan zum Präsidenten der USA gewählt wurde, war das Ungleichgewicht zwischen den beiden „angelsächsischen" Mächten noch deutlicher. Als Margaret 1982 gegen Argentinien im Südatlantik Krieg führte, ließ der US-Präsident einige Zeit verstreichen, bevor er den Briten strategische Hilfe zukommen ließ: Das US-Kalkül war auch davon bestimmt, die stramm antikommunistische Militärjunta in Buenos Aires möglichst nicht vor den Kopf zu stoßen.

In ihren Erinnerungen schiebt Margaret die Verantwortung für das zunächst zögernde Verhalten der US-Regierung dem Beraterkreis um Reagan zu, vor allem der amerikanischen UN-Botschafterin Jeane Kirkpatrick (Thatcher 2011, 180; Cannon 2000, 166). Margaret hatte sich jedenfalls schon festgelegt, auf die argentinische Aggression militärisch zu antworten, bevor noch Reagan seine Unterstützung manifest gemacht hatte. Genau genommen hatte die britische Premierministerin den zögernden US-Präsidenten unter Zugzwang gesetzt. Ihr entschlossenes Vorgehen ließ den USA keine andere Option. Reagan hätte es sich nicht leisten können, in der Auseinandersetzung, im Krieg zwischen dem argentinischen Aggressor und dem engsten Verbündeten der USA neutral zu bleiben. Sobald Margaret sich entschlossen hatte, das britische Militär im Südatlantik einzusetzen, hatte sie die USA faktisch gezwungen, sie zu unterstützen. Margaret Thatcher erwies sich im Falkland-Konflikt als meisterhafte Strategin.

Mit Reagan hatte Margaret von Anfang an eine enge politische Beziehung hergestellt. Die Gemeinsamkeit der politischen Agenda – vor allem die neoliberale (in den USA: die „neokonservative“) Deregulierungspolitik – war die Basis eines globalen Zusammenspiels zwischen zwei Personen, die eigentlich sonst nicht allzu viel gemeinsam hatten. Reagan, der dazu neigte, sich auch im „Weißen Haus“ der Politik nur in einer sehr lockeren Form zu widmen; und Margaret, die viel mehr als Reagan ein „political animal“ war, die durch und durch in der Politik aufging – die beiden hatten „ideologisch“ viel gemeinsam; sie verband ein anti-etatistisches Grundverständnis, das auf weniger Staat, weniger „government“ drängte und dem freien Spiel der Kräfte vor allem in Wirtschaftsfragen möglichst keine Hindernisse in den Weg legen wollte. Aber auch wenn Margaret in ihren Memoiren die besonders enge Beziehung zu Reagan immer und immer wieder in den Vordergrund stellt (Thatcher 2011, 157–166) – es war keine von persönlicher Wärme, sondern von politischem Kalkül geleitete Beziehung; und es war – und das war Margaret nicht leicht, sich einzugestehen – die Beziehung zwischen Ungleichen: Die USA waren in den Jahrzehnten seit 1941, als die beiden „angelsächsischen Mächte“ eine ihnen von Hitler-Deutschland geradezu aufgezwungene Militärallianz eingegangen waren, immer deutlicher die dominante Kraft geworden.

Aber Margaret war nicht Reagans Ministrantin. Sie teilte mit dem US-Präsidenten den harten antisowjetischen Kurs, und sie nützte, wie Reagan auch, den Beginn der Ära Gorbatschow für eine flexiblere Politik gegenüber der UdSSR. Als 1982 Reagan die Verschärfung westlicher Sanktionen gegenüber der Sowjetunion durchsetzen wollte, hatte er in Margaret eine verlässliche Partnerin. Doch als sich der Präsident anschickte, über Thatcher hinweg auch auf britische Konzerne Druck auszuüben, um deren Geschäftsverbindungen mit der Sowjetunion zu beenden, machte er Margaret geradezu wütend: Britische Firmen seien doch nicht amerikanischem

Recht unterstellt. Intern zeigte sich Margaret von Reagans eher plumpem Vorgehen enttäuscht: Reagan zeige, dass er sich kein genaueres Wissen über die gesamte Materie der Handelsbeziehungen mit der UdSSR angeeignet hätte (Moore 2013, 583 f.).

Es war also keine unkritische „Unterwerfung“ unter die von Reagan betriebene Politik, die Margaret bestimmte. Sie wurde geleitet durch ihre langfristige geopolitische Präferenz: im Zweifel sich mit den USA abzustimmen – auch auf Kosten der Beziehungen zu den europäischen Partnern.

Dass die besondere Beziehung zu den USA unbedingt Vorrang vor der britischen Europa-Orientierung hatte, wurde auch – in der Thatcher-Tradition – von Tony Blair unterstrichen. Als die von ihm geführte britische Regierung sich 2003 an der von den USA diktierten Invasion des Irak beteiligte, während die wichtigsten kontinentaleuropäischen NATO-Partner – Frankreich, Deutschland – von diesem Militärschlag gegen die Diktatur Saddam Husseins Abstand nahmen, unterstrich Blair Margarets Priorität: Britanniens erste Loyalität sollte den USA gelten – und nicht den (anderen?) „Europeans“, zu denen sich viele im Vereinigten Königreich nicht zählen mochten. Ihr Erbe war bei Tony Blair auch außen- und weltpolitisch gut aufgehoben.

Margarets Euroskeptizismus bedingte mit, dass sich das Vereinigte Königreich jeder Vertiefung der europäischen Integration entgegenstellte. Das Vereinigte Königreich boykottierte die im Schengen-Abkommen verankerte Reisefreiheit und die Währungsunion des Maastricht-Vertrages. Überdies war Margaret gegenüber allen Versuchen ablehnend, die Aufgaben der EU in Richtung einer gemeinsamen Außen- und Sicherheitspolitik weiterzuentwickeln. Sie sah darin eine potentielle Bedrohung der NATO und der besonderen Rolle der britisch-amerikanischen Partnerschaft.

Die Euroskepsis Margarets als Premierministerin war auch mit ihrer kritischen Haltung zur deutschen Einigung verbunden. Unter ihrer Führung war das Vereinigte Königreich die letzte der vier alliierten Siegermächte des Jahres 1945, die – nach den USA, nach der UdSSR und auch nach dem zunächst ebenfalls zögernden Frankreich – dem zwischen George Herbert W. Bush, Michael Gorbatschow und Helmut Kohl bereits ausgehandelten Modus des Beitritts der in Bundesländer zerschlagenen DDR zustimmte (Rice, Zelikow 1997, 206 f.). In ihren Wortmeldungen war auch deutlich ein germanophober Unterton herauszuhören – etwa im Dezember 1989, als sie erklärte: „We beat the Germans twice, and now they're back." (O'Rourke 2019, 155).

4.2.3 Der „Margaret-Faktor 3": Weltpolitischer Realismus

Es gibt gute, nachvollziehbare Gründe, Margarets Wirtschaftspolitik als retro-kapitalistisch einzuordnen. Es gibt überhaupt keinen Grund, ihre Außenpolitik retro-imperialistisch zu nennen. Sie versuchte nicht, das britische Empire wiederzubeleben. Sie dachte nicht daran, den von der Regierung Clement Attlees begonnen Weg der Entlassung der britischen Kolonien in die Unabhängigkeit rückgängig zu machen. Wie sollte sie auch? Sie akzeptierte, dass das Vereinigte Königreich nicht mehr als Weltmacht Nummer eins agieren konnte, die es zwischen 1815 und 1914 war, als Britannien die Weltmeere beherrschte. Aber der antikolonialistische Reflex, der gerade auch die britische Linke bestimmte – von Michael Foot bis Jeremy Corbyn –, der war ihr völlig fremd. Sie war deshalb keine Imperialistin, weil sie Realistin war.

Ihr Realismus wurde bereits kurz nach ihrem Amtsbeginn herausgefordert. Dass die „weiße" Minderheitsregierung des früheren Südrhodesiens auch als Protest gegen die Entkolonialisierungspolitik britischer Regierungen 1965 einseitig seine Unabhängigkeit erklärt hatte, belastete die britischen Beziehungen zu seinen vormaligen Kolonien in Afrika. Im August 1979, beim Commonwealth-Gipfel in Lusaka (der Hauptstadt von Sambia, dem früheren Nordrhodesien) erklärte Margaret, dass das Vereinigte Königreich dem Ziel einer („schwarzen") Mehrheitsregierung in Südrhodesien verpflichtet sei. Die vorhandenen Hoffnungen der „weißen" Minderheit, die neue konservative britische Regierung werde den Kurs der Labour-Regierung verändern, wurden damit zerstört. Und wenig später arrangierte Margaret ein Treffen der Vertreter der „schwarzen" Parteien Südrhodesiens (Zimbabwes) in London. Damit unterstrich sie, dass sie keine Absicht hätte, in einer Fortsetzung des britischen Imperialismus von gestern den Übergang von einer „weißen" Minderheitsregierung zu einer Mehrheitsregierung zu blockieren (Thatcher 2011, 72–78).

Ihr weltpolitischer Realismus war das eine – ihre ideologische Orientierung war etwas anderes. An antikommunistischer Rhetorik ließ sie sich von niemandem übertreffen. Dennoch: Die Antikommunistin Margaret war nie bereit, diese ihre grundsätzliche Überzeugung zur generellen Richtschnur ihrer Außenpolitik zu machen. Das zeigte sich in ihrer Flexibilität gegenüber der Volksrepublik China. 1982 besuchte sie als Premierministerin China und stellte in Gesprächen mit dem kommunistischen Parteichef Deng Xiaoping ein pragmatisches Verhältnis her, das Kooperation ermöglichte, ohne die vorhandenen prinzipiellen Gegensätze zu leugnen. Das war genau der Kurs, den sie wenig später auch gegenüber Gorbatschow einschlug. Mit Deng konnte sie sich verständigen. Aber es ist bezeichnend für Margarets Verständnis, dass sie die Hongkong betreffende Absprache mit dem postmaoistischen chinesischen Partei- und Staatschef auf der Grundlage des Prinzips „Ein Land, zwei Systeme" so einordnete: Deng hätte akzeptiert, dass „zwei verschiedene ökonomische Systeme in einem Land" existieren könnten und sollten (Thatcher 2011, 261). Von zwei verschiedenen politischen Systemen erwähnte sie nichts – etwa von der Koexistenz einer Demokratie und einem Einparteiensystem in einem Land.

Im Fall Hongkong demonstrierte Margaret, dass sie ihre Politik nicht auf einer Empire-Nostalgie gründete: Der britische Imperialismus, der britische Kolonialismus waren für sie Geschichte, eine Vergangenheit, auf die das Vereinigte Königreich zwar stolz sein konnte, die aber nicht wiederbelebt werden konnte. Als die Zukunft Hongkongs auf dem Spiel stand, als klar war, dass China einer Verlängerung der britischen Herrschaft über die Kronkolonie nicht zustimmen würde, suchte sie den Kompromiss – unter den Rahmenbedingungen, die durch Chinas geopolitische Position bestimmt waren. Letztlich opferte sie der Chance auf eine Kooperation mit der aufsteigenden Wirtschaftsmacht der Volksrepublik China den Anspruch der Bewohner der Kronkolonie, die – ähnlich den Bewohnern Gibraltars – mit der Berufung auf ihr Recht auf Selbstbestimmung lieber unter der Herrschaft der Westminster-Demokratie leben wollten als in einer für sie neuen, ihnen bedrohlich erscheinenden Ordnung. Margaret war Realistin: eine Eskalation eines Konfliktes mit China war von einer anderen Dimension als die Eskalation, die sie mit Argentinien riskiert hatte. China war eben nicht Argentinien. Die Auseinandersetzung mit Argentinien war nicht nur als Verteidigung von Selbstbestimmung und Demokratie darzustellen – diese Auseinandersetzung war auch gewinnbar. Mit China war das anders.

Als Michael Gorbatschow 1985 Generalsekretär der Kommunistischen Partei der UdSSR wurde, erkannte Margaret früh – früher als andere, dass die bipolare Ordnung des Kalten Krieges zu Ende ging; dass der von Moskau ausgehende Reformwille, eben weil er auf der von Gorbatschow erkannten Schwäche des Marxistisch-Leninistischen Systems beruhte, eine Chance war: den Kalten Krieg zu beenden und das damit verbundene Ende der lang andauernden Nachkriegszeit für die Gestaltung einer neuen Ordnung zu nutzen. Dass sie dabei Alleingänge bevorzugte, dass sie sich eher mit ihrem Freund im „Weißen Haus“ abzusprechen geneigt war als mit ihren (west)europäischen Partnern, kann aus dem post-imperialen britischen Phantomschmerz erklärt werden. Aber sie hatte erkannt, dass der Westen Gorbatschow nicht als einen heimtückischen kommunistischen Propagandatrick zu sehen hatte, sondern als „window of opportunity" – als die entscheidende Chance, auf friedlichem Weg den Kalten Krieg zu beenden; und zwar durch einen Sieg des Westens.

Gorbatschow hatte 1984 London besucht, ein Gespräch mit Margaret geführt und eine Rede vor dem Unterhaus gehalten. Es war offenkundig mehr er, der sie beeindruckt hatte, als umgekehrt. An Stelle alter Apparatschiks, die bei Kontakten mit dem Westen ausgediente Formeln wie ein Ritual herunterzubeten schienen, war da nun ein – vor allem für sowjetische Standards – junger Mann, der nicht belehren, der vielmehr lernen wollte. Wenn dieser Mann die Zukunft der Sowjetunion repräsentieren sollte – dann war für Margaret die Zukunft des Westens bestens gesichert: nicht unbedingt im Sinne eines Triumphes über den Osten, sehr wohl aber als Möglichkeit eines flexiblen Abtausches politischer und wirtschaftlicher Interessen. Sie sah Gorbatschow als ein Versprechen auf eine Zukunft, in der nicht West und Ost in gleichen Schritten in langsamem Tempo einander näherkommen – wie dies noch 1975 in Helsinki, bei der Konferenz für Sicherheit und Zusammenarbeit in Europa, die im Westen vorherrschende Perspektive war. Sie sah eine Zukunft, in der sich die UdSSR dem Westen und dessen politischen und wirtschaftlichen System immer mehr annähern würde.

Margaret hatte Michael und Raissa Gorbatschow nach Chequers eingeladen, den offiziellen Landsitz der Premierministerin. Das Treffen fand am 16. Dezember 1984 statt. Margarets Berater hatten den erst vor kurzem in das Politbüro aufgerückten Gorbatschow als traditionellen Marxisten-Leninisten angekündigt. Im Zuge der Gespräche, während des Mittagessens und danach, schien Gorbatschows Verhalten diese Einschätzung zu bestätigen – jedenfalls zunächst. Unabhängig vom Inhalt der Diskussion war es aber die Form, mit der Gorbatschow und seine Frau auftraten, die Margaret neugierig machte: Ihr saß nicht der Typus des alten Apparatschiks gegenüber – nicht vom Typus eines Leonid Breschnew, der ein Standardargument nach dem anderen wiederholte, sondern ein gesellschaftlich gewandter Vertreter einer jüngeren Generation der sowjetischen Partei- und Staatsspitze (Thatcher 2011, 459–463).

Margaret übermittelte ihre positive Überraschung, dass mit Gorbatschow jedenfalls ein neuer Stil und möglicherweise ein neuer Inhalt Moskaus Politik zu bestimmen schien, sofort ihrem Freund im „Weißen Haus". Reagan war von Margaret ganz offenkundig „gebrieft" worden, und so erklärt sich auch, dass Reagan im März 1985 – unmittelbar nachdem Gorbatschow von der Position der Nummer zwei des sowjetischen Politbüros zum Generalsekretär aufgerückt war – den neuen sowjetischen Parteichef zu einem Besuch in Washington einlud (Cannon 2000, 668 f.). Margaret war jedenfalls daran beteiligt, dass ab 1984 der Anfang vom Ende des Kalten Krieges (und auch der UdSSR) eingeleitet wurde.

Gorbatschow schildert in seinen Memoiren das Zusammentreffen mit Margaret ähnlich: Es hätte keine inhaltliche Annäherung gegeben, aber die Atmosphäre hatte eine nicht erwartete neue Qualität angenommen: Er betonte, dass er das Direkte an Margarets Gesprächsführung schätzen lernte – und dass offenbar auch sie von seiner Offenheit beeindruckt gewesen wäre. Gorbatschow, zu diesem Zeitpunkt ein neuer Stern in der in der sowjetischen Hierarchie, hätte zur Premierministerin gesagt: „Ich kenne Sie als einen Menschen, der sich zu bestimmten Grundsätzen und Werten bekennt. Das gebietet Achtung." (Gorbatschow 1995, 249).

Margaret sah in Gorbatschow den Vertreter eines neuen Stils sowjetischer Politik – aber noch nicht eines neuen Inhalts. 1987 besuchte sie Moskau. Gorbatschow war in der Zwischenzeit zum Partei- und Staatschef aufgestiegen. In der Vorbereitung auf den Moskau-Besuch machte sich Margaret mit den bereits eingeleiteten Reformen vertraut. 1987 war sie davon überzeugt, dass es Gorbatschow nicht einfach um die Stärkung des alten Systems ginge, sondern darum, die Slogans von „Perestroika“ (Neu-Strukturierung) und „Glasnost“ (Offenheit) zu einer grundlegenden Veränderung des gesamten sowjetischen Systems zu nutzen. Der Besuch in der UdSSR im März und April 1987 bestärkte sie in ihrer Bereitschaft, die Reformpolitik Gorbatschows nicht nur positiv zu sehen, sondern sie auch zu unterstützen – im Zusammenspiel mit den anderen Akteuren des Westens, insbesondere mit Reagan. Dass sie auch die Möglichkeit hatte, offen mit Vertretern der Kirche und der antikommunistischen Opposition zusammenzutreffen, hatten zu dieser Einschätzung beigetragen (Thatcher 2011, 475–485).

Margarets Verständnis von Politik allgemein und von Weltpolitik im Besonderen wird in der Überschrift des Kapitels ihrer Memoiren deutlich, das ihrer Kooperation mit Gorbatschow gewidmet ist: „Men To Do Business With“. Politik als ein Geschäft, als den Abtausch von Interessen zu sehen – das wäre noch nichts Auffälliges. Dass sie aber den persönlichen Kontakt zwischen den einzelnen Akteuren der Politik in das Zentrum ihrer Betrachtungen rückt – und dies immer wieder an ihren persönlichen Beziehungen zu Reagan und Francois Mitterrand, zu Gorbatschow und Deng und Helmut Schmidt konkretisiert, das weist Margaret als eine auffallend „unideologische“ Politikerin aus. Ihre Handlungen wurden von Interessen bestimmt, nicht von Ideen. Das bedeutete freilich nicht, dass sie kein Verständnis für große Entwürfe hatte – diese bezogen sich aber vielmehr auf Wirtschafts- und Gesellschaftspolitik, in diesem Sinne mehr auf Innenpolitik. Die Theorie Friedrich Hayeks war für sie wichtig – das hatte aber nichts mit Weltpolitik zu tun, wie Margaret sie verstand und betrieb. Sie setzte sich auch für sowjetische Dissidentinnen und Dissidenten ein. Aber das bestimmte nicht ihre Weltpolitik; da machte sie „business" mit denen, mit denen „business" zu machen war.

Das mag auch ihre Skepsis gegen das sich zusammenschließende Europa erklären: Mit Mitterrand, dem Staatspräsidenten Frankreichs, war politisch „business" möglich. Die Französische Republik war – als Nuklearmacht und als ständiges Mitglied des UN-Sicherheitsrates – ein Akteur, mit dem das Vereinigte Königreich auf Augenhöhe zu tun hatte. Mit Jacques Delors, dem Präsidenten der EU-Kommission, schien ihr das so nicht möglich zu sein. Da mangelte es ihr an Verständnis und auch am Willen, Politik jenseits nationalstaatlicher Souveränität zu betreiben; Weltpolitik zu konzipieren, die mit der Entwicklung einer transnationalen Ordnung zu tun hatte. Margarets politischer Realismus baute auf dem Prinzip uneingeschränkter nationalstaatlicher Souveränität. Weltpolitik sah sie als etwas, das in letzter Konsequenz bilateral zu betreiben war – in Gesprächen von Staatsfrau zu Staatsmann, in Camp David bei Washington oder in Chequers bei London oder auch im Élysée-Palast in Paris. Multilaterale Weltpolitik war ihr fremd. Und das erleichterte auch ihr Verständnis für Indira Gandhi.

Diese traditionelle Sicht der Politik als „business" zwischen den dazu legitimierten Personen machte sie auch anfällig für Vorurteile. Als es 1989 und 1990 darum ging, die deutsche Einigung durch ein Abkommen der in Deutschland nach wie vor Sonderrechte genießenden vier Alliierten des Jahres 1945 abzusichern, war es Margaret, die sich am längsten querlegte. Helmut Kohl hatte sich bereits mit Gorbatschow geeinigt, und George H. W. Bush, der Nachfolger Reagans, stand dem Aufgehen der DDR in die Bundesrepublik mit besonderer Sympathie gegenüber. Auch Mitterrand konnte von Kohl gewonnen werden. In letzter Minute, bei einer Konferenz in Ottawa im Februar 1990, versuchte Margaret Mitterrand und Bush doch noch dafür zu gewinnen, dass sowjetische Truppen im Osten Deutschlands stationiert bleiben

Abb. 3: Margaret Thatcher und Indira Gandhi in London, 14. November 1978: Zwei Frauen, die einander schätzten. © akg-images.

sollten – was faktisch die deutsche Einigung blockiert hätte. Sie argumentierte auf eine Weise, die auf eine antideutsche „Urangst" schließen ließ: Ein einiges Deutschland wäre stärker als Japan (Maier 1997, 263).

Die Bedrohung durch einen deutschen Revanchismus und Revisionismus durch die Mitgliedschaft eines geeinten Deutschlands in NATO und EG erschien den USA als eine Phantasie der Vergangenheit. Dass Thatcher eine solche Bedrohung nicht ausschloss, zeigt, dass nationale Feindbilder sich unter bestimmten Voraussetzungen Margarets Realismus und auch ihrem Atlantizismus in den Weg zu stellen vermochten. Ist es beruhigend – oder beängstigend, dass eine Regierungschefin, deren Handhabung der Macht zumeist von professioneller Glätte (und Härte) bestimmt schien, auch Emotionen zeigte?

Delors, den sie als französischen Finanzminister kennen und auch schätzen gelernt hatte, wurde – als Präsident der Europäischen Kommission – für Margaret zum Symbol eines Europas, das versuchte, über die Köpfe der europäischen Staats- und Regierungschefs hinweg Politik zu machen. Delors wurde für sie zum Prototyp eines europäischen „Föderalisten", der seine Fähigkeiten einsetzte, die Europäische Gemeinschaft zu einer zentralistischen Union zu machen. Margaret opponierte mit einer geradezu Verachtung ausdrückenden Haltung gegen eine Stärkung der Gemeinschaft, als sie etwa – im Zusammenhang mit der Entstehung des Gemeinsamen Marktes – feststellte, Delors maße sich an, die Rolle eines europäischen Präsidenten zu spielen. Dem musste sie entgegenhalten – durch das unbedingte Festhalten an der Vetomacht der nationalstaatlichen Regierungen im Konzert des Europäischen Rates; und das hieß natürlich an ihrer eigenen Vetomacht (Thatcher 2011, 558 f.).

Margarets weltpolitischer Realismus ließ das Potential einer mit vereinter Stimme sprechenden, aus einem gemeinsamen Interesse heraus handelnden Europäischen Union unbeachtet. Das kann, vor dem Hintergrund der Zeit ihrer Regierungstätigkeit, als Konsequenz der Einsicht in das Mögliche – und nicht in das (vielleicht) Wünschenswerte gesehen werden. Ob Boris Johnson weltpolitisch realistisch handelte, als er Margarets Euroskeptizismus an einen logisch angelegten Endpunkt führte – zum Austritt aus der EU –, muss offen bleiben; ebenso die Frage, ob eine Premierministerin Thatcher denselben Schritt gesetzt hätte wie ihr Nach-Nachfolger an der Spitze von Partei und Regierung.

5. Das Weibliche in der Politik: Selbstzerstörung durch Erfolg?

> Zur Zeit befinden wir uns in einer Übergangsperiode; diese Welt hat immer den Männern gehört und ist noch in ihren Händen; die Einrichtungen und Werte der patriarchalischen Kultur bestehen noch zum großen Teil. (De Beauvoir 1968, 147)

Simone de Beauvoir formulierte ihre Diagnose einer „Übergangsperiode“ um die Mitte des 20. Jahrhunderts. War diese Periode am Beginn des 21. Jahrhunderts schon vorüber, war de Beauvoirs Diagnose überholt? Hat die patriarchalische Kultur einer anderen Platz gemacht – und wenn ja, welcher? Und wie drückt sich dies in der Politik aus?

De Beauvoir versuchte, einen marxistischen Zugang mit einem feministischen zu verbinden. Sie war aber – und in diesem Sinn war für sie der Marxismus gegenüber dem Feminismus sekundär – nicht davon überzeugt, dass die Dualität des Geschlechterverhältnisses als „sekundärer Widerspruch“ mit der Aufhebung des „primären“ Klassenwiderspruchs sich mehr oder weniger von selbst auflösen würde (Coole 1988, 237 f.). Mit dem hartnäckigen Weiterbestehen des Frau-Mann-Gegensatzes, ausgedrückt im Weiterleben einer patriarchalischen Kultur – und zwar auch im „real existierenden Sozialismus“ vor dessen Untergang 1989 –, blieb die Frage nach dem spezifisch Weiblichen in der Politik offen. Trotz der rasanten Veränderungen konnte und kann keine Rede vom Ende der patriarchalischen Kultur sein: nicht in West- und nicht in Osteuropa und auch nicht in Nord- oder Südamerika, nicht in Asien und nicht in Afrika. Denn de Beauvoirs Befund für die Zeit um 1950 ist auch für Gesellschaft und Kultur am Beginn des 21. Jahrhunderts aktuell. De Beauvoirs Befund muss aber bezüglich der Sphäre der Politik revidiert werden, der Politik, wie sie jedenfalls in Europa und Nordamerika beobachtet werden kann. In der Politik nahm die politisch messbare Macht von Frauen rasant zu – und, damit unvermeidlich verbunden, nahm die politische Macht der Männer ebenso rasant ab.

Doch jenseits der Politik leistete das Patriarchat hartnäckig und teilweise erfolgreich Widerstand. Die Hegemonie der Männer in der Gesellschaft außerhalb der Politik im engeren Sinn – also in Wirtschaft und Kultur und Familie – ist zwar schwächer geworden, aber sie existiert nach wie vor. De Beauvoir müsste im 21. Jahrhundert den Wandel, der vor allem (aber nicht nur) in der Politik stattgefunden hat, ausdrücklich berücksichtigen und auch würdigen. Der Kern ihres Befundes – das Weiterbestehen des Patriarchats – ist jedoch nach wie vor aktuell. Parlamente und Regierungen sind zwar mehr oder weniger „verweiblicht", im Sinne einer sichtbaren, einer viel stärkeren Präsenz von Frauen in politischen Machtpositionen. Aber in den Bereichen der Kultur und der Unterhaltungsindustrie, in der „Hochkultur" und vor allem auch in den Familien ist die Hegemonie der Männer, ist das Patriarchat nicht vorbei. Und auch in der globalisierten Ökonomie dominieren nach wie vor Männer.

Diese kognitive Dissonanz zwischen einer politisch normierten rechtlichen Gleichheit der Geschlechter und der real existierenden gesellschaftlichen Ungleichheit beruht auf dem, was Kate Millett den „Weiblichkeitswahn" nennt: Das Fortleben einer für Frauen reservierten Rolle in einem Getto, das – romantisierend – gelegentlich auch als Privileg stilisiert wird. Der Mann muss hinaus ins feindliche Leben, und die Frau sorgt für eine emotionale Idylle. Mit dieser Rollenzuschreibung wurden Frauen auch nach der Errungenschaft der nach 1900 erkämpften politischen Gleichheit über Jahrzehnte von den Zentralen der Macht, also von der Politik, weitgehend ferngehalten – und das wurde dann auch noch als Vorrecht der Frauen dargestellt (Millett 1977).

Das hat sich im Laufe der zweiten Hälfte des 20. Jahrhunderts teilweise geändert – jedenfalls in Europa, in Amerika, in Teilen Asiens. Doch damit ist der Weiblichkeitswahn nicht verschwunden, dadurch ist die patriarchalische Kultur nicht einfach nur in Archiven und Museen zu studieren, als Teil einer historisch abgeschlossenen Periode. Weiblichkeitswahn und Patriarchat leben weiter – aber nicht mehr in dem Umfang und in der Stärke, wie noch von de Beauvoir und Millett diagnostiziert. Ein Wandel hat stattgefunden. Und dieser Wandel, den auch die ideologisch überhöhte Rechtfertigung der faktisch weiterbestehenden männlichen Vorrechte nicht verhindern konnte, lässt sich besonders deutlich im Zentrum der Verteilung gesellschaftlicher Macht feststellen – in der Politik.

In anderen Bereichen ist der Abbau von patriarchalischer Kultur und von Weiblichkeitswahn viel weniger fortgeschritten – etwa in der Populärkultur von Sport und Unterhaltung. Auch wenn im 21. Jahrhundert der Frauenfußball weltweit an Aufmerksamkeit gewinnt – der Männerfußball ist finanziell viel, viel besser ausgestattet. Und auch die US-amerikanische Profi-Basketballliga für Frauen (WNBA) kann es in keiner Weise mit der gesamtgesellschaftlichen Resonanz der männlichen NBA aufnehmen (Markovits, Hellerman 2001, 154, 174–181). Der Sport insgesamt bildet einen Schutzschild. Hinter diesem können Männer – auch die, die sich in politischer Frauenfreundlichkeit von niemandem überbieten lassen wollen – eine de facto geschlossene Sphäre der Männlichkeit aufrechterhalten.

In der Unterhaltungsindustrie Hollywoods wie auch in den Stätten der Hochkultur – etwa in der internationalen Opernwelt – überwiegen die Berichte über sexuelle Ausbeutung von Frauen durch Männer bei weitem alle anderen Skandale der Ausnutzung von zwischenmenschlicher Abhängigkeit. In Indien, in dem von Indira Gandhi geprägten Land, werden Berichte über Vergewaltigungen von Frauen durch Männer oft gesellschaftlich mit Achselzucken hingenommen. Und der global stattfindende Menschenhandel ist vor allem ein Handel mit Frauen.

Frauen haben – punktuell – in der Kultur des Patriarchats Fuß gefasst. Das Ausmaß an Frau-Mann-Ungleichheit ist in (fast) allen Bereichen der Gesellschaft geringer geworden. Aber von einem Ende des kulturell vermittelten Vorrangs der Männer kann keine Rede sein – in China nicht, das sich formell noch immer zum Marxismus-Leninismus bekennt; in der Europäischen Union nicht; nicht in Indien und nicht in den USA.

Die Politik freilich ist in der zweiten Hälfte des 20. Jahrhunderts eine andere geworden. Der Untergang der beiden großen totalitären Systeme des Jahrhunderts war ein tiefer Einschnitt. In den in vielen Schattierungen und mit vielen Defiziten in Europa, Amerika, weiten Teilen Asiens, auch Afrikas dominanten Systemen liberaler (pluralistischer) Demokratie zählen Frauen zu den politischen Hauptgewinnern der Entwicklung in der Schlussphase des vergangenen Jahrhunderts. Der politische Siegeszug der Frauen war sichtbar und messbar in den Zentren der Politik. Dieser Siegeszug war kein „Geschenk" – kein Geschenk irgendeines Himmels, auch kein Geschenk wohlwollender Männer. Er war erkämpft. Und er war vor allem eines: Er war nicht aufzuhalten.

Den Männern ist das Monopol in der und auf die Politik abhandengekommen – auch wenn in der Gesellschaft insgesamt eine Dissonanz weiter existiert. Diese besteht im Widerspruch zwischen der sichtbaren politischen Macht von Frauen auf der einen Seite und dem Weiterwirken vieler Grundmuster des Patriarchats auf der anderen. Trotz einer der Gleichheit der Geschlechter verpflichteten Gesetzgebung ist der gesellschaftliche Vorrang der Männer nach wie vor eine Tatsache, auch wenn dieser Vorrang im abgelaufenen Jahrhundert schwächer geworden ist. In den Spitzenpositionen einer globalisierten Wirtschaft sind im ersten Viertel des 21. Jahrhunderts Frauen noch immer eine Ausnahmeerscheinung, eine exotische Besonderheit, wie sie dies ein Jahrhundert davor in den Parlamenten und Regierungen Europas und Nordamerikas waren. Im familiären Alltag verändert sich vieles, auch im Gefolge der ökonomischen Nachfrage nach weiblicher Arbeitskraft – aber eine annähernd gleiche Verteilung der Zuständigkeit und der Lasten bezogen auf Kindererziehung und Hausarbeit ist zwischen Frauen und Männern nicht erreicht. Bestimmte Berufe wie Kranken- und Altenpflege sind vorwiegend weiblich dominiert. Andere wiederum, zumeist durch materielle Anreize besonders attraktiv gemacht, sind weiterhin vor allem männlich besetzt.

Eine reale Gleichstellung von Frauen und Männern war in den Schaltzentren der Politik, in Parlamenten und Regierungen, offensichtlich eher durchzusetzen als in den Vorstandsetagen der Konzerne. Eine solche kritische Bewertung geht von der Annahme aus, dass es – auch und gerade im Interesse der Frauen – wünschenswert wäre, eine Parität der Geschlechter in allen diesen Bereichen herbeizuführen. Ob diese Egalität der Geschlechter wünschenswert ist, das kann sicherlich auch an den Beispielen beobachtet werden, die Eleanor, Indira und Margaret bieten. Eine solche Bewertung ist aber unter einer Voraussetzung unbedingt wünschenswert – dann, wenn die Grund- und Freiheitsrechte ernst genommen werden.

Um 1950 beobachtete de Beauvoir „das hartnäckige Überleben der ältesten Traditionen in einer neuen Zivilgesellschaft, deren Grundlinien sich bereits deutlich abzeichnen“ (de Beauvoir 1968, 149). Diese Hartnäckigkeit des kulturellen (eben nicht mehr oder kaum noch politischen) Widerstandes gegen eine „neue Zivilgesellschaft“ jenseits des Patriarchats ist in den letzten Jahrzehnten schwächer geworden, aber sie ist weiterhin da. Jedoch: Ist die Entwicklung einer solchen neuen Gesellschaft, deren Konturen in der zweiten Hälfte des vergangenen Jahrhunderts immer deutlicher hervorgetreten sind, das Ergebnis von Politik? Hat die Politik auf den gesellschaftlichen Wandel bloß reagiert – oder hat sie ihn ausgelöst? Und: Haben Frauen in der Politik einen erkennbar positiven Anteil an der Entwicklung weg von einer weiterhin vorhandenen, aber schwächer werdenden Kultur des Patriarchats – oder ist die Feminisierung der Politik bloßer Reflex gesellschaftlicher Prozesse, die ablaufen, ohne unmittelbar politisch gesteuert zu werden, und zwar auch nicht von Frauen?

Die patriarchalischen Traditionen in Kultur und Gesellschaft sind im Rückzug. Was aber tritt an ihre Stelle? Eine Gesellschaft, die – in Anlehnung an das von Martin Luther King ausgedrückte Ziel einer „color blindness", einer Farbenblindheit der US-amerikanischen Gesellschaft – die Differenz zwischen Frau und Mann für politisch irrelevant erklärt und diese Einsicht auch umsetzt? Was aber, wenn das (angeblich) Männliche und das (angeblich) Weibliche in Gesellschaft und Politik konvergieren – was ist dann noch spezifisch männlich, was ist spezifisch weiblich jenseits von Biologie?

Mary Beard hat ihren Essay „Frauen an der Macht" mit einem Bezug zu Charlotte Perkins Gilman und deren Buch „Herland" begonnen. Gilmans 1915 veröffentlichte Utopie beschreibt eine weibliche Gesellschaft und deren politische Ordnung – ohne Männer (Beard 2018, 53–56). In dieser ausschließlich weiblichen Gesellschaft gibt es keine politische Arbeitsteilung, keine Herrschaft von Menschen (also Frauen) über Menschen (Frauen). Unabhängig von der konstruierten Irrealität einer solchen Laborsituation wirft Beard aber – Gilmans utopischen Roman nutzend – die Frage auf, ob Frauen in der Lage sind, auf Macht und Herrschaft zu verzichten; ob also Macht und Herrschaft eine genuin männliche, eine nur männliche Form gesellschaftlichen Verhaltens und politischer Ordnung sind:

> „Wenn wir über das Wesen der Macht nachdenken und darüber, was sie vermag, sollten wir dann hinsichtlich einer Veränderung und einer Beteiligung der Frauen an der Macht optimistisch sein?" (Beard 2018, 88)

Darauf gibt Beard keine direkte Antwort. Sie bemüht aber das Beispiel Margaret Thatchers, um eine ihre (begründete) Ratlosigkeit mit differenziertem Optimismus zu verschleiern. Beard schreibt, mit erkennbar positivem Unterton, Margaret sei „ziemlich gut darin" gewesen, „die Schwachstellen im Arsenal männlicher Tories auszunutzen" (Beard 2018, 81). Margaret habe die Macht erfolgreich genutzt – in dem Sinn, wie Männer dies auch tun. Mit anderen Worten: Die Macht und deren Instrumente, eingesetzt von geschichtsmächtigen Frauen, sind nicht verschieden von der Macht, die Männer nutzen.

Das Ergebnis der Macht von Frauen – wie im vordemokratischen Zeitalter von Elisabeth, Maria Theresia und Katharina und im 20. Jahrhundert von Eleanor, Indira und Margaret demonstriert – ist die Möglichkeit einer Machtgleichheit von Frau-Sein und Mann-Sein; und nicht eine neue Ungleichheit mit umgekehrten Vorzeichen. Um die Chancen zu einer solchen Gleichheit zu nützen, ist die real existierende Kultur des Patriarchats weiter abzubauen, nicht aber durch eine (erträumte) Kultur eines Matriarchats zu ersetzen.

5.1 Frauen in der Politik – Weibliche Politik?

Das spezifisch Weibliche – was bleibt davon, was ist das überhaupt in der Politik? Macht es einen Unterschied, dass am Beginn des 21. Jahrhunderts in fast allen Teilen der Welt die aktive Beteiligung von Frauen in der Politik als selbstverständlich gilt – während eine solche Beteiligung am Beginn des 20. Jahrhunderts von „extremen Suffragetten" erst mühsam zu erkämpfen war? Der Unterschied im Bereich von „politics" ist klar: Frauen wählen zumeist mehr oder weniger anders als Männer, und das oft in durchaus signifikantem Maße. Aber spiegelt sich diese Differenz auch im Bereich der „policies"? Frauen haben in Parlamenten und Regierungen sich alle Positionen erobert, auch die, die einmal als „typisch männlich" galten – etwa als Ministerinnen, die für Sicherheit und Verteidigung, also für das Militär zuständig sind. Sie sind verantwortlich für Polizeigewalt und für die Ordnung eines Staatshaushalts. Sie sprechen Recht über Frauen und Männer, auch in Höchstgerichten. Hat diese Konvergenz der Funktionen und Rollen von Frauen und Männern im politischen System zu anderen politischen Inhalten, zu einer neuen Qualität geführt?

Ist es ein Erfolg weiblicher Politik, dass in der US-Armee weibliche Offiziere in allen Waffengattungen aktiv Dienst verrichten? Oder ist es ein Sieg des Patriarchats, das Frauen „vermännlicht" hat – unter der Tarnung einer ständig wachsenden, aber bloß „formalen" Gleichheit der Geschlechter? Ist die politische Prominenz und ist die Geschichtsmächtigkeit etwa Indira Gandhis ein Beleg für den Aufstieg der Frauen – oder für deren Abstieg in die Niederungen einer nach wie vor substantiell „männlichen" Macht, und zwar auch der Macht, die den Einsatz von physischer Gewalt des Menschen gegen den Menschen erfordert?

Bei der Analyse des Weiblichen in der Politik ist der Falle eines Wunschdenkens auszuweichen. Man (frau) erwartet, hofft oder befürchtet nur zu oft, dass weibliches Verhalten ein anderes ist, ein spezifisches, ein (irgendwie) besseres (vielleicht auch schlechteres) als männliches Verhalten. Frauen wird ein Mehr an Empathiefähigkeit, ein Plus an Friedensorientierung, eine größere soziale Wärme zugeschrieben. Und viele erwarten deshalb von Frauen in der Politik ein Mehr an Mitgefühl für die Schwachen und ein Minus an Gewaltbereitschaft. Andere wiederum erwarten von Frauen in der Politik ein Minus an Professionalität und Effizienz. Beide Erwartungen gehen von einer vorgegebenen, quasi natürlichen Differenz von Frau-Sein und Mann-Sein in Gesellschaft und Politik aus.

In der Politik, jedenfalls in der Demokratie, ist der Vorrang der „Verantwortungsethik“ gegenüber der „Gesinnungsethik“ unvermeidlich. Letztere können sich vielleicht Diktatoren leisten, die keine Wahlen gewinnen müssen; oder auch Prophetinnen, die – immer an der Grenze zu irgendeinem Fundamentalismus (und oft diese Grenze überschreitend) – das klar erkennbar Gute tun und ebenso das unbestritten Böse bekämpfen wollen. „Gesinnungsethik“ muss sich nicht erfolgreich im Konkurrenzkampf der Interessen und Werte bewähren, in einem relativierenden Wettbewerb, der eine nicht von einem breiten gesellschaftlichen Konsens getragene Ethik a priori zur Niederlage verurteilt. Wenn aber eine von „Gesinnungsethik“ motivierte Politik an gegenläufigen Interessen vorbei ein Reich des „Guten“ errichten will, dann zerstört sie letztlich die Demokratie, deren Grundtugend ein (freilich nicht wertfreier) Relativismus ist.

Das „Reich des Guten“ mag das Reich Gottes christlicher Wiedertäufer sein, oder auch die Ordnung derer, denen die Worte des Koran eine zwingende, wortwörtlich verstandene Anweisung bei der Gestaltung der Gesellschaft sind. Ein solches Reich der Perfektion mag das sein, was als mittelfristige Perspektive Leninisten vor Augen hatten (haben?), die einer „Diktatur des Proletariats“ das Wort redeten (reden?) – unter der impliziten Annahme, dass sie als „Vorhut der Revolution“ für das Proletariat sprechen und dieses mit dem „Volk“ von morgen gleichgesetzt werden kann. Die Herrschaft des „Guten“ kann, wie dies Margaret Atwood in „The Handmaid’s Tale“ literarisch beschrieben hat, ein männerbündischer, misogyner Gottesstaat sein. Aber diese negative Utopie, diese Dystopie – wäre sie auch denkbar als männerfeindliche Diktatur, in der

Frauen bestimmen und Männer dienen? Sind Frauen a priori gefeit vor der Rigidität einer Diktatur des „Guten"?

Die Falle eines feministischen (oder frauenfreundlichen) Wunschdenkens gleicht der Falle philosemitischen Wunschdenkens. In einem nachvollziehbaren, vom Standpunkt universeller Menschrechte höchst berechtigten Zorn über die Diskriminierung eines letztlich willkürlich negativ punzierten Teils der Gesellschaft (Juden, Frauen, „Zigeuner", „Farbige", Homosexuelle und andere) entsteht eine Empathie mit den Opfern von Unterdrückung. Aus dieser Empathie wächst wiederum die Neigung, diese Opfer zu kanonisieren, sie als Menschen einer besonderen, einer besseren Qualität zu sehen. Warum aber sollen Jüdinnen und Juden bessere Menschen sein – nur weil Jüdinnen und Juden über Jahrtausende wegen ihres Judentums verfolgt, entrechtet, ermordet wurden? Warum sollen Frauen bessere Menschen sein – nur weil die Geschichte der Menschheit, soweit sie empirisch nachvollziehbar ist, die einer brutalen, oft auch mörderischen Geschichte der Herrschaft von Männern über Frauen war?

In einer Demokratie, deren Grundlage der Satz „Alle Menschen sind frei und gleich geboren" ist, sind Menschen einer bestimmten Gemeinschaft nicht a priori „besser" – ebenso wenig wie sie von vornherein „schlechter" als andere sind. Menschen sind nicht besser oder schlechter in einem ethischen Sinn; auch nicht besser oder schlechter in ihren angeborenen Fähigkeiten – etwa zu lernen, Kinder zu erziehen, Güter zu produzieren, neue Erkenntnisse zu gewinnen, Politik zu „machen".

Der von Eleanor, Indira und Margaret repräsentierte Aufstieg der Frauen in der Politik unterstreicht die Fähigkeit von Frauen, im politischen Geschäft höchst erfolgreich zu sein. Aber sie sind für dieses Geschäft nicht von vornherein besser geeignet als Männer. Der intellektuelle (und politische) Kampf gegen den Antisemitismus (oder auch gegen jede Form des Rassismus) zielt auf die Dekonstruktion ideologisch behaupteter, letztlich erfundener Differenzen. Der intellektuelle (und politische) Kampf gegen die Diskriminierung von Frauen und gegen die Kultur des Patriarchats zielt in eben diesem Sinn auf die Aufhebung von erfundenen, von ideologisierten, von konstruierten sozialen und politischen Differenzen zwischen Frau und Mann. Der Kampf gegen jede Diskriminierung beginnt mit der Dekonstruktion des konstruiert „Anderen" – etwa des konstruiert "Jüdischen" oder des konstruiert „Weiblichen".

Die Rahmenbedingung eines demokratischen Wettbewerbes ist der Respekt vor Vielfalt. Eine wehrhafte Demokratie baut auf einer politischen Relativitätstheorie. Sie ist eine politische Ordnung, die alle Interessen, Meinungen, Wertvorstellungen unter der Voraussetzung respektiert, dass alle die Vielfalt der Interessen, Meinungen, Wertvorstellungen respektieren. Innerhalb eines solchen Rahmens ist das Gute immer nur das relativ Bessere, und in diesem Sinn kann das Wünschenswerte immer nur als das kleinere Übel verstanden werden.

Von diesem ehernen Gesetz der Relativität, von diesem Gesetz der Logik des kleineren Übels sind Frauen in der Politik ebenso wenig frei wie Männer. Diesem Gesetz folgend hatte Eleanor Verständnis für die opportunistischen Züge der Politik ihres Mannes im „Weißen Haus", der den Rassismus der Demokraten der Südstaaten einkalkulieren und in Grenzen auch akzeptieren musste, um Präsident zu bleiben – weil die Alternative ein größeres Übel gewesen wäre, das Ende des „New Deal", ohne dass dadurch die Diskriminierung der „Schwarzen" geringer geworden wäre. Diesem Gesetz folgte Indira, als sie Gewalt einsetzte, um das von Mahatma Gandhi entworfene und von Nehru gestaltete komplexe Puzzle namens Indien vor dem fundamentalistischen Anspruch eines nur auf Religion aufbauenden Fundamentalismus zu retten. Sie tat dies in Amritsar, 1984, gegenüber dem ethno-nationalen wie auch religiösen Fundamentalismus von Sikhs. Und diesem Gesetz folgte auch Margaret, als sie die britischen

Streitkräfte in den Südatlantik schickte, um den argentinischen Militärdiktatoren ihren auf einem Pseudo-Antikolonialismus beruhenden Anspruch auf die „Malvinas" streitig zu machen – nicht aber ins Südchinesische Meer, um der Kronkolonie Hongkong das Recht auf Selbstbestimmung zu sichern.

Eleanor riskierte immer wieder ihre Glaubwürdigkeit gegenüber den konsequenter, radikaler auftretenden KämpferInnen für die BürgerInnenrechte der afroamerikanischen Community, weil sie Verständnis für die Sachzwänge ihres Mannes, des Präsidenten, hatte; Indira setzte sich dem Vorwurf autoritärer Tendenzen aus (den sie zwischen 1975 und 1977 auch zu Recht auf sich gezogen hatte), als sie 1984 den Angriff auf den „Goldenen Tempel" von Amritsar befahl; und Margaret musste damit leben, dass ihr – die für die Reduktion des vor und nach 1945 aufgebauten sozialen Netzes verantwortlich war – „soziale Kälte" vorgeworfen wurde. Hätten Männer so gehandelt wie Indira und Margaret, hätten Männer sich am öffentlichen Diskurs in derselben Weise beteiligt wie Eleanor – diese Männer hätten sich derselben Kritik, denselben Vorwürfen zu stellen gehabt. Warum sollen Frauen mit anderen Maßstäben gemessen werden als Männer?

Weder Eleanor noch Indira noch Margaret waren spezifisch „soft", weich, wie das einer klischeehaften Zuschreibung des angeblich „Weiblichen" entsprechen würde. Eleanors Eintreten für die BürgerInnenrechte kann und muss auch als Ausdruck ihrer Empathie gesehen werden – aber in dieser Hinsicht war sie nicht anders als (auch „weiße") Männer, die sich ebenso in den Bürgerrechtsorganisationen (wie der NAACP) für dieselben Ziele einsetzten. Indira unterstützte 1971 die Loslösung Ostpakistans (Bangladeschs) von Pakistan mit militärischen Mitteln – entsprach das nicht eher dem Klischee von „Männlichkeit" als einer als spezifisch weiblich konstruierten Tugend unbedingter Friedfertigkeit? Margaret war bereit, für das Selbstbestimmungsrecht einiger Englisch sprechender Schafzüchter im Südatlantik Krieg mit Argentinien zu führen – aber ebenso legte ihr ein realistisches Kalkül nahe, in der Frage der Zukunft Hongkongs sich mit der Volksrepublik China am Verhandlungstisch zu einigen, vorbei an den Interessen der Millionen Menschen in Hongkong.

Diese drei Frauen kalkulierten und wiegten ab, welches Übel sie in Kauf zu nehmen und welche Interessen sie abzutauschen hätten, um bestimmte Ziele zu erreichen. Sie waren gezwungen, zwischen einzelnen Interessen und Werten zu wählen und Prioritäten zu setzen. Eleanor, Indira, Margaret – sie waren nicht spezifisch „anders" als Franklin Roosevelt oder Jawaharlal Nehru, auch nicht anders als Winston Churchill oder Boris Johnson. Eleanor, Indira, Margaret waren erfolgreich, weil sie effizient, weil sie hoch professionell waren – und nicht, weil sie eine spezifisch weibliche Note in die Politik gebracht hätten.

Beantwortete Golda Meir als Regierungschefin Israels das Attentat auf das israelische olympische Team im September 1972 mit besonderer Härte, als auf ihre Anordnung hin und in ihrer politischen Verantwortung der israelische Geheimdienst jeden einzelnen der Mörder überall in der Welt verfolgte und tötete, weil sie, Golda, eine Frau war? Oder waren Israels Streitkräfte auf den Militärschlag Ägyptens und Syriens im September 1973 deshalb nicht optimal vorbereitet, weil an der Spitze der israelischen Regierung eine Frau stand? Diese Fragen mit einem doppelten Ja zu beantworten, das wäre seriös ganz bestimmt nicht möglich; allein schon deshalb nicht, weil nicht einmal Härte und dann wieder Schwäche als Folge von Weiblichkeit angeführt werden können. Golda Meirs Frau-Sein spielte 1972 und 1973 keine erkennbar signifikante Rolle; wohl ebenso wenig wie Indiras Frau-Sein 1971 im Krieg um Bangladeschs Unabhängigkeit oder Margarets Frau-Sein im Falklandkrieg von 1982; und auch nicht Eleanors Frau-Sein in ihrer Präferenz für eine Politik der Stärke der USA gegenüber dem NS-Staat.

Die Demokratie bewirkt die Erosion von Dichotomien generell, der Frau-Mann-Dichotomie speziell. Die Demokratie macht Frauen „männlicher", und sie macht Männer „weiblicher". Der Prozess der Angleichung, der von der Logik des demokratischen Wettbewerbs bestimmt wird, führt dazu, scheinbar unüberbrückbare Gegensätze zu relativieren. Diese Konvergenz bezieht sich nicht nur auf die Dichotomie der Geschlechter. Barack Obamas Wahlerfolge beruhten darauf, dass der Graben zwischen „schwarz" und „weiß" in den USA weniger tief als je zuvor geworden war und eine ausreichend große Zahl von „Weißen" einen „schwarzen" Senator zum Präsidenten wählten. Die Republikanische Partei der USA konnte erst 1952 – nach zwei Jahrzehnten – wieder Präsidentschaftswahlen gewinnen, nachdem sie sich der außenpolitischen Orientierung der Demokraten sehr weit angenähert hatte. Die Sozialdemokratische Partei Deutschlands musste sich in ihrer außenpolitischen Programmatik zuerst der unbedingten Westorientierung Konrad Adenauers nähern, bevor Willy Brandt zunächst als Vizekanzler und dann als Bundeskanzler Regierungsverantwortung übernehmen konnte – weil seine Partei durch die Übernahme von Positionen der CDU/CSU aus der Isolierung ausgebrochen und bündnisfähig geworden war. Indira (und der mit ihr loyal verbliebene Flügel des INC) konnten nach der Wahlniederlage 1977 deshalb so rasch – schon 1980 – bei Wahlen wieder eine Mehrheit erringen, weil sie ihre Niederlage mit demokratischer Fairness hingenommen und (vor allem innerparteilichen) Kompromissen zugestimmt hatte. Und Margaret sah als ihren „wahren" Nachfolger nicht den Konservativen John Major, sondern den Labour-Politiker Tony Blair, weil dieser – um Labour endlich wieder mehrheitsfähig zu machen – wesentliche Teile von Margarets Sozial- und Wirtschaftspolitik im Rahmen seines „New Labour"-Programms übernommen hatte.

Die Politik von Frauen ist derselben Logik unterworfen wie Politik schlechthin – jedenfalls die Politik in einer Demokratie. Eleanor, Indira, Margaret haben – auch wenn dies von ihnen gar nicht so intendiert war – dazu beigetragen, dass die Frau-Mann-Dichotomie im 20. Jahrhundert an Eindeutigkeit und Schärfe verloren hat.

5.2 Zwei andere Entwürfe – Rosa Luxemburg und Hannah Arendt

Eleanors, Indiras und Margarets politisches Leben war durch eine ungebrochene Kontinuität bestimmt. Sie alle hatten ihr Zuhause, das sie eigentlich nie verließen: ein Zuhause vor allem in einem übertragenen, aber auch im buchstäblichen Sinn. Sie waren nie vor die Herausforderung gestellt, ihre staatliche Zugehörigkeit oder auch ihre politische Identität überdenken und eventuell neu definieren zu müssen. Von früher Jugend an waren sie einem bestimmten – auch politisch definierten – Milieu verbunden, dem sie treu blieben. Und auch wenn Indira ihre Partei, den INC, spaltete, so konnte sie sich glaubhaft als die Hüterin der Tradition der Partei Mahatma Gandhis und Jawaharlal Nehrus präsentieren. Margaret war und blieb immer eine Konservative – und sie änderte nichts an dieser Zuschreibung. Sie veränderte im Rahmen ihrer gleichbleibenden konservativen Identität ihre Partei, die Tories; aber sie tat dies als Tory. Eleanor wiederum war über Jahrzehnte der Prototyp einer engagierten (Links-)Liberalen, mehr als ein halbes Jahrhundert verbunden mit der Demokratischen Partei.

Eleanor war immer US-Amerikanerin, Indira immer Inderin, Margaret immer englische Britin. Sie mussten nie gegen ihren Willen ihr Land verlassen, und sie wollte dies auch nie aus freien Stücken auf Dauer tun. Das freilich war im 20. Jahrhundert alles andere als eine Selbstverständlichkeit.

Dass diese Kontinuität nicht nur eine frei gewählte, sondern auch die Folge davon war, dass die großen Umwälzungen ihrer Zeit ihnen dies erlaubten, zeigt das Leben vieler anderer. Das zeigen auch und gerade die existenziellen Brüche im privaten und politischen Leben von Rosa Luxemburg und von Hannah Arendt. Jede dieser beiden Frauen hatte einiges, ja vieles mit Eleanor, Indira, Margaret gemeinsam: Rosa wurde ermordet, Indira wurde ermordet; beide aus politischen Gründen. Rosas Tod war freilich eine von oben quasi angeordnete Hinrichtung, von einer Soldateska durchgeführt, die glauben konnte, im Auftrag einer staatlichen Autorität zu handeln. Indira hingegen wurde ermordet, weil sie staatliche Autorität war. Eleanors politisches Wirken bestand vor allem in der Tätigkeit einer „public intellectual", die politische Meinungen im öffentlichen Diskurs formte – und das verband sie mit Hannah. Und beide, Rosa und Hannah, hatten mit Margaret gemeinsam, dass sie nicht Töchter aus den Kreisen der „oberen Zehntausend" ihrer Zeit und ihres Landes waren. Aber Rosa und Hannah waren in mehrfacher Hinsicht „heimatlos" – und das waren Eleanor, Indira und Margaret ganz bestimmt nicht.

Allein schon aus Gründen der zeitlichen Differenz überkreuzten sich die Lebenswege Rosas und Hannahs nicht: Rosa wurde 1871 in Zamość geboren, in dem zum Zarenreich gehörenden Teil des früheren Königreiches Polen, und 1919 in Berlin ermordet. Hannahs Geburtsort war 1906 das deutsche Hannover, sie starb 1975 in New York City. Und obwohl Hannah sich mit Rosas politischem Leben beschäftigte, etwa im Zusammenhang mit Hannahs Analyse des Kapitalismus (Arendt 1995, 254), fand eine persönliche Begegnung nie statt.

Doch Hannah widmete ein Kapitel ihres Buches „Men in Dark Times" Rosa Luxemburg. Hannah sah Rosa durchaus kritisch. Sie stellte etwa fest, dass Rosa die Frauenbewegung ihrer Zeit – die „Suffragetten" – geradezu verachtete, weil diese von dem ablenkten, was Rosa für zentral ansah: vom Klassenkampf. Und Hannah vermerkte auch, dass Rosas Kritik an Lenin nicht konsequent genug gewesen sei (Arendt 1966, 44, 53). Aber Hannahs Annäherung an Rosa ist von einer erkennbaren

Sympathie getragen, ja von einem (schwesterlichen?) Mitgefühl für die so ganz andere und doch wiederum nicht so andere politische Kämpferin; für die Frau, die brutal der Gewalt zum Opfer fiel; der Gewalt, die ein Vorbote dessen war, vor dem Hannah selbst fliehen musste.

Hannahs theoretische Analysen von Politik berührten Eleanors Aktivismus. In der Entwicklung der Totalitarismustheorie beschäftigte sich Hannah indirekt mit Raphael Lemkins Position, der vielen als der intellektuell Verantwortliche für die rechtliche Konzeption des mit dem Holocaust verbundenen Verbrechens gegen die Menschheit und die Menschlichkeit gilt. Lemkins Bemühungen, das traditionelle Völkerrecht und das internationale Strafrecht mit dem Hinweis auf die Erstmaligkeit der Verbrechen des NS-Systems zu erweitern, hatten Einfluss auf Eleanors Tätigkeit im Rahmen der Vereinten Nationen, als Eleanor eine wesentliche Rolle bei der Formulierung und Verabschiedung der UN-Menschenrechtsdeklaration spielte (Benhabib 2010).

Politisch waren jedenfalls beide – Rosa und Hannah. Und beide waren während ihres Lebens und mehr noch danach politisch höchst umstritten. Auch wenn man die vulgär antijüdische und ebenso vulgär antimarxistische Polemik vernachlässigt, die Rosas unmittelbares Lebensende begleiteten – gerichtet gegen die „jüdische" Vertreterin des Spartakus-Aufstandes, sind dennoch die Positionen pro und contra Rosa Luxemburg konstant: Alle, die in der russischen Oktoberrevolution eine grundsätzlich positive Inspiration für politisches Handeln sehen; alle, die das leninistische Experiment befürwortet haben und weiter befürworten – unbeschadet einer eventuell kritischen Distanz zur postleninistischen Entwicklung der Sowjetunion; sie alle sehen in Rosa eine Heroin und Märtyrerin, die auf der richtigen Seite der Weltgeschichte stand und fiel. Für andere ist Rosa zwar als Opfer rechtsextremer Brutalität zu bedauern, ihr gilt eine zwischenmenschliche Sympathie; aber ihre kommunistische Einstellung machte sie zur Gegnerin der Weimarer Republik und damit der liberalen Demokratie, die auf dem Pluralismus von Parteien und auf freien Wahlen beruht.

Eine ähnlich klare Pro- und Contra-Positionierung ist bezüglich Hannah nicht möglich. Zu sehr hat sich Hannah den Parteiungen entzogen, als dass es bei der Bewertung der politischen Inhalte ihres ja vor allem publizistischen Wirkens ein Entweder-oder geben könnte. Dennoch haben zwei ihrer Werke zu heftigen, intellektuell ausgetragenen Konflikten geführt, die Parteinahmen und einander widersprechende Antworten provozieren: Ist Hannahs „Elemente und Ursprünge totalitärer Herrschaft" durch den Vergleich (durch die Gleichsetzung?) von Nationalsozialismus und Kommunismus ein Instrument des Kalten Krieges gewesen? Und ist Hannahs „Eichmann in Jerusalem" wegen des Begriffs „Banalität des Bösen" eine Verharmlosung des Holocaust?

Was hatten Rosa und Hannah gemeinsam? Ihr Frau-Sein – und ihre Heimatlosigkeit, Heimat verstanden als Identifizierung mit einem Land oder einer Region oder einem Staat. Diese ihre Heimatlosigkeit war ihnen freilich aufgezwungen: im Fall Rosas von der antijüdischen und autoritären Atmosphäre des Zarenreiches, die sie nach Deutschland trieb; im Fall Hannahs von den „Rassengesetzen" eines Reiches, in dem sie – bis 1933 – schon die ersten Schritte für eine wissenschaftliche Karriere gesetzt hatte. Rosa freilich hatte eine Heimat, der sie stets treu blieb: das Milieu eines revolutionären Sozialismus, der sich auf Karl Marx berief und dem die Oktoberrevolution 1917 die Hoffnung (die Illusion) gegeben hatte, eine völlig neue Gesellschaft wäre in greifbarer Nähe, in deren Zentrum ein neuer Mensch stehen würde.

Rosa und Hannah hatten vor allem auch einen Feind gemeinsam: die gewaltlüsterne Unvernunft in Form eines mörderischen Rassismus und eines ebenso mörderischen Nationalismus. Diese Unvernunft äußerte sich in den Freikorps, deren Männer in Verbindung mit dem Militär standen, das bereits nicht mehr das Heer des Deutschen Kaiserreiches, sondern das Heer der eben erst gegründeten Deutschen Republik war; eine Armee, geprägt von der Hysterie der Armee des Alten Reiches, die ihre Niederlage nicht akzeptierenden konnte. Es waren diese Männer, die Rosa folterten und mordeten. Und dieser Feind war – eine Generation danach – auch Hannahs Feind. Doch Hannah überlebte nicht nur das ihr Leben bedrohende Regime, Hannah siegte auch als Stimme einer radikalen Vernunft über die radikale Gewalt der Unvernunft. Aber zuerst, zuerst siegte diese Unvernunft – durch den Mord an Rosa, durch die Vertreibung Hannahs.

Die von außen diktierte Heimatlosigkeit Rosas und mehr noch die Hannahs äußerten sich vor allem in einer mentalen Entfremdung: Rosa konnte weder in der ostpolnischen Provinz des zaristischen Russland und im de facto weiterbestehenden jüdischen Getto ihre Identität entwickeln noch im deutschen Kaiserreich, und schließlich auch nicht in der deutschen Republik von Weimar. Diese unterschiedlichen staatlichen Rahmen blieben ihr fremd. Aber sie schaffte sich eine Gegenwelt, mit der sie sich identifizieren konnte: Die revolutionäre Bewegung eines marxistischen Sozialismus, der versprach, die traditionelle Zuordnung zu Heimat und Nation, „Rasse“ und Geschlecht zu überwinden. Rosa sah sich bereits als Bürgerin einer zukünftigen globalen und klassenlosen Gesellschaft, in der die „Frauenfrage“ wie auch die „Judenfrage“ endgültig gelöst wären.

Hannah fand nicht zu einer analogen, in die Zukunft projizierten Heimat. Sie entzog sich der politischen Verwurzelung – sie war keine Marxistin, und sie war auch kaum das, was man eine Zionistin nennen könnte. Sie war „Deutsche“ als Konsequenz ihrer Sozialisation und „Amerikanerin“ als Konsequenz ihrer Aufnahme in die USA und speziell in die Gemeinschaft amerikanischer Intellektueller. Hannahs Zugang zu der Welt, die sie umgab – auf beiden Seiten des Atlantischen Ozeans –, blieb von einer Skepsis gegenüber allen lautstark verkündeten „Wahrheiten“ bestimmt. Es war diese ihre intellektuelle Vorsicht, die Hannah daran hinderte, sich wie Rosa eine Ersatzheimat zu konstruieren.

Rosa und Hannah hatten noch etwas gemeinsam: Ihre Herkunft aus dem Judentum. Beide blieben Zeit ihres Lebens für ihre Umwelt „Jüdinnen“. Rosa lehnte mit Vehemenz eine solche Zuschreibung ab – wie sie auch nicht Polin sein wollte. Sie sah ihre Identität ausschließlich durch die Revolution bestimmt, für die sie arbeitete. Und wenn sie eine zweite Zuschreibung akzeptierte, dann war sie kraft Geburt auch Frau – und kraft ihrer Entscheidung für die deutsche Sprache auch Deutsche (Nettl 1965, 144 f., 826 f.).

Rosa und Hannah – Rosa mit besonderer Klarheit, Hannah viel verhaltener – versuchten sich einer primären Zuschreibung als Frau ebenso zu entziehen wie einer als Jüdin. Dass beide ihrem Jüdisch-Sein und ihrem Weiblich-Sein nicht entkommen konnten, wirft ein Licht auf die Zusammenhänge zwischen Frauenhass und Judenhass. Die mörderische Hetze gegen Rosa zeichnete sie immer als Frau und als Jüdin (Hirsch 1969, 125). Und auch die junge Hannah hatte – schon früh als besonders begabte junge Frau auf akademischem Karrierekurs – erfahren müssen, dass sie zwei Hürden zu überwinden hatte: eine als Frau und eine andere als Jüdin. Beides gelang ihr erst im amerikanischen Exil.

Hannah, die ja anders als Rosa erlebt hatte, dass ein totalitäres Regime sie in mörderischer Weise aus ihrem Judentum nicht entkommen lassen wollte, war in der Reserviertheit gegenüber ihrer jüdischen Identität komplexer als Rosa. Auf das Jüdische reduziert zu werden, das war ihr zuwider; und das Jüdische als (orthodox verstandene) Religion war ihr fremd. Aber im zunächst französischen Exil und dann in den USA engagierte sie sich in jüdischen Organisationen – wohl primär aus Solidarität mit den (ebenfalls) Verfolgten. Und anders als Rosa sah sie es nicht als geradezu beleidigende Provokation an, wenn sie als Jüdin wahrgenommen wurde.

Hannahs jüdische Identität war voll von (scheinbarer) Widersprüchlichkeit. War sie Zionistin? Eher nicht, aber sie verfolgte die Entstehung und Entwicklung des jüdischen Staates mit einer grundsätzlichen, aber nie unkritischen Sympathie (Arendt 1989). Dass Hannah die Frage ihrer jüdischen Identität nicht mit einem einfachen „Ja" oder „Nein" beantwortete, führte immer wieder zu innerjüdischen Kontroversen – und erreichte im Zusammenhang mit ihrer Studie über den Eichmann-Prozess einen Höhepunkt (Arendt 1986). Hannah wurde von Teilen der israelischen und der jüdischen Öffentlichkeit auch außerhalb Israels vorgeworfen, sie würde mit dem Begriff der „Banalität" den Holocaust relativieren. Das war ganz bestimmt nicht ihre Intention, und das ist auch nicht die Essenz ihrer Eichmann-Analyse. Diese bezieht sich auf die Austauschbarkeit der Massenmörder. Es ist das Alltägliche, das „banal" Menschliche, das die Täter ausmachte. Es ist der Umstand, dass die Täter eben nicht teuflische Sadisten waren, der den Holocaust so erstmalig, so erstmalig schrecklich macht.

Rosa und Hannah waren von der Erfahrung des Exils bestimmt. Aber mit dieser Erfahrung waren sie nicht allein. Rosa war die Zeitgenossin vieler anderer aus politischen Gründen ins Exil getriebener Aktivisten – etwa Lenin und Trotzki, der schließlich von den Schergen des Erben Lenins im Exil ermordet werden sollte. Freilich: Rosas Exil war nicht aufgezwungen, es war von ihr gewählt, weil sie nicht in einem gerade aus dem Blickwinkel des Marxismus besonders rückständigen Land verkümmern wollte. Deshalb wählte sie ein relativ fortgeschrittenes Land, das auch das Land ihrer Sprache war, zu ihrer – territorialen – Heimat: Deutschland.

Hannahs Exil, mehr als eine Generation nach Rosas Exilerfahrung, war aufgezwungen. Und sie teilte dieses Schicksal mit vielen, die aus „rassischen" oder politischen Gründen aus dem Reich des Exilösterreichers vertrieben wurden. Einige von diesen sollten nach 1945 die Geschicke Europas mitbestimmen – wie Willy Brandt, wie Bruno Kreisky. Hannah hätte wohl auch versucht sein können, bei der Neugestaltung des Landes ihrer Herkunft direkt mitzuwirken und von einer global tätigen Analytikerin der Politik zu einer deutschen Praktikerin der Politik zu werden. Warum sie diese Option nie gewählt hatte? Sicherlich vor allem wegen der zweiten Dimension ihrer Heimatlosigkeit – sie konnte und wollte sich nicht einer Partei zuordnen. Sie stieg nach 1945 nicht in die deutsche Politik ein – in der sie ja, anders als Brandt, auch vor 1933 nie tätig gewesen war. Aber sie wurde in den letzten Jahren ihres Lebens eine politisch-moralische Autorität, gerade in der Bundesrepublik Deutschland; eine Stimme, die deshalb gehört wurde, weil sie eben nicht zuzuordnen war – nicht einer Partei, nicht einer bestimmten Tradition; und im Kalten Krieg auch nicht einfach „dem Westen“ und schon gar nicht „dem Osten“. Freilich, sie war eine Repräsentantin der demokratischen Aufklärung, von der das Deutschland der Nachkriegszeit nur profitieren konnte (Young-Bruehl 1982, 241–245).

Rosa konnte sich einer bestimmten Zuordnung nicht entziehen, vermutlich hätte sie auch post mortem das gar nicht gewollt. Sie wurde zu einer der Personen, die für den Aufbau des Gründungsmythos der Deutschen Demokratischen Republik nützlich waren: als Marxistin, Kommunistin, und als Opfer des rechten, des protofaschistischen Terrors. Was immer Rosa sonst noch war – sie war vor allem revolutionäre Marxistin. Wie hingegen Hannah politisch einzuordnen ist, ist nicht so klar. Irving Louis Horowitz nennt sie eine „radikale Konservative“ (Horowitz 2012). Für diese Qualifikation gibt es gute Gründe. Aber sie war sicherlich nicht konservativ wie Margaret Thatcher. Und die Radikalität, die Margaret zeigte, musste Hannah fremd bleiben – denn sie verfügte ja nicht über die unmittelbare Macht, die eine britische Premierministerin über Personen und Sachen nötigenfalls mit Gewalt auszuüben in der Lage war. Und sie war auch nicht bereit, Komplexität in Eindeutigkeit zu verwandeln, wie dies die „Eiserne Lady" vermochte.

War Hannah eine Liberale? Dafür gäbe es ebenso Argumente wie für ihre Einstufung als konservativ. Aber macht es überhaupt Sinn, Hannah Arendt mit einem der Begriffe zu etikettieren, die sich im Laufe der Geschichte immer wieder verschieben, immer wieder für unterschiedliche politische Phänomene verwendet werden? Am Beginn des 21. Jahrhunderts war der Begriff „liberal" in den USA mit anderen Inhalten konnotiert als in Europa. Und was in Europa neo-liberal ist, wird in den USA neo-konservativ genannt.

Ein Aspekt von Rosas und Hannahs – zum Gutteil aufgezwungenen – Heimatlosigkeit betraf auch ihr Privatleben. Rosa hatte mit Leo Jogiches in Zürich zusammengelebt, wo sie 1897 promovierte – auch hier in einer Pionierrolle, Pionierin des Frauenstudiums an einer Universität. Leo war, wie Rosa, sozialistischer Revolutionär; wie Rosa im zaristischen Russland geboren. Leo wurde „die beherrschende Gestalt" in Rosas privatem Leben. Er war „von herrschsüchtiger Eifersucht erfüllt und zudem so etwas wie ein Sadist" (Nettl 1965, 76). Leo war ein politischer Partner, aber er war keiner, der Rosa das Gefühl eines Zuhauses hätte geben können. Und auch wenn er vielleicht so etwas wie die zentrale Person in Rosas Leben war – wirklich zentral für Rosa war die Orientierung an der Revolution.

Hannah, die in ihrer (zweiten) Ehe mit Heinrich Blücher – in den USA – sehr wohl private Ruhe und offenbar auch Glück finden konnte, war über weite Strecken vor und auch noch nach ihrer Emigration von ihrer Beziehung zu Martin Heidegger persönlich und wohl auch in ihrer philosophischen Orientierung geprägt, aber gewiss nicht in ihrer politischen Ausrichtung. Diese Beziehung einer Frau, die nicht nur vom NS-Staat in die Flucht getrieben worden war, die sich auch permanent mit diesem Staat auseinandersetzte und zur Entlarvung des abgrundtief Bösen des Nationalsozialismus beitrug; diese Beziehung Hannahs zu einem der akademischen Propagandisten eben dieses Regimes stellt die Arendt-Forschung noch immer vor ein Rätsel (Ettinger 1995).

Hatte das Verhältnis Rosas zu Jogiches, hatte das Verhältnis Hannahs zu Heidegger etwas spezifisch „Weibliches“? Es genügt ein Hinweis auf Franklin Roosevelts Beziehung zu Lucy Mercer und Jawaharlal Nehrus Beziehung zu Edwina Mountbatten, um eine solche Komplexität des Privaten als spezifisch menschlich – und nicht als spezifisch männlich oder weiblich einzuordnen.

Beide, Rosa und Hannah, waren durch die besondere Entwicklung ihrer beider Leben daran gehindert, sich der Logik des „kleineren Übels“ stellen zu müssen. Rosa erhielt keine Chance, in einem Parlament oder in einer Regierung des republikanischen, des demokratischen Deutschlands abzuwägen, welche der ihr angebotenen Optionen die relativ bessere und welche die relativ schlechtere wäre. Sie hatte sich für die Revolution entschieden, die sie zunächst ins Gefängnis und dann in den Tod führte. Sich für oder gegen Stalins Konzept vom „Sozialismus in einem Staat“ entscheiden zu müssen – das blieb ihr erspart; und erspart blieb ihr auch, sich persönlich für die DDR einsetzen zu müssen und dieser nützlich zu sein – nicht nur als Symbolfigur der heroischen Märtyrerin.

Hannah hatte sich von Anbeginn dafür entschieden, erst gar nicht in die Sphäre einzutreten, in der es notwendig gewesen wäre, zwischen politischen Optionen eine Wahl treffen zu müssen. Sie wählte eine andere Sphäre – die der Wissenschaft. Der Ort ihrer Tätigkeit wurde ihr allerdings aufgezwungen; das waren eben nicht deutsche Universitäten, sondern die Welt der US-amerikanischen Intelligenz und verschiedener Universitäten der USA. Dort konnte sie sich verwirklichen – gezwungen und letztlich doch wieder frei.

Was blieb von Rosa und Hannah? Beide wurden zu Ikonen – freilich zu Ikonen höchst verschiedener Art. Rosa wurde – nach ihrem Tod – zu einer Art Popstar der Linken, schließlich auch zu einem entpolitisierten Star. T-Shirts tragen ihr Bild. Wie bei vielen, die solche Kleidungsstücke etwa mit dem Bild Che Guevaras tragen, wissen die TrägerInnen oft gar nicht, wer überhaupt Rosa Luxemburg war. Das ist die Entpolitisierung des Erscheinungsbildes einer Frau, die zu Recht als politische Vorkämpferin von der (kommunistischen) Linken für sich reklamiert werden kann. Es ist einer der vielen Treppenwitze der Geschichte, dass eine globalisierte, ausschließlich dem Profitinteresse verpflichtete Textilindustrie durch den Verkauf von TShirts mit den Bildern antikapitalistischer RevolutionärInnen Geschäfte zu machen versteht.

Die Ikonisierung Rosas, wie sie der kommunistischen Tradition (etwa dem quasi-religiösen Kult um Lenin, Stalin und Mao) entsprach, setzte freilich voraus, dass ein Aspekt in Rosas Geschichte von der KPD und dann von der DDR heruntergespielt werden musste – wie dieser Aspekt wiederum von der nicht- oder antikommunistischen Darstellung besonders hervorgehoben wurde: der Beginn eines Konfliktes zwischen ihr und Lenin. Der Dissens, der sich auf unterschiedliche Interpretationen einer von Karl Marx abzuleitenden Strategie bezog, stand und steht nicht in Widerspruch zu Rosas Rolle bei der Gründung der KPD. Und da der sich abzeichnende Konflikt mit Lenin auch wegen Rosas Tod keine Fortsetzung fand, war Rosas Lenin-Kritik für den Luxemburg-Kult in der DDR ein Problem, das man einfach ignorieren konnte (Nettl 1965, 224–227, 285–789, 824).

Rosas „Vermächtnis" wurde nach ihrem Tod von Lenin ebenso wie von Trotzki beansprucht, von der KPD und der Sozialistischen Einheitspartei der DDR, wie auch – ansatzweise – von der SPD und schließlich auch noch vom Eurokommunismus, der in den 1970er und 1980er Jahren in Westeuropa nach einem „dritten Weg" zwischen Sowjetkommunismus und Sozialdemokratie suchte. Rosas früher Tod erlaubte, dass sich verschiedene Parteien und Fraktionen der Linken auf sie berufen konnten. Ob sie die mörderischen fraktionellen Auseinandersetzungen innerhalb der KPdSU überlebt hätte – Kämpfe, die ja auch deutsche Kommunisten wie Karl Radek in den Tod rissen –, muss offen bleiben (Hetmann 1976, 280–291).

Mit dem Ende der DDR und der UdSSR ist die Luxemburg-Rezeption frei von der Notwendigkeit, aus Rosas Leben, Handeln und Schreiben etwas ableiten zu müssen, das für oder gegen den Leninismus verwendet werden könnte. Rosa ist eine ebenso berührende wie spannende Persönlichkeit der Zeit um 1900. Dass sie als Frau eine der Aktivsten unter den weitgehend von Männern beherrschten revolutionären Bewegungen im Deutschland der Jahre vor 1914 und dann wieder 1918 und 1919 war, das macht sie für die Frauenbewegung(en) besonders interessant – wie auch die Intensität, mit der sie als Frau (und als Jüdin) von denen gehasst wurde, die für ihre Ermordung verantwortlich waren.

Rosas politischer Einsatz war die Ursache für ihren gewaltsamen Tod. Das hatte sie mit Indira gemeinsam. Allerdings wurde Indira auf dem Höhepunkt ihrer Macht ermordet – als Regierungschefin der größten Demokratie der Welt. Rosa wurde getötet, weil eine antisozialistische, antijüdische und misogyne Bande von Extremisten sich sorgte, dass Rosa mächtig werden könnte – im Gefolge eines nicht auszuschließenden Sieges des Spartakusbundes und beflügelt von einer Revolution, die von Moskau aus Weltgeltung beanspruchte. Die Kugeln von Indiras Leibwächter hingegen trafen eine machtvolle Frau, und das Mordmotiv war Rache – Rache für die Unterdrückung eines militanten Separatismus, der die Existenz Indiens als säkulare Demokratie bedrohte. Rosas Mörder töteten eine potentiell mächtige Frau, um zu verhindern, dass sie zu politischer Macht aufstieg. Indiras Mörder töteten eine tatsächlich Mächtige.

Die Männer, die Rosa mordeten, repräsentierten eine Variante des extrem aggressiven Patriarchats – den Männerbund, der aus seiner Verunsicherung heraus hasste und zu vernichten drohte, was ihm bedrohlich schien: die Frau, die Jüdin, die

Revolutionärin; das „jüdische Flintenweib". Vor dem Hintergrund der tiefen Demütigung, die (deutsch)nationale Männer soeben erfahren hatten – der Niederlage im Krieg –, mordeten sie Rosa und mit ihr eine in ihren Männerphantasien besonders gefährliche Form des Matriarchats: eine in der männerbündischen Phantasiewelt bereits mit Macht ausgestattete Frau, eine durch ihr Judentum besonders gefährliche, weil weibliche Spielart der „vaterlandslosen Gesellen" (Theweleit 1980).

Bei Hannah ist das anders: Ihr Leben nahm kein dramatisches Ende, sie starb als erfolgreiche, als anerkannte Intellektuelle, die in den USA und in Deutschland zuhause war. Ihre Ikonisierung fand statt – aber nicht im engeren Feld des unmittelbar Politischen. Im 21. Jahrhundert sind vor allem an englisch- und an deutschsprachigen Universitäten Hörsäle und Professuren nach ihr benannt, Hannah-Arendt-Fellowships werden global ausgeschrieben, und eine nicht überschaubare Zahl von wissenschaftlichen Arbeiten aus verschiedenen Bereichen – Philosophie, Zeitgeschichte, Politikwissenschaft, Soziologie – beschäftigen sich mit ihr. Hannah wurde zu einem der intellektuellen Stars des universitären Feminismus der Jahrtausendwende und wird dies auch noch für einige Zeit bleiben – obwohl es offenbleiben muss, ob sie sich mit diesem Feminismus, der sie nun in Anspruch nimmt, hätte identifizieren können.

Doch auch Hannah war – wenn auf eine andere Weise – das Opfer der Gewalt, die Rosa letztlich daran hinderte, sich politisch zu verwirklichen. Beide waren Opfer einer antidemokratischen Reaktion, die sich eine „Rasse" erfunden hatte, um die durch dieses Konstrukt Gebrandmarkten in Mordabsicht zu verfolgen. Diese Reaktion hatte nicht verhindern können, dass Rosa und Hannah sich mit Politik beschäftigten – die eine durch unmittelbare Handanlegung in Form revolutionärer Aktivitäten; die andere als Beobachterin, die von dem negativ fasziniert war, was vor ihren Augen ablief und sie zunächst unmittelbar bedrohte. Dass diese beiden so unterschiedlichen Frauenschicksale so viele Jahrzehnte nach ihrem Tod lebendig geblieben sind, und zwar auch deshalb, weil sie Frauen waren – Ausnahmen in einer von Männern beherrschten Welt revolutionärer Politik und in der noch im 20. Jahrhundert ebenso patriarchalisch strukturierten Welt der Universitäten –, das spricht für das anschwellende Interesse an Signalen, die eine über das Patriarchat hinausweisende Entwicklung anzeigen. Das ist Teil eines Megatrends.

Die Ikonisierung dieser zwei Frauen, die zwar viel gemeinsam hatten – ihr Frau-Sein, ihre Opferrolle, ihr freilich höchst unterschiedlich artikuliertes Interesse an Politik –, weist aber genau genommen nichts auf, was nicht auch für Männer gelten könnte. Rosas Name wird immer in Verbindung mit Karl Liebknecht genannt, der gleichzeitig mit ihr von einer von der Leine gelassenen Soldateska ermordet wurde. Rosa wurde eine Heroin im Kanon der (kommunistischen) Linken, in dem vor allem Männer aufscheinen. Das Besondere an ihr ist, dass sie als Frau in dem männlich definierten, fast nur Männer aufweisenden Bilderbuch eines politischen Heroentums aufgenommen wurde: auch das ein Zeichen der Feminisierung der Politik, die das 20. Jahrhundert bestimmte.

Hannah wurde zu einer der ganz Großen der akademischen, der geistes-, kultur- und sozialwissenschaftlichen Welt, den ganz großen Männern dieser „Geisteswelt" gleich. Sie wird diskutiert, kritisiert, interpretiert – wie das auf so verschiedene andere intellektuelle Größen ihrer Zeit zutrifft; etwa auf Bertrand Russell, Jean-Paul Sartre oder Ludwig Wittgenstein. Das, was sie von diesen unterscheidet, ist ihre Pionierrolle: Sie sprengte die Exklusivität eines intellektuellen Männerklubs. Hannah hatte – wie auch Rosa – nicht eine von Männern beherrschte Gesellschaft zugunsten einer Gegengesellschaft verlassen, sondern sich in die männlich dominierte Welt hineinbegeben.

Hannah und Rosa, jede für sich, jede auf höchst unterschiedliche Art, sind auf besondere Weise politisch bedeutsam geworden. Rosa und Hannah haben ihr politisches Engagement so ganz anders als Eleanor, Indira, Margaret umgesetzt; und auch so ganz verschieden voneinander. Aber auch sie haben mitgewirkt, dass im 20. Jahrhundert der männlichen Exklusivität in der Sphäre des Politischen ein Ende gesetzt wurde.

Rosa und Hannah werden im Zusammenhang mit einem generell zu beobachtenden Ablauf der Ereignisse, die von Gegenrevolution und Nationalsozialismus gekennzeichnet waren, aus einem Grund besonders herausgestellt: Weil sie in einer von Männern dominierten Welt als Frauen hervorstachen. Sie beschäftigten sich mit Politik. Sie waren von der Politik ihrer Zeit betroffen – wie Männer auch. Aber sie unterschieden sich von den anderen Opfern, von den anderen Betroffenen durch ihr Frau-Sein.

Rosa und Hannah erhielten nie die Chance, Politik zu machen, wie dies indirekt Eleanor und direkt Indira und Margaret möglich war: politische Entscheidungen zu beeinflussen, in einem engen Verhältnis zu Regierungszentralen – oder auch als deren Chefin; oder in Parlamenten mit Öffentlichkeitswirkung solche Entscheidungen kontrovers zu diskutieren. Extreme Umstände (im Fall Rosas) und eine freie Entscheidung (im Fall Hannahs) verhinderten dies. Aber handelten sie so anders als Männer in analogen Situationen auch gehandelt hätten? Der revolutionäre und der gegenrevolutionäre Terror in Europa in den Jahren 1917, 1918, 1919 riss viele in den Tod – Frauen wie Männer, die wie Rosa aktiv Partei ergriffen hatten. Und das aufgezwungene Exil erlaubte auch anderen, ebenfalls ins Exil getriebenen Frauen und Männern – nicht nur Hannah –, sich ein global anerkanntes wissenschaftlich-intellektuelles Renommee zu erarbeiten. Rosa und Hannah waren erfolgreich, waren politisch erfolgreich –

nicht weil sie Frauen waren, nicht obwohl sie Frauen waren, sondern weil sie besondere Qualitäten aufwiesen.

Haben Rosa und Hannah Geschichte „gemacht"? Sicherlich nicht so wie das für Eleanor, Indira, Margaret zutrifft. Aber sie haben Geschichte beeinflusst: Rosa durch ihre führende Rolle bei der Organisation des linkssozialistischen Widerstandes gegen die Kriegspolitik des Deutschen Reiches, bei der Gründung der Kommunistischen Partei Deutschlands und bei der Organisation des Spartakus-Aufstandes 1919. Und Hannah? Ihr Einfluss war ein anderer; keiner, der auf direktes politisches Handeln zurückzuführen wäre. Aber sie hat den Blick, und zwar unser aller Blick geschärft – auf die Gemeinsamkeiten und Unterschiede zwischen den beiden mit den Namen Hitler und Stalin identifizierten Systemen, die in ungeheurem Maße die Geschichte des 20. Jahrhunderts beeinflussten; ganz besonders auch durch den Blick auf das „banale Böse" – in Eichmann und, durch diesen hindurch, auf das Fundamentale, das fundamental Negative im Nationalsozialismus.

5.3 Nicht Auszug aus der – Einzug in die Politik!

Diana Coole schließt ihren 1988 veröffentlichten, differenzierten Befund über die Entwicklung des Feminismus mit einer an Feministinnen gerichteten Aufforderung, sich politisch zu engagieren – und zwar nicht durch den Aufbau einer Gegenwelt, sondern im bestehenden politischen Diskurs; also nicht außerhalb des real existierenden politischen Prozesses, sondern in diesem (Coole 1988, 276). Die Politik kann nicht in eine weibliche und in eine männliche Sphäre geteilt werden. Politik ist weiblich und männlich zugleich. Der Auszug aus der Politik, wie sie ist, kommt einer Resignation gegenüber dem Status quo gleich. Wer verändern will, wer zum Beispiel gegen die weiterbestehenden Formen patriarchalischer Kultur ankämpfen will, muss in die Politik hinein – und nicht aus dieser heraus.

Frauen, die sich dem demokratischen Wettbewerb um Stimmen stellen, unterliegen ebenso wie Männer der Logik des Kampfes um den „marginal voter“, den/die Grenzwähler(in), der/die weder weiblich noch männlich – oder, besser, der/die sowohl weiblich wie auch männlich ist. Es ist die Logik, dass der Wähler/die Wählerin, der/die erst gewonnen werden muss oder auch verloren gehen kann, ein größeres (politisches) Gewicht besitzt als der/die schon Gewonnene und fest Gebundene; auch mehr Gewicht als der/die nie Gewinnbare. Das entspricht der Logik der pluralistischen, der „liberalen“ Demokratie. „All men are created equal“ – diese Grundnorm der Demokratie bezieht sich auf Frauen und Männer gleichermaßen; und, übersetzt auf die politische Realität der pluralistischen Demokratie, heißt das: Frauen und Männern sind derselben Dynamik ausgesetzt, die sich aus gegenläufigen Interessen und unterschiedlichen Wertvorstellungen entwickelt; einer Dynamik, die Gegensätze abschleifen und Dichotomien überwinden hilft. Frauen und Männer sind derselben Dynamik ausgesetzt – als Wählende und als um Stimmen Werbende.

Ein „gender gap“ („gender cleavage“) hat immer existiert, existiert weiter und wird weiter existieren – freilich in einer sich ständig wandelnden Form und mit einer sich ständig wandelnden Intensität. Die Konfliktlinie zwischen den Geschlechtern beeinflusst in wesentlichem Maß politisches Bewusstsein und deshalb auch politisches Verhalten: Grüne Parteien in Europa sprechen im 21. Jahrhundert signifikant mehr Frauen an als Männer – und rechtspopulistische Parteien werden vor allem von Männern bevorzugt. In den USA neigen in den ersten Jahren und Jahrzehnten des 21. Jahrhunderts Frauen eher zu den Demokraten, Männer sind eher Republikaner. Aber es ist kein Zufall, dass es keine erfolgreichen Gender-Parteien gegeben hat oder gibt, anders als erfolgreiche

Klassen- oder Konfessions- oder ethnische Sammelparteien. Monothematische Parteien setzen voraus, dass es geschlossene, voneinander auch im gesellschaftlichen Alltag segregierte Subgesellschaften gibt, die sich politisch über eine einzige zentrale Identität definieren: über eine Klasse oder eine Konfession oder eine Ethnizität. Frau-Sein kann zwar eine solche zentrale Identität sein – aber eine auf dem Frau-Sein zentral aufgebaute Subgesellschaft, getrennt von einer über das Mann-Sein definierte, ist nicht vorstellbar. Eine konsequente, gesamtgesellschaftliche Segregation von Frauen und Männern gibt es nicht und wird es wohl auch nicht geben.

Eleanor, Indira, Margaret haben den „gender gap" immer wahrgenommen und mussten ihn auch ernst nehmen. Sie haben aber in ihrer politischen Aufmerksamkeit der Bruchlinie zwischen den Geschlechtern kein Monopol eingeräumt. Sie haben, teilweise erfolgreich, den Graben zwischen weiblichem und männlichem Bewusstsein, zwischen weiblichem und männlichem Verhalten zu überbrücken versucht, auch, indem sie diesen Graben oft einfach ignorierten. Vor allem Margaret tat dies, die ja eben auch deshalb oft „männlicher" als ihre männlichen Konkurrenten wahrgenommen wurde. Sie alle aber haben den Gender-Graben nicht zu ihrem alles bestimmenden Thema gemacht. Sie haben diesen Graben sehr wohl gelegentlich demonstrativ berücksichtigt (vor allem Eleanor) – durch Betonung spezifisch auf Frauen zugeschnittener Bildungskonzepte (wiederum vor allem Eleanor) oder durch eine indirekte Politik der Freisetzung weiblicher Potentiale in Form von Anreizen zur Reduktion der Kinderzahl (Indira). Aber die Orientierung an spezifisch feministischen Inhalten (etwa die Garantie eines gleichen Zuganges zum Arbeitsmarkt für Frauen und Männer) stand nicht im Zentrum ihrer Politik. Denn um politisch erfolgreich zu sein, dürfen Frauen ebenso wie Männer den Graben, der weibliches und männliches politisches Bewusstsein und Verhalten trennt, nicht vertiefen, sie müssen ihn relativieren können. Eleanor konnte dies in indirekter Form, Indira und Margaret konnten dies direkt.

Weibliche Politik, wie sie Eleanor, Indira und Margaret verkörperten, mündet zumindest indirekt in eine politische Kultur der Machtteilung, die Arend Lijphart beschreibt und analysiert – als Instrumente der Überbrückung (nicht der Aufhebung) tiefer Brüche in der Gesellschaft. Lijpharts Beispiele waren vor allem die Schweiz und die Niederlande und – zu einem späteren Zeitpunkt – auch Nordirland. Lijpharts Augenmerk war auf tiefe gesellschaftliche Gräben, auf Fragmentierung religiöser und ethnisch-sprachlicher Art gerichtet. Das von ihm aus Erfahrung, aus Beobachtung und Analyse entwickelte Muster einer Konkordanzdemokratie baute auf der Relativierung des Gegensatzes von Mehrheit und Minderheit (Lijphart 1977). Der Gegensatz zwischen Frauen und Männern, ausgedrückt im „gender cleavage", liegt aber auf einer eigenen, einer spezifisch anderen Ebene – jenseits der Frage Mehrheit oder Minderheit. Der Frau-Mann-Gegensatz kann auch nicht abgeschafft, kann nicht aus der Gesellschaft weggedacht oder weggewünscht werden. Vor allem kann der Frau-Mann-Gegensatz nicht durch Segregation aufgelöst werden, wie dies etwa bei der Teilung Irlands, bei der Teilung des Kantons Bern und bei der Teilung des indischen Staates Punjab mit gewissem Erfolg bezogen auf den Gegensatz von Mehrheit und Minderheit möglich war.

Aber selbst wenn Segregation zwischen Frauen und Männern für die Gesellschaft insgesamt kein auch nur denkbares Modell ist, so weist doch die am Beginn des 21. Jahrhunderts weitgehend selbstverständlich gewordene Berücksichtigung von Frauen als Frauen (und damit auch – indirekt – von Männern als Männer) in Parlamenten und Regierungen und Parteigremien Merkmale des konkordanzdemokratischen Musters einer Machtteilung auf. Deshalb war schon vor dem Beginn des 21. Jahrhunderts das Augenmerk gerade auch feministisch beeinflusster politischer Analysen auf den Anteil der Frauen in politischen Entscheidungspositionen gerichtet. Dieser Anteil („Frauenquote") gilt mittlerweile als Indikator für Fortschritt – aber eben für einen Fortschritt im bestehenden System pluralistischer Demokratie. Und diese Sichtweise baut auf der Akzeptanz pluralistischer Demokratie, nicht auf deren Überwindung.

Der Aufstieg der Frauen in der Politik war ein zentrales Merkmal des 20. Jahrhunderts. Und dieser Aufstieg war auch Teil eines Fortschritts, der zu einer wachsenden Selbstverständlichkeit der ursächlich mit Demokratie und Rechtsstaat verbundenen universalen Grund- und Menschenrechte geführt hat. Auch wenn die Umsetzung dieser Rechte sehr viele Wünsche offenlässt – es ist im 21. Jahrhundert ungleich mehr davon verwirklicht, als dies am Ende des 19. Jahrhunderts war. Voraussetzungen für diesen Fortschritt waren vielfältig: der Kollaps der totalitären Systeme des 20. Jahrhunderts; die Entkolonialisierung; die Ächtung eines institutionalisierten Rassismus; aber eben auch das Ausbrechen der Frauen aus den für sie vorgesehenen Gettos. Für dieses Ausbrechen waren primär Frauen verantwortlich – in ihrer Bereitschaft, für ihre Rechte zu kämpfen. Diese Frauen fanden aber immer auch Bündnispartner unter den Männern.

Das allgemeine Frauenwahlrecht wurde von männlichen Gremien beschlossen – vom US-Kongress, vom britischen Unterhaus, vom Reichstag der Weimarer Republik, und schließlich auch von einer Volksabstimmung in der Schweiz, an der nur Männer beteiligt waren. Fortschritt geschieht – aber immer wird er erreicht von Allianzen, an denen Frauen und Männer beteiligt sind. Und das wird wohl auch in Zukunft so sein: Erst die Fähigkeit eines Teils der einen Hälfte der Menschheit sich mit einem Teil der anderen Hälfte zu verständigen wird weiteren Fortschritt ermöglichen. Wer diese Art von Fortschritt will (wie den der weiteren Zurückdrängung des Patriarchats und einer weiteren Einengung der im sozialen Alltag vorhandenen Diskriminierung von Frauen), braucht die Allianzfähigkeit von Frauen und Männern.

Die Einsicht, dass die „Frauenfrage“ in der Politik ebenso eine „Männerfrage“ ist, unterstreicht eine Gleichläufigkeit: Es geht nicht um das Tolerieren von Frauen in der Politik – ebenso wie es nicht darum geht, „weibliche“ Politik in die Enge angeblich spezifisch weiblicher Kompetenz zu sperren. Es geht darum, die Durchlässigkeit der Frau-Mann-Differenz in Gesellschaft und Politik zu erkennen, zu fördern, und sie zu nutzen.

Doch das alles ist „politics“, das sind Regeln des Machterwerbs, der Machtteilung, der Machtkontrolle, des Machtwechsels; das betrifft Politik, wie sie Harold Lasswell definiert hat: „Who Gets What, When, How“ (Lasswell 1958). Frauen haben erreicht, dass sie sich an dem Prozess der Machtverteilung aktiv und führend beteiligen – wie Männer auch. Frauen werden – erkennbar an den Erfolgen von Frauen wie Eleanor, Indira und Margaret – bei der Rekrutierung politischen Führungspersonals in einem im Laufe der Jahrzehnte steigenden Maße berücksichtigt. Frauen kämpfen um Macht, sie sind Trägerinnen von Macht, und sie entscheiden über die Beteiligung an der Macht – über die Beteiligung anderer Frauen und anderer Männer. Frauen sind aktiver Teil des „Who“ geworden, wie es Lasswell verstanden hat: Politische Subjekte, wie es Männer immer schon waren.

Aber wie steht es mit den Resultaten der Politik von Frauen, mit dem Effekt, den Frauen auf den „policy“-Bereich haben, auf die inhaltlichen Ergebnisse von Politik? Was sind die Ergebnisse der Ermächtigung, des Machtzuwachses von Frauen, was sind die Folgen für die Gesellschaft insgesamt? Wird von Frauen erwartet, dass sie ihre Macht nützen, um Macht generell zu zerstören, überflüssig zu machen – indem es ihnen gelingt, einen Zustand der Freiheit von jeder Herrschaft des Menschen über den Menschen herbeizuführen, wie dies der Vision der kommunistischen Endgesellschaft bei

Marx entsprechen würde? Soll weibliche Politik eine völlig neue Realität von Politik und eine völlig neue Struktur gesellschaftlicher Ordnung bewirken? Soll weibliche Politik auf die Herstellung eines Paradieses auf Erden abzielen? Ob weibliche Politik das „soll", kann in der Art eines theologischen Disputs diskutiert werden, darüber kann gestritten werden. Dass weibliche Politik das aber nicht „ist", das belegt die beobachtbare Realität. Die Wirklichkeit weiblicher Politik zeigt sich innerhalb der bestehenden Ordnung und in deren Grenzen. Diese Ordnung kann durch Frauen verändert werden, die Grenzen können verschoben werden – auch zum Vorteil des weiblichen Teils der Gesellschaft, auch zum Vorteil der Gesellschaft insgesamt. Diese Ordnung kann durch Frauen und deren Machtzuwachs auch gestört werden. Diese Ordnung kann aber ganz offenkundig nicht zerstört werden.

Wenn Frauen in der bestehenden Ordnung und in deren bestehender Hierarchie Positionen der Macht übernehmen, stellt sich die Frage einer endzeitlichen Ordnung nicht mehr; nicht mehr mit der utopischen Perspektive einer Abschaffung von Herrschaft überhaupt. Die Fragen nach dem Weiblichen stellen sich dann anders: Stehen Frauen als Verteidigungsministerinnen a priori für eine andere Sicherheits- und Verteidigungspolitik als ihre männlichen Kollegen? Steht die Ablöse einer weiblichen Ressortchefin in einem Ministerium für Soziale Angelegenheiten durch einen Mann von vornherein unter dem Verdacht einer von der Regierung beabsichtigten Verschärfung der Sozialpolitik zuungunsten sozialer Schwacher?

Das, was sich im 20. Jahrhundert und am Beginn des 21. Jahrhunderts als Folge des Aufstiegs von Frauen in der Politik beobachten ließ, muss jedenfalls zur Vorsicht mahnen: Angela Merkel war nicht „weicher" als Helmut Kohl, und Madeleine Albright reagierte auf die Krise im Kosovo ebenso wenig mit „typisch weiblicher" Kompromissbereitschaft wie Margaret Thatcher auf die Invasion der Falkland-Inseln. Eleanor Roosevelt versuchte, die Konfrontationspolitik Trumans gegenüber Stalin zu bremsen; aber sie hatte Franklin Roosevelt in seiner schon vor Dezember 1941 bis an den Rand des Krieges gehenden Konfrontation gegenüber Hitler bestärkt. Und: Indira Gandhi war auf militärische Bedrohungen durch Nachbarstaaten wohl besser vorbereitet als Jawaharlal Nehru. Indiras Indien siegte 1972 im Krieg gegen Pakistan um die Unabhängigkeit Bangladeschs und verschob die Machtbalance auf dem südasiatischen Subkontinent zugunsten Indiens. Ihr Vater hingegen hatte sich 1947 im Krieg um Kaschmir mit einem Kompromiss abfinden und 1962, im Krieg gegen China, die Verantwortung für die Niederlage Indiens und den faktischen Verlust eines Teiles von Kaschmir übernehmen müssen.

Was also ist das spezifisch Weibliche an Frauen in politischen Spitzenpositionen im 21. Jahrhundert? Was war, was ist das besonders Weibliche an der Politik von Cristina Kirchner als Präsidentin Argentiniens (im Gegensatz zu Néstor Kirchner), von Julija Timoschenko (der Regierungschefin der Ukraine im Jahr 2005 und wiederum von 2007 bis 2010), von Condoleezza Rice als „Secretary of State" (gegenüber ihrem Amtsvorgänger Colin Powell), von Hillary Clinton (im Vergleich mit Bill Clinton oder auch mit John Kerry, ihrem Nachfolger im State Department), von Aung San Suu Kyi (sie löste die Militärdiktatur in Myanmar ab, übernahm aber einige von deren ethno-nationalistischen Positionen), von Nicola Sturgeon (in ihrer Konfrontation mit Boris Johnson), von Ursula von der Leyen, die sich zu einer Parität der Geschlechter in der Europäischen Kommission bekannt hat – aber auch zu einer Stärkung des militärischen Gewichts der Europäischen Union in der Weltpolitik?

Sie alle waren oder sind in der Politik erfolgreich – in Fortsetzung von Eleanor, Indira, Margaret. Sie waren, sie sind dies aber nicht primär deshalb, weil sie Frauen sind; und wohl auch nicht, obwohl sie Frauen sind. Für sie alle gilt analog das, was Barack Obama für seine Person, für seinen politischen

Erfolg formuliert hat: „I am not a black president. I am a president who happens to be black.“ Indira Gandhi, Margaret Thatcher, Angela Merkel und Julija Timoschenko könnten dies so ausgedrückt haben: „Ich bin nicht als Frau Regierungschefin. Ich bin eine Regierungschefin, die eine Frau ist.“

Eleanor war an der Spitze eines von liberal-demokratischem Denken geprägten Fortschritts; Margaret setzte – jedenfalls in der Wirtschafts- und Sozialpolitik – einen Schlussstrich unter das ein Jahrhundert wesentlich prägende Konzept eines linearen Fortschritts, sie kehrte diesen um. Indira repräsentierte eine die Epoche definierendes Novum: den Eintritt einer „Dritten Welt“ in die Weltpolitik.

Was hatten diese drei gemeinsam? Sie waren Frauen – und das allein war das Innovative, das sie verband. Und sie agierten im Rahmen der Spielregeln eines demokratischen Verfassungs- und Rechtsstaates. Eleanor unterstützte die Weiterentwicklung demokratischer Grundrechte, innerhalb der USA und auch auf der Ebene der Vereinten Nationen; sie artikulierte ihre Kritik am US-amerikanischen Rassismus innerhalb des demokratischen Diskurses der USA. Margarets Konfliktfreudigkeit bedeutete nie, dass sie die Demokratie infrage gestellt hätte – sie übte scharfe Kritik an der Opposition der Labour Party, aber respektierte deren Vertreter auf persönlicher Ebene. Und Indiras Flirt mit einem autoritären Kurs, zwischen 1975 und 1977, wurde von ihr selbst beendet, durch die Rückkehr zur Demokratie. Die drei Frauen hatten gemeinsam, dass sie die Demokratie lebten. Und – sie waren Frauen; aber sie waren, in ihrer politischen Rolle, nicht primär Frauen. Ihr Frau-Sein bedeutete nicht, dass sie als Frauen dieselben oder auch nur analoge Inhalte vertreten hätten; Inhalte, die als spezifisch “weiblich“ qualifiziert werden könnten.

Die Inhalte der Politik der drei Frauen waren verschieden, oft sehr verschieden. Eben deshalb kann von einer „linken“ Frauenbewegung Eleanor beansprucht werden – ganz gewiss aber nicht Margaret. Und Indira? Sie steht für einen Großmachtanspruch, der auch durch Indiens Aufstieg zur Atommacht gekennzeichnet war. Was also wäre das spezifisch Weibliche, das die politischen Inhalte dieser drei Frauen, die Geschichte machten, verbunden hätte? Bleibt da etwas von inhaltlicher Gemeinsamkeit?

Es bleibt die ihnen gemeinsame Erfahrung, in einer von Männern beherrschten Welt des Politischen die Vorherrschaft der Männer herausgefordert zu haben. Es bleibt der Erfolg, den sie als Frauen in Auseinandersetzung mit Männern erzielen konnten. Aber darüber hinaus?

5.4 Kein Patriarchat und kein Matriarchat

Wie jede Frage nach der Qualität und der Quantität gesellschaftlichen Fort- oder auch Rückschritts ist auch die Frage nach dem Ausmaß des Fortschritts weiblicher Politik nicht mit einem Entweder-oder, mit einem eindeutigen Ja oder einem ebensolchen Nein zu beantworten. Es geht zunächst um den Maßstab, der verwendet wird: Welche Indikatoren werden herangezogen? Nur ein solcher Maßstab ist sinnvoll anzuwenden, der ein Mehr oder Weniger zulässt; und nicht nur ein Entweder-oder. Immer ist auch in Rechnung zu stellen, dass eine bestimmte Entwicklung unterschiedlich bewertet werden kann: Ist etwa die Tatsache, dass mit Margaret zum ersten Mal eine Frau als Premier in Downing Street 10 einzog, für den Fortschritt weiblicher Politik wichtiger als der ebenso feststellbare Rückzug staatlicher Wirtschafts- und Sozialpolitik, der gerade auch für Frauen soziale Verschlechterungen bedeutete? Ist Indiens (auch atomare) Aufrüstung gerade aus einer weiblichen Perspektive nicht wichtiger als der Umstand, dass es eine Frau war, die diesen Prozess der Militarisierung vorantrieb?

Das Maß an Fortschritt, der auch durch den Aufstieg von Eleanor, Indira und Margaret ausgedrückt ist, ist nicht generell zu quantifizieren. Sicherlich ist es aber ein Fortschritt im Sinne einer an Gleichheit orientierten Gerechtigkeit, wenn am Beginn des 21. Jahrhundert in vielen Ländern die Zahl der an Colleges und Universitäten studierenden Frauen denen der Männer entspricht, weil dies Ausdruck einer Zugangsgerechtigkeit ist, die – indirekt – die Verteilung von Macht spiegelt. Aber dieser Befund wird durch die Einsicht relativiert – wenn auch nicht aufgehoben, dass diese den Frauen zugutekommende Steigerung der Zugangsgerechtigkeit nur wenig an der weiter bestehenden Benachteiligung der Frauen bei der Verteilung von Lebenschancen geändert hat (Gelb 1987, 286). Die politischen Erfolge von Eleanor, Indira, Margaret haben das Leben und die Lebenschancen von Frauen nicht generell, nicht überall und nicht dauerhaft verbessert. Aber diese Erfolge sind Indikatoren für eine tiefgreifende Verschiebung der Machtverhältnisse zwischen Frauen und Männern. Was aber nützt der individuelle Aufstieg einiger weniger Frauen den vielen?

Die Frage nach dem spezifisch Weiblichen rührt an das Spannungsverhältnis zwischen der Betonung individueller oder gruppenspezifischer Grundrechte, primär individueller oder primär kollektiver Ansprüche. Die Frage ist auch die nach dem Vorrang individueller oder kollektiver Identität. Im Vorfeld des Nürnberger Prozesses von 1945 und 1946 gegen die Hauptkriegsverbrecher des NS-Staates spielte dies in die Debatte über „Verbrechen gegen die Menschheit" und/oder „Völkermord (Genozid)" hinein. Die einander nicht unbedingt ausschließenden Positionen, die sich aber durch verschiedene Akzentsetzungen unterschieden, wurden gegenläufig von Hersch Lauterpacht und Raphael Lemkin vertreten: Beide waren im (alt)österreichischen Galizien sozialisiert, beide dem NS-Terror in die angelsächsische akademische Welt entflohen. Der eine – Lauterpacht – betonte vor allem die jedem Menschen angeborenen Grundrechte, unabhängig von religiöser oder ethnischer oder geschlechtsspezifischer Identität. Der andere – Lemkin – hob die wesentliche, die notwendige Ergänzung der individuellen, unveräußerlichen, universellen Grundrechte durch die kollektiven Grundrechte eines Volkes, einer Volksgruppe, einer „Rasse" hervor (Sands 2016).

Das, was einer „Ethnisierung der Politik" immanent ist (Salzborn 2005), das ist – als Relativierung und potentielle Einschränkung individueller Grund- und Freiheitsrechte – auch einer „Feminisierung der Politik" immanent: eine mögliche Reduktion politischen Bewusstseins, politischer Interessen und politischen Handelns auf einen einzigen Bestimmungs- und Erklärungsfaktor, auf die Zugehörigkeit zu einer einzigen, alles andere überlagernden Gemeinschaft. „Ethnisierung der Politik" kann bedeuten, dass individuelles Tun und Lassen ausschließlich aus der Gruppenperspektive gesehen, ausschließlich auf diese bezogen, ausschließlich dieser zugerechnet wird – ohne dass Individuen die Möglichkeit zugestanden wird, ihre Freiheiten jenseits von einer vorgegebenen Zugehörigkeit zu konkretisieren. „Feminisierung der Politik" – das ist, zunächst und zuallererst, der empirisch messbare, erfolgreiche Einbruch von Frauen in eine ursprünglich männliche Domäne. „Feminisierung der Politik" kann freilich auch, muss aber nicht heißen, dass das Tun von Frauen ausschließlich auf ihre weibliche Identität bezogen und das heißt letztlich beschränkt wird; auch, dass die Ergebnisse ihrer individuellen politischen Aktivitäten, ihre Erfolge und Misserfolge, „den Frauen" allgemein zugeschrieben werden.

Die „Ethnisierung der Politik" geht vom Missverständnis der Gegebenheit von Volk und Ethnos aus. „Volk" und „Ethnos" werden bei einer generellen Ethnisierung als von der „Natur" vorgegebene Tatsachen gedeutet. Das Völkische ist aber immer ein Konstrukt. Ebenso ist auch das Weibliche – unvermeidlich – ein dem historischen Wandel unterworfenes Konstrukt. Was im Laufe der Geschichte für spezifisch weiblich gehalten wurde, war immer Produkt der Wahrnehmung der Gesellschaft und ihres Wandels. Das – angeblich – in der Natur vorgegebene

„Ethnische“ ist, sieht man teilweise vom Bestimmungsfaktor Sprache ab, ebenso wenig objektiv wie das ebenso angeblich in der Natur festgeschriebene „Weibliche“. Dieses ist, jenseits des Biologischen, Produkt von kultureller Entwicklung und politischer Konstruktion. Weiblich ist, was als weiblich wahrgenommen wird, was in einer bestimmten Zeit und in einer bestimmten Gesellschaft als weiblich gilt. Und das war zu Rahel Varnhagens Zeit etwas anderes als zur Zeit Hannah Arendts – und wird um 2150 wieder etwas anderes sein.

Die Beobachtung der gesellschaftlichen Entwicklung und gerade auch der Beispiele Eleanors, Indiras, Margarets erlauben keinesfalls die Schlussfolgerung, der politische Aufstieg der Frauen würde auf einen Triumph des (angeblich) Weiblichen hinauslaufen. Die Schlussfolgerung ist eine andere: Die gesellschaftliche Entwicklung und insbesondere auch der politische Siegeszug der Frauen führt zu einer Verflachung der gesellschaftlichen Unterschiede zwischen den Geschlechtern – wenn diese, dem sozialwissenschaftlichen Erkenntnisstand folgend, nicht über Biologie, sondern über soziale Funktionen und Rollen als „gender“ definiert werden. Das aber ist weder der Triumph noch die Abdankung des Weiblichen, sondern die Dekonstruktion der als weiblich definierten Funktionen. Und das ist damit auch die Dekonstruktion der als männlich definierten gesellschaftlichen Rollen. Die Erfolge der Frauen in der Politik sind nicht der Sieg der einen über die andere Seite, sondern Ausdruck einer zunehmenden Egalität der Geschlechter.

Die Grundnorm der universellen Menschenrechte ist die Kombination von Freiheit und Gleichheit – Freiheit für Frauen und Männer, Gleichheit zwischen Frauen und Männern. Der Siegeszug weiblicher Politik führt nicht zu einer Neuformulierung dieser Grundnorm, sondern dazu, dass die politische und gesellschaftliche Realität sich dieser Norm annähert. In diesem Sinn ist die Zerstörung des männlichen Machtmonopols ein großartiger Erfolg auf dem Weg der Umsetzung der Grundnorm, auch und gerade dann, wenn mächtige Frauen so gar nicht anders handeln als mächtige Männer; wenn weibliche Politik, gemessen an ihren Ergebnissen, so gar nicht anders aussieht als die Ergebnisse männlicher Politik. Das bedeutet freilich auch, dass das Weibliche an politischen Unterscheidungsmerkmalen gegenüber dem Männlichen einbüßt – aber auch das Männliche gegenüber dem Weiblichen. Diese Einsicht läuft darauf hinaus, dass wir nicht von einem Alleinstellungsmerkmal weiblicher Politik sprechen können; dass wir ein solches feminines Spezifikum auch gar nicht erwarten dürfen, erwarten können.

Eleanor, Indira, Margaret – sie sind weltgeschichtliche Beispiele dafür, dass das von ihnen verkörperte, von ihnen umgesetzte Politische immer auch und wesentlich eine weibliche Zuschreibung bekam; allein schon durch die Außenwahrnehmung, die das Frau-Sein als zentrales Qualitätsmerkmal ihres politischen Seins wertete. Aber Eleanor, Indira, Margaret liefern gerade durch die höchst unterschiedlichen Rahmenbedingungen, die ihre Politik jeweils bestimmten, und mehr noch durch die überaus unterschiedlichen, in vielen Aspekten geradezu gegenläufigen Ergebnisse ihrer Politik eine Fülle von Belegen dafür, dass diese drei mächtigen Frauen nicht auf ihr Frau-Sein reduziert werden können.

Eleanor, Indira, Margaret unterstreichen, durch ihr politisches Leben, dass „identity politics" – eine primär auf eine einzige kollektive Identität abgestellte Wahrnehmung der Politik – viel zu kurz greift. Weibliche Identität bewirkt für sich allein keine neue Qualität der Politik. Eine von Frauen gestaltete Politik unterliegt denselben (Eigen-)Gesetzlichkeiten wie eine von Männern gestaltete. Und während Eleanors indirekte Form der Politik inhaltlich insbesondere Frauen ansprach, fand Margaret Thatchers Politik der demonstrativen Kompromisslosigkeit vor allem Zustimmung bei Männern. Ausgehend von diesen Erfahrungen ist festzuhalten, dass die Ergebnisse weiblicher Politik – verstanden als Politik von Frauen

– keine Merkmale aufweisen, die eindeutig und exklusiv als weiblich zu verstehen wären. Politik von Frauen (wie auch die von Männern) ist nicht auf Politik für Frauen (oder auch für Männer) einzuengen.

Aber das alles ist überhaupt kein Grund, den historischen Erfolg, den Frauen im 20. Jahrhundert erzielt haben, in Zweifel zu ziehen oder abzuwerten. Frauen haben sich den Zugang zu den elitären Zirkeln der Politik erkämpft – Eleanor, Indira, Margaret, andere. Sie haben die gläserne Decke durchstoßen, die Frauen den Aufstieg in politische Entscheidungszentralen verwehrt hatte. Darin sind sie erfolgreich gewesen. Und das war, das ist wohl auch eine (inzwischen nicht mehr neue) besondere Qualität. Frauen haben gezeigt, dass sie geschichtsmächtig sind – und das nicht nur dann, wenn sie durch dynastische Zufälle auf den Thron eines feudalen, eines autokratischen Systems gelangen; sondern auch dann, wenn sie sich dem freien Wettbewerb um Stimmen stellen – um Stimmen von Frauen und Männern. Frauen haben gezeigt, dass sie erfolgreich mit Macht umgehen können; und zwar auch mit einer demokratisch vermittelten Macht.

Politik im 21. Jahrhundert wird, jedenfalls auf der Ebene der AkteurInnen im System eines liberalen, demokratischen Pluralismus, weniger denn je von der Dualität der Geschlechter bestimmt. Aus einem Monopol der Männer auf die und in der Politik ist ein Neben- und Gegeneinander von Frauen und Männern geworden, in der die politischen Konflikte nicht entlang einer einzigen zentralen Bruchlinie verlaufen, entlang der zwischen Frauen und Männern. Konflikte finden zwischen Frauen und Männern statt, die in einem multidimensionalen Feld der verschiedenen, einander überkreuzenden Bruchlinien gemeinsam auf der einen Seite stehen können – und Frauen und Männern, die ebenso gemeinsam auf der anderen Seite sind. Der „gender gap" hat nicht zu existieren aufgehört – aber er ist im Alltag politischer Aktivität nicht allein bestimmend. Er wird überkreuzt, überlagert und relativiert von anderen Gegensätzen – und er überkreuzt, überlagert und relativiert die anderen Gegenläufigkeiten: die von Arm und Reich, von religiös und nicht religiös, von städtisch und ländlich, von Jung und Alt. Eleanor, Indira, Margaret haben Politik mit Männern gemacht – und Politik gegen Männer, auf deren Seite freilich immer auch Frauen standen.

Eleanor, Indira, Margaret stehen für einen entscheidenden Qualitätssprung einer der Demokratie verpflichteten Politik. Sie repräsentieren die Inklusion bisher Ausgeschlossener in den innersten Kreis politischer Eliten. Das ist die Errungenschaft der Feminisierung von Politik, und für diese stehen die drei Frauen, die in unterschiedlicher Form das 20. Jahrhundert geprägt haben. Die Öffnung der Politik für die eine Hälfte der Menschheit – das ist Erfolgsbilanz genug. Diese Erfolgsbilanz steht nicht am Ende der Entwicklung von Demokratie und Rechtsstaat. Sie hat aber die Qualität von Demokratie und Rechtsstaat wesentlich gesteigert. Und sie ist nicht nur an Resultaten zu messen, die ausschließlich oder auch nur primär für die eine oder die andere Seite der Dualität der Geschlechter wirken. Diese Erfolgsbilanz war und ist auch keine Garantie für eine gerechte Gesellschaft – gerecht definiert als soziale Gleichheit. Aber diese Erfolgsbilanz hat mehr Zugangsgerechtigkeit bewirkt – und damit ein Plus an Gerechtigkeit insgesamt.

Die Entwicklungen nach 1900, als die Frauen mehr und mehr die rechtliche und damit auch die politische Gleichstellung erkämpften; die Trends insbesondere nach 1945, als Frauen mehr und mehr Männern erfolgreich die Positionen in Regierungen und Parlamenten streitig machten; das geänderte Rollenverständnis im 21. Jahrhundert, in dem eine Frau als Leiterin einer Klinik ebenso wenig als extreme Ausnahme gilt wie eine Frau an der Spitze von militärischen Einheiten oder als „chief executive" einer Bank: Alles das bedeutet einen Abstieg des Patriarchats. Aber es bedeutet nicht den Aufstieg des Matriarchats.

Der politische Einfluss Eleanors ist mit denselben Maßstäben zu messen wie der von Männern ihrer Zeit. Indiras Politik ist nicht deshalb mehr oder weniger positiv zu beurteilen, weil sie eine Frau war. Margaret hätte es wohl als beleidigend empfunden, sie primär als Frau und nicht als Chefin der Regierung ihrer Majestät zu sehen. Und auch wenn der Mord an Rosa Luxemburg nicht nur von antirevolutionär und antijüdisch, sondern auch von antiweiblich motivierten aggressiven Emotionen gekennzeichnet war – sie wurde nicht zufällig gleichzeitig wie Karl Liebknecht ermordet. Und selbst wenn die akademischen Ehrungen Hannah Arendts unter anderem von den Bemühungen bestimmt sind, durch diese Ehrungen die Diskriminierung von Frauen im Wissenschaftsbetrieb der Vergangenheit zu kompensieren – sie wird geehrt wegen ihrer Leistungen, die neben den und nicht gegen die Leistungen von Männern stehen.

Das Patriarchat als eine gesellschaftlich umfassende, kulturell tradierte Hegemonie des „Männlichen" ist nicht am Ende, doch es wird immer schwächer und schwächer. Aber an die Stelle männlicher Hegemonie tritt nicht weibliche Hegemonie. Die beobachtbare Entwicklung gerade, aber nicht nur in der Politik weist auf ein Verblassen des Männlichen – und damit ebenfalls auf ein Verblassen des Weiblichen. Die Dichotomie „weiblich – männlich" hört nicht zu bestehen auf, aber sie verliert an kultureller Definitionsmacht und an politischer Prägekraft. Die Alternative zum Patriarchat ist das Verschwimmen der gesellschaftlichen Grenzen zwischen weiblich und männlich.

Der Abstieg des Patriarchats und der Nicht-Aufstieg des Matriarchats ist kein aus einem Idealismus abgeleitetes Wunschdenken. Dieser Abstieg und dieser Nicht-Aufstieg zeigen sich in der Beobachtung der Wirklichkeit und in der Analyse der Entwicklungen von Jahrzehnten, vor allem auch in langfristigen politischen Trends. Diese Trends mag man gutheißen oder nicht. Aber ausgehend von der Grundnorm der

Demokratie – der Freiheit und der Gleichheit aller Menschen – gibt es überhaupt keinen Grund, diese Entwicklung nicht als positiv zu bewerten.

Boris Johnson gab seinem Buch über Winston Churchill den Untertitel „How One Man Made History“ (Johnson 2014). Eleanor, Indira, Margaret machten Geschichte – jede von ihnen, jede zu ihrer Zeit, jede in ihrem Raum, jede auf verschiedene Weise, jede mit verschiedenen Ergebnissen. Dass sie Geschichte machten, das allein war ihre besondere Qualität. Jede von ihnen ist ein Beispiel für „How One Woman Made History“. Über die Inhalte ihrer Politik wird es immer Dispute geben, werden kritische Stimmen nicht verstummen – wie eben auch Churchills Politik (vom Desaster in Gallipoli über die Fehldiagnosen, die Zukunft Indiens betreffend, bis zu seiner „finest hour“ im Mai 1940) nie gegenüber einem kritischen Diskurs immun sein kann und auch nicht sein soll.

Ein solcher Diskurs über Eleanor, Indira, Margaret findet statt und wird weiter stattfinden: über Eleanor und die Vielschichtigkeit ihrer (scheinbaren? tatsächlichen?) Unterordnung unter die strategischen Kalküle ihres Mannes; über Indira und die Verhängung des Ausnahmezustandes 1975 und die darin zum Ausdruck kommenden Defizite ihres Demokratieverständnisses; über Margaret und deren antieuropäischen Affekt, aber auch über die „Kälte“ ihrer Sozialpolitik. Kritische Auseinandersetzungen mit der Politik dieser Frauen sind Zeichen dafür, dass sie (dass Frauen generell) in der Normalität des politischen Geschehens angekommen sind. Solche Auseinandersetzungen sind auch ein Ausdruck davon, dass Eleanor, Indira, Margaret in einer Demokratie und unter Wahrung der Regeln der Demokratie agierten und eben deshalb auch zur Zeit ihrer Macht sich offener Kritik zu stellen hatten – anders als die autokratisch regierenden Monarchinnen Elisabeth, Maria Theresia, Katharina. Die Königin, die Kaiserin, die Zarina waren und blieben Ausnahmeerscheinungen. Eleanor, Indira, Margaret erzielten ihre bleibenden

Erfolge auf einer Etappe des Weges zur Normalität, zur Alltäglichkeit weiblicher Politik. Elisabeth, Maria Theresia, Katharina sind Vergangenheit. Eleanor, Indira, Margaret sind Zukunft.

In Zukunft wird sich wohl auch die Auseinandersetzung um Eleanor, um Indira, um Margaret immer weniger auf deren Frau-Sein konzentrieren – wie auch der Diskurs um Churchill oder FDR, um Gorbatschow oder de Gaulle, um Mao oder Mandela nicht auf deren Mann-Sein fokussiert ist. Es ist Teil der zur Normalität gewordenen weiblichen Politik, dass das spezifisch Weibliche in der Politik ebenso verdämmert wie das spezifisch Männliche.

Eleanor, Indira, Margaret stiegen als Frauen in die oberste demokratische Liga Winston Churchills, Franklin D. Roosevelts, Jawaharlal Nehrus auf. Sie und ihre Erfolge haben dazu beigetragen, dass diese Liga keine exklusiv männliche mehr ist – und wohl auch nicht wieder werden kann. Das macht die Bedeutung dieser geschichtsmächtigen Frauen aus, das ist ihre Größe.

Bibliographie

Albright 2018: Madeleine Albright, *Fascism. A Warning.* New York (HarperCollins).

Ambrose 1989: Stephen E. Ambrose, *Nixon. The Triumph of a Politician. 1962 – 1972.* New York (Simon & Schuster).

Arendt 1959: Hannah Arendt, *Rahel Varnhagen. Lebensgeschichte einer deutschen Jüdin aus der Romantik.* München (Piper).

Arendt 1966: Hannah Arendt, *Men in Dark Times.* New York (Harvest/HBJ).

Arendt 1986: Hannah Arendt, *Eichmann in Jerusalem. Ein Bericht von der Banalität des Bösen.* München (Piper).

Arendt 1989: Hannah Arendt, *Die Krise des Zionismus. Essays & Kommentare 2.* Berlin (Edition Tiamat).

Arendt 1995: Hannah Arendt, *Elemente und Ursprünge totaler Herrschaft.* München (Piper).

Beard 2018: Mary Beard, *Frauen & Macht. Ein Manifest.* Frankfurt am Main (S. Fischer).

Benhabib 2010: Seyla Benhabib, *Hannah Arendt and Raphael Lemkin.* In: *Politics in Dark Times. Encounters with Hannah Arendt.* Edited by Seyla Benhabib, pp. 219–246. Cambridge (Cambridge University).

Brass 1994: Paul B. Brass, *The Politics of India since Independence.* Cambridge (Cambridge University).

Cannadine 2017: David Cannadine, *Margaret Thatcher. A Life and Legacy.* Oxford (Oxford University).

Cannon 2000: Lou Cannon, *President Reagan. The Role of a Lifetime.* New York (Public Affairs).

Cohen 2001: Stephen P. Cohen, *India. Emerging Power.* Washington, D. C. (Brookings Institution).

Cook 1993: Blanche Wiesen Cook, *Eleanor Roosevelt, Vol. 1. The Early Years. 1984–1933.* New York (Penguin).

Cook 2000: Blanche Wiesen Cook, *Eleanor Roosevelt, Vol. 2. The Defining Years. 1933–1938.* New York (Penguin).

Cook 2017: Blanche Wiesen Cook, *Eleanor Roosevelt, Vol. 3. The War Years and After. 1939 – 1962.* New York (Penguin).

Coole 1988: Diana H. Coole, *Women in Political Theory. From Ancient Misogyny to Contemporary Feminism.* Brighton (Wheatsheaf Books).

Dalrymple 2006: William Dalrymple, *The Last Mughal. The Fall of a Dynasty. Delhi 1857.* New Delhi (Penguin).

Dalrymple 2013: William Dalrymple, *Return of a King. The Battle for Afghanistan.* London (Bloomsbury).

Davenport-Hines 2015: Richard Davenport-Hines, *Universal Man. The Lives of John Maynard Keynes.* New York (Basic Books).

De Beauvoir 1968: Simone de Beauvoir, *Das andere Geschlecht. Sitte und Sexus der Frau.* Reinbek (Rowohlt).

Ettinger 1995: Elzbieta Ettinger, *Hannah Arendt. Martin Heidegger. Eine Geschichte.* München (Piper).

Evans 1997: Eric J. Evans, *Thatcher and Thatcherism.* London (Routledge).

Frank 2002: Katherine Frank, *Indira. The Life of Indira Nehru Gandhi.* London (HarperCollins).

Gandhi 1957: Mohandas K. Gandhi, *An Autobiography. The Story of My Experiments with Truth.* Boston (Beacon Press).

Gelb 1987: Joyce Gelb, *Social Movement "Success": A Comparative Analysis of Feminism in the United States and the United Kingdom.* In: *The Women's Movement of the United States and Western Europe. Consciousness, Political Opportunity, and Public Policy.* Edited by Mary Fainsod Katzenstein and Carol McClurg Mueller, pp. 267–289. Philadelphia (Temple University).

Goodwin 1995: Doris Kearns Goodwin, *No Ordinary Time. Franklin & Eleanor Roosevelt: The Home Front in World War II.* New York (Simon & Schuster).

Gorbatschow 1995: Michael Gorbatschow, *Erinnerungen.* Berlin (Siedler).

Guha 2007: Ramachandra Guha, *India After Gandhi. The History of the World's Largest Democracy.* London (Macmillan).

Hayek 2007: Friedrich A. Hayek, *The Road to Serfdom. Text and Documents.* Chicago (University of Chicago).

Herman 2009; Arthur Herman, *Gandhi & Churchill. The Epic Rivalry That Destroyed an Empire and Forged Our Age.* New York (Bantam).

Hetmann 1976: Frederik Hetmann, *Rosa L. Die Geschichte der Rosa Luxemburg und ihrer Zeit.* Weinheim (Beltz).

Hickok 1980: Lorena A. Hickok, *Eleanor Roosevelt: Reluctant First Lady.* New York (Dodd, Mead).

Hirsch 1969: Helmut Hirsch, *Rosa Luxemburg.* Reinbek (Rowohlt).

Hobsbawm 1996: Eric Hobsbawm, *The Age of Extremes. A History of the World, 1914–1991.* New York (Vintage Books).

Horowitz 2012: Irving Louis Horowitz, *Hannah Arendt. Radical Conservative.* New Brunswick (Transaction).

James 2003: Lawrence James, *Raj. The Making of British India.* London (Abacus).

Johnson 2014: Boris Johnson, *The Churchill Factor. How One Man Made History.* London (Hodder & Stoughton).

Judt 2005: Tony Judt, *Postwar. A History of Europe Since 1945.* London (Penguin).

Judt 2010: Tony Judt, *Ill Fares the Land.* London (Penguin).

Katznelson 2014: Ira Katznelson, *Fear Itself. The New Deal and the Origins of Our Time.* New York (Liveright Publishing).

Kearns 1976: Doris Kearns, *Lyndon Johnson and The American Dream.* New York (Harper & Row).

Kershaw 2018: Ian Kershaw, *The Global Age. Europe 1950 – 2017.* London (Viking).

Kimball 1997: Warren F. Kimball, *Forged in War. Roosevelt, Churchill and the Second World War.* New York (William Morrow).

Lasswell 1958: Harold Lasswell, *Politics: Who Gets What, When, How.* New York (Meridian Books).

Lelyveld 2011: Joseph Lelyveld, *Great Soul. Mahatma Gandhi and His Struggle with India.* New York (Alfred A. Knopf).

Lijphart 1977: Arend Lijphart, *Democracy in Plural Societies. A Comparative Exploration.* New Haven (Yale University).

Lijphart 1999: Arend Lijphart, *Patterns of Democracy. Government Forms and Performance in Thirty-Six Countries.* New Haven (Yale University).

Lipset, Marks 2002: Seymour Martin Lipset, Gary Marks, *It didn't Happen Here. Why Socialism Failed in the United States.* New York (Norton).

Lukacs 2004: John Lukacs, *A New Republic. A History of the United States in the Twentieth Century.* New Haven (Yale University).

Maier 1997: Charles S. Maier, *Dissolution. The Crisis of Communism and the End of East Germany.* Princeton (Princeton University).

Markovits, Hellerman 2001: Andrei S. Markovits, Steven L. Hellerman, *Offside. Soccer & American Exceptionalism.* Princeton (Princeton University).

McCullough 1992: David McCullough, *Truman.* New York (Simon & Schuster).

Menon 2013: Sreelata Menon, *Indira Gandhi. Child of Politics.* Gurgaon (Penguin India).

Millett 1977: Kate Millett, *Sexual Politics.* London (Virago).

Mohan 2003; C. Raja Mohan, *Crossing the Rubicon. The Shaping of India's New Foreign Policy.* New Delhi (Viking).

Mohan 2006: C. Raja Mohan, *Impossible Allies, Nuclear India, United States and the Global Order.* New Delhi (India Research Press).

Moore 2013: Charles Moore, *Margaret Thatcher. The Authorized Biography. Volume One: Not for the Turning.* London (Allen Lane).

Neff 1981: Donald Neff, *Warriors at Suez. Eisenhower Takes America into the Middle East.* New York (Simon & Schuster).

Nettl 1965: Peter Nettl, *Rosa Luxemburg.* Köln (Kiepenheuer & Witsch).

O'Rourke 2019: Kevin O'Rourke, A Short History of Brexit. From Brentry to Backstop. London (Pelican).

Pelinka 1999: Anton Pelinka, *The Politics of the Lesser Evil.* New Brunswick (Transaction).

Rao 2010: Anupama Rao, *The Caste Question. Dalits and the Politics of Modern India.* New Delhi (Permanent Black).

Reuth 1999: Ralf Georg Reuth (Hg.), *Joseph Goebbels. Tagebücher.* München (Piper).

Rice, Zelikow 1997: Condoleezza Rice, Philip Zelikow, *Germany Unified and Europe Transformed. A Study in Statecraft.* Cambridge, MA (Harvard University).

Roberts 2018: Andrew Roberts, *Churchill. Walking with Destiny.* New York (Viking).

Rokkan 2000: *Stein Rokkan. Staat, Nation und Demokratie in Europa. Die Theorie Stein Rokkans aus seinen gesammelten Werken rekonstruiert und eingeleitet von Peter Flora.* Frankfurt am Main (Suhrkamp).

Roosevelt 2014: Eleanor Roosevelt, *The Autobiography of Eleanor Roosevelt.* New York (Harper Perennial).

Rose 1965: Richard Rose, *Politics in England.* London (Faber and Faber).

Rosenberger 1996: Sieglinde Rosenberger, *Geschlechter – Gleichheiten – Differenzen.* Wien (Verlag für Gesellschaftskritik).

Salzborn 2005: Samuel Salzborn, *Ethnisierung der Politik. Theorie und Geschichte des Volksgruppenrechtes in Europa.* Frankfurt am Main (Campus).

Sands 2016: Philippe Sands, *East West Street. On the Origins of Genocide and Crimes Against Humanity.* London (Weidenfeld & Nicolson).

Schama 2002: Simon Schama, *A History of Britain. Volume III. The Fate of Empire 1776 – 2000.* New York (Hyperion).

Schlesinger 1958: Arthur M. Schlesinger Jr., *The Age of Roosevelt. The Coming of the New Deal.* Boston (Houghton Mifflin).

Schlesinger 1960: Arthur M. Schlesinger Jr., *The Age of Roosevelt. The Politics of Upheaval.* Boston (Houghton Mifflin).

Shahid 1986: Hamid Shahid, *Disastrous Twilight. A Personal Record of the Partition of India.* Barnsley (Leo Cooper).

Sitapati 2016: Vinay Sitapati, *Half Lion. How P. V. Narasimha Rao Transformed India.* Gurgaon (Penguin).

Steinem 2019: Gloria Steinem, *Aufbruch. Wie die Hoffnung auf ein gerechteres Miteinander mein Leben bestimmte.* München (btb).

Thatcher 2010: Margaret Thatcher, *The Autobiography.* London (Harper Perennial).

Thatcher 2011: Margaret Thatcher, *The Downing Street Years.* London (Harper Press).

Theweleit 1980: Klaus Theweleit, *Männerphantasien.* 2 Bände. Reinbek (Rowohlt).

Vajpeyi 2012: Ananya Vajpeyi, *Righteous Republic. The Political Foundations of Modern India.* Cambridge (Harvard University).

Varshney 2002: Ashutosh Varshney, *Ethnic Conflict and Civil Life. Hindus and Muslims in India.* New Haven (Yale University).

Wagner 2010: Kim A. Wagner, *The Great Fear of 1857. Rumours, Conspiracies and the Making of the Indian Uprising.* Oxford (Peter Lang).

Wapshott 2015: Nicholas Wapshott, *The Sphinx. Franklin Roosevelt, the Isolationists, and the Road to World War II.* New York (Norton).

Wolpert 1996: Stanley Wolpert, *Nehru. A Tryst with Destiny.* New York (Oxford University).

Young-Bruehl 1982: Elisabeth Young-Bruehl, *Hannah Arendt. For the Love of the World.* New Haven (Yale University).

Namensregister

Nachwort

Das Buch ist das Ergebnis von universitärer Forschung und Lehre. In der „Einsamkeit und Freiheit“ des akademischen Berufslebens war es mir möglich, den Blick auf das Spannungsverhältnis zwischen der demokratischen Grundnorm von Freiheit und Gleichheit und der Realität einer ungleichen Verteilung von Freiheit zu schärfen – auch im Diskurs mit KollegInnen und StudentInnen. In den Jahren an der Universität Innsbruck und an der Central European University Budapest entwickelte sich so eine tiefe Sympathie für Eleanor Roosevelt, ein komplexes Verständnis für Indira Gandhi und ein großer Respekt für Margaret Thatcher.

Zu danken habe ich Ellen Palli, die bei der Formation des Textes entscheidende Hilfe geleistet hat – in Fortsetzung einer über die Jahrzehnte bewährten, engen und freundschaftlichen Zusammenarbeit. Zu danken habe ich auch Waltraud Moritz vom Verlag Böhlau für die Möglichkeit, dieses Buch zu veröffentlichen.

Innsbruck, im Frühjahr 2020